学 / 者 / 文 / 库 / 系 / 列

山东省社会科学规划研究项目:社会主义核心价值体系建设视域下的公民道德建设研究(13CKSJ04)

山东省社会科学规划研究项目:公民道德建设视域下的沂蒙精神价值研究(18CYMJ17)

山东省高校人文社科研究项目:社会主义核心价值体系建设视域下的公民道德建设研究(J13WA18)

山东济宁政德学院专项重点课题:新时代领导干部孝德研究(23ZDXYKT03)

山东省首届思政金课"思想道德与法治"(临沂大学)建设项目

新时代公民道德建设论

费聿辉　　杨志刚　　著

哈尔滨工程大学出版社

Harbin Engineering University Press

内 容 简 介

本书深入探讨了新时代公民道德建设的核心内容,强调了弘扬中华传统美德和家庭家教家风建设的重要性,深入挖掘和传承中华传统美德,旨在提升公民的道德素质,推动社会的和谐发展。同时,本书也关注未成年人的思想道德建设,强调了家庭教育对未成年人健康成长的重要性,并提出了相关的教育方法和策略。

通过阅读本书,读者能够深入了解新时代公民道德建设的方向和要求,进而为构建美好的社会贡献自己的力量。本书适合广大教育工作者、社会工作者、家长、青少年以及对中华传统美德感兴趣的读者阅读。

图书在版编目(CIP)数据

新时代公民道德建设论 / 费聿辉, 杨志刚著. — 哈
尔滨:哈尔滨工程大学出版社,2024.4
ISBN 978-7-5661-4374-7

Ⅰ. ①新… Ⅱ. ①费… ②杨… Ⅲ. ①公民教育-社
会公德教育-研究-中国 Ⅳ. ①D648.3

中国国家版本馆 CIP 数据核字(2024)第 092527 号

新时代公民道德建设论
XINSHIDAI GONGMIN DAODE JIANSHE LUN

选题策划 夏飞洋
责任编辑 王 静
封面设计 李海波

出版发行	哈尔滨工程大学出版社
社 址	哈尔滨市南岗区南通大街 145 号
邮政编码	150001
发行电话	0451-82519328
传 真	0451-82519699
经 销	新华书店
印 刷	哈尔滨午阳印刷有限公司
开 本	787 mm×1 092 mm 1/16
印 张	14.25
字 数	260 千字
版 次	2024 年 4 月第 1 版
印 次	2024 年 4 月第 1 次印刷
书 号	ISBN 978-7-5661-4374-7
定 价	68.00 元

http://www.hrbeupress.com
E-mail:heupress@hrbeu.edu.cn

前　　言

在波澜壮阔的新时代,我们迎来了公民道德建设的新挑战与新机遇。中华传统美德,作为中华民族几千年文明的智慧结晶,不仅承载着深厚的历史文化底蕴,更是塑造新时代公民道德风貌的重要基石。本书旨在深入探讨和弘扬中华传统美德,为新时代公民道德建设提供有力的理论支撑和实践指导。

在深入挖掘和传承中华传统美德的过程中,我们力求让这些美德深入人心,并转化为人们的自觉行为。我们相信,通过每一位公民的努力,不仅能够提升整个社会的道德素质,更能够推动社会的和谐与进步。为此,我们呼吁每一位读者都成为中华传统美德的传承者和弘扬者,携手共建美好的社会。

同时,本书高度重视家庭家教家风建设在公民道德建设中的基础性作用。家庭,作为社会的"细胞",承载着培养下一代的重任。良好的家风不仅能使家族美德和价值观得到传承,更能熏陶和塑造家族成员良好的道德品质。因此,我们强调家庭教育的重要性,希望每一位家长和教育工作者都能注重培养家庭成员的良好品德和行为习惯,共同营造积极向上的家风。

未成年人是国家的希望和未来,他们的思想道德状况直接关系到国家的发展和民族的命运。在本书中,我们特别关注未成年人的思想道德建设,提出了加强和改进未成年人思想道德教育的具体策略和方法。我们希望通过这些策略和方法,引导未成年人树立正确的世界观、人生观和价值观,培养他们的社会责任感,增强他们的公民意识,为国家的繁荣和民族的复兴贡献力量。

总之,本书旨在弘扬中华传统美德,加强家庭家教家风建设,关注未成年人的思想道德建设,为新时代公民道德建设贡献一份力量,共同推动社会的和谐与发展。我们期望广大读者能够深入阅读本书,从中汲取智慧与力量,共同为构建美好的社会而努力。

著　者

2024 年 1 月

目　　录

绪　　论

中国特色社会主义进入新时代以来，习近平总书记多次在讲话中强调了公民道德建设的重要性，他指出："实施公民道德建设工程，弘扬中华传统美德，加强家庭家教家风建设，加强和改进未成年人思想道德建设，推动明大德、守公德、严私德，提高人民道德水准和文明素养。"习近平总书记关于新时代公民道德建设的论述具有深远的意义。这一论述为我们指明了新时代公民道德建设的方向和目标。我们应该深入贯彻落实这一思想，加强公民道德建设，提高人民道德水准和文明素养，为构建和谐社会、实现中华民族伟大复兴的中国梦贡献力量。

弘扬中华传统美德是新时代公民道德建设的重要内容。中华传统美德是中华民族的瑰宝，是中华文化的精髓。中华传统美德所蕴含的深意，不仅仅是道德的规范，更是人生的智慧。在当今社会，公民道德建设已成为国家发展的重要基石，而在这个过程中，弘扬中华传统美德无疑占据了举足轻重的地位。我们应该深入挖掘和传承这些美德，如仁、义、礼、智、信等。仁之心，让我们懂得关爱他人，以和为贵；义之行，让我们在面对选择时坚守道义，不偏不倚；礼之仪，让我们在人际交往中保持谦和，尊重他人；智之明，让我们在复杂的世界中保持清醒，明辨是非；信之守，让我们在言行中保持诚信，一以贯之。

然而，这些美德并非一成不变的教条，而是需要我们在实践中不断挖掘和传承的宝贵财富。通过学校教育、社会宣传等途径，我们应当让这些美德深入人心，成为人们的自觉行为。在学校教育中，我们应当注重德育教育，引导学生树立正确的道德观念，培养良好的道德品质。在社会宣传中，我们应当充分利用各种媒体平台，传播中华传统美德的故事和价值观念，让更多的人了解和认同这些美德。为了更好地弘扬中华传统美德，我们还需要不断创新方式方法。例如，可以通过举办主题活动、创作文艺作品、开展志愿服务等方式，让人们在参与中感受中华传统美德的魅力。还可以通过与世界各国的文化交流，使中华传统美德走向世界，为人类文明的发展做出贡献。

家庭家教家风建设是新时代公民道德建设的基础。家庭是社会的"细胞"，家庭教育对一个人的成长至关重要。良好的家风能够传承家族的美德和价值观，对家族成员的道德品质产生深远影响。因此，我们应该注重家庭教育，培养家庭成员的良好品德和行为习惯，形成积极向上的家风。

改进和加强未成年人思想道德建设是新时代公民道德建设的重点。未成年人是一个国家的未来和希望，他们的思想道德状况直接关系到国家的发展和民族的命运。我们应该加强对未成年人的思想道德教育，引导他们树立正确的世界观、人生观和价值观，培养他们的社会责任感，增强他们的公民意识。

推动明大德、守公德、严私德是新时代公民道德建设的核心要求。为此，我们在公共场合要遵守公共秩序，尊重他人的权利；在生活中要注重个人品德修养，保持高尚的道德情操；在面对重大考验时，要勇于担当，展现出高尚的道德品质。

为了实现这些目标，我们需要采取一系列措施。加强宣传教育，增强公民的道德意识，通过各种媒体和渠道，广泛宣传社会主义核心价值观和中华传统美德，引导人们树立正确的道德观念。建立健全法律法规，为公民道德建设提供法律保障，通过制定相关法律法规，明确公民的权利和义务，规范社会行为，维护社会秩序。发挥社会各界的积极作用，共同推进公民道德建设，政府、学校、家庭、企事业单位等各尽其责，形成合力，共同营造良好的社会氛围。

在新时代公民道德建设的进程中，我们应采取一系列严谨、理性的策略和措施，培养具备高尚道德品质的公民，推动社会的和谐发展。我们应将社会主义核心价值观置于公民道德建设的核心地位。政府和社会各界应加大宣传和教育力度，确保公民深入理解和践行社会主义核心价值观，并培养公民的爱国、敬业、诚信、友善等基本道德观念。家庭和学校应承担起培养公民道德品质的重要责任。家庭作为孩子成长的基石，父母应树立正确的道德观念，通过自身的言行举止，引导孩子形成良好的道德品质。学校则应将道德教育纳入课程体系，通过课堂讲授、校园文化活动等多种形式，全面培养学生的道德行为习惯。

媒体应发挥传播正能量、弘扬社会正气的作用。政府应加大对媒体的监管力度，确保媒体传播的内容符合社会主义核心价值观要求，并引导公民树立正确的道德观念。同时，媒体应对不道德的行为进行监督和批评，以促进社会的道德风尚向善、向上。

在社区层面，我们应积极开展各种道德实践活动，如志愿服务、文明创建等。政府和社会组织应鼓励公民积极参与这些活动,提高自身的道德素质。通过社区的力量,引导公民形成良好的道德风尚。政府应制定和完善相关法律法规,为公民道德建设提供有力的制度保障。对于违反道德和法律法规的行为,应予以纠正和惩治。通过制度化的手段,强化对公民道德行为的引导和规范。

新时代公民道德建设需要全社会的共同努力,中国特色社会主义建设者和接班人需要具备高尚的道德品质。助力中国式现代化建设、实现中华民族伟大复兴、推动社会的和谐发展,需要新时代中国特色社会主义公民道德建设作为保障。

第一章 社会主义核心价值观引领新时代公民道德建设

自中国特色社会主义步入新阶段以来,培养新时代公民的道德品质已成为巩固和发展社会主义核心价值观的根本任务,社会主义核心价值体系建设必须落实到以公民为主体的社会生活的各个领域。公民道德建设是现代国家治理的重要内容,也是衡量国家治理体系和治理能力现代化的重要指标。公民道德建设必须坚持科学理论的指导,深刻把握公民道德建设的基本内涵与主要特征,正确处理好历史与现实、继承与创新的关系。新中国成立以来,中国共产党和人民政府高度重视公民道德建设,在各个时期都注重以共建新社会、培养新公民为目标的社会主义现代化国家建设。

第一节 公民道德建设的概念与特征

一、公民道德建设的概念

自古以来,学术界一直在深入探讨道德的起源问题,并提出了多种观点或理论。"天意神启论"认为道德源于上天的命令或神的旨意,试图以超乎人的客观意志来解释道德的起源;"先天人性论"则将道德的起源归结为与生俱来的善良本性,或者认为存在先天的良心、理念或精神;"情感欲望论"主张道德源于人们的情感欲望,是为满足这些欲望而产生的行为准则;"动物本能论"则认为道德观念是动物本能的延伸,将动物基于本能的活动与人类有目的、有意识的活动等量齐观。可以肯定的是,在马克思主义出现之前,关于道德起源的这些观点多数是主观唯心主义或客观唯心主义的诠释,或者是旧唯物主义形而上学的解析,这些都无法准确地揭示道德的真正起源。马克思主义在人类思想史上首次以科学而全面的方式探讨了道德的起源问题,并明确指出道德隶属于上层建筑领域,是一种特殊的社会意识形态。这一理论为深入理解和把握道德的本质奠定了坚实的基石。

在人类步入文明社会后,道德观念在社会生活中逐渐形成。各个时代、不同阶级和学派,均从自身的阶级利益或时代需求出发,对道德问题进行了深入思考。马克思主义在继承人类社会思想家已有成果的基础上,对道德进行了阐述——道德作为社会特有的现象,是由社会经济关系所决定的特殊社会意识形态。

人的本质是一切社会关系的总和,这一观点对过去思想家提出的"人的本质是自私的"观点进行了有力批判。自私并非人的本质,为了一己私欲而违背道德和法律必将受到谴责和制裁。法律制裁由国家强制机关执行,而道德谴责则通过社会舆论和传统习惯等方式实现。人的本质作为最主要的法律关系和道德关系,是一切社会关系的总和。从自私角度出发违背法律和道德关系,将会遭受"不是人"的道德评价,这直接否定了"人的本质是自私的"这一观点。

马克思主义视角下,公民是国家法律规定的国民身份,这是法律层面上的表述。从道德层面看,道德是人类社会特有的,由特定的经济关系所决定。它依靠社会舆论、传统习惯、榜样感化和个人内心的信念来维系,展现了一种社会现象。

道德建立在一定社会经济关系基础之上,根据社会生活的实际需求而产生。道德通过人们的自觉遵守来维系,成为一种衡量善恶的标准。当它产生后,通过社会的教育和灌输等方式对人们的思想意识产生影响,促使人们形成一定的道德观念、道德情感和道德意识。同时,道德也通过社会舆论、传统习惯和内心信念等形式,与法律这种强制性约束形成良性互补。与法律不同,道德更多地采用软约束的方式,对人们的行为选择和行为规范产生制约作用。

因此,道德既是人们的行为准则,也是评价标准。在国家层面,公民道德建设是基于本国的政治经济制度进行的。它依赖于社会舆论、传统习惯、榜样感化和内心的信念等手段来规范公民在社会、职业、家庭和个人层面上的行为准则及评价标准。这种建设与法律的强制性约束形成了良性互补和价值共鸣。

二、公民道德建设的特征

第一,时代性。任何社会的公民及其道德建设,都是时代的产物。时代的价值追求、审美情绪、生活理念等,会在每一个公民身上以不同的方式呈现出来。公民是现代国家的法律话语,公民道德建设的时代性是不言而喻的。科学判断时代发展的历史定位并准确确立时代精神的道德追求,是任何国家和社会发展都不可避免的时代抉择。在内忧外患的社会背景下,维护国家主权和国家利益而不是出卖祖国和人民的利益,这是外敌入侵、社会动荡不安时代的道德诉求;在和平发展的社会背景下,坚持以博大的胸怀处理自己与社会、集体、他人的关系,反对利己主义,坚持爱国主义、集体主义原则是时代之需。从历史发展的时代性来看,公民道德建设不可避免地受到历史形成的思想观念和文化的深刻影响,这就需要对历史积淀的道德资源做好梳理工作,坚持取其精华去其糟粕的历史唯物主义原则,从现时代出发,审视社会发展目标和道德水准,合理地构建现时代的道德体系。

第二,阶级性。研究公民道德建设的指导思想是马克思主义伦理学关于道德的基本原则,任何道德都不是超阶级的,马克思主义诞生前的伦理学家们的理论并不是天然的正确,他们为了让自己的伦理思想达到维护本阶级统治的目的,常常把自己的伦理学说设想成绝对完美的、永恒的终极真理体系,而马克思主义道德观认为,要从唯物史观视域下揭示道德的本质,社会道德将随着社会实践的发展而发展,社会发展是没有止境的,道德学说及其建设也是没有止境的。社会生活的新陈代谢决定了道德建设也是一个除旧布新的过程。自原始社会解体后,人类进入了阶级社会,在阶级社会里,不同的阶级倡导不同的道德观念,借以维护和实现本阶级的利益。马克思主义认为,道德始终是阶级的道德,马克思主义道德学说产生于无产阶级和资产阶级的革命斗争中,代表了无产阶级和广大劳动人民的利益,是从无产阶级和劳动人民的斗争中引申出来的,是为人类摆脱劳动剥削制度服务的。马克思主义道德观有着鲜明党性和革命性,它不仅要彻底改变私有制的道德观,而且要与之进行彻底决裂。

第三,实践性。公民道德建设最本质的规定性,正是马克思主义所指出的社会实践性。公民道德建设是要在社会实践中分析具体的人的道德问题,分析人的社会关系及其产生的道德根源问题,通过客观的道德活动考察和解决社会道德问题。公民是一个活生生的具体的社会人,在改造客观实际的进程中不断地改变着自身的主观精神世界,实现人的道德的完善。道德建设不是虚无的,而是实实在在的精神改造和修养提升活动,这种精神的修养和提升过程必须建立在道德实践活动之上,道德实践活动不是单纯的道德文本的梳理与传承等学习活动,其更强调在具体的社会生活、职业生活、家庭生活中的自觉追求。因此,人们立足于社会生活的具体领域进行学习传承、生活锻炼、自觉追求与践行道德要求是十分重要的。

第四,复杂性。公民道德建设的复杂性,取决于社会生活的复杂性和人的思想观念的变化性。人类社会的发展经历了从简单到复杂的过程,国家发展也经历了从传统发展向现代社会转型发展的不同阶段。公民作为现代社会中的重要概念,有别于传统社会的简单的经济关系和阶级关系。现代社会是一个开放的以发展市场经济为主体的追求个性解放与自由的社会,特别是国际交流的日益频繁,各国公民接触到的信息量是以往社会的数倍。在社会经济分工多样化、利益分配关系多元化、社会成员阶层大分化的时代背景下,道德建设不是一蹴而就和一成不变的,其场域超越了现实世界的国别界限。道德现象在互联网时代的传播可以说是"秒达",各类热点事件、时事新闻层出不穷,让人目不暇接、难辨真假,对社会公民的内心造成强烈冲击,这对于公民道德建设的影响是复杂的。

第二节　社会主义核心价值体系

社会主义核心价值体系是新时代我国社会道德发展的基石,它为新时代公民道德建设确定了深刻内涵、提供了指导方向。新时代道德关系是在社会主义核心价值体系基础上形成的一种人与人、人与社会、人与自然之间的和谐关系,这种关系强调公平正义、团结友爱、诚实守信、敬业奉献等价值观念,体现了新时代我国社会道德发展的要求和趋势。

一、社会主义核心价值体系的提出背景

在2006年10月举行的党的十六届六中全会上,通过了《中共中央关于构建社会主义和谐社会若干重大问题的决定》(以下简称《决定》),强调了和谐文化建设在塑造社会主义和谐社会中的关键作用。《决定》提出,社会主义核心价值体系是培育和谐文化的根本,而这一体系核心内容涵盖了马克思主义的指导原则、中国特色社会主义的共同追求、民族精神(爱国主义为核心)以及时代精神(改革创新为核心),还包括社会主义的价值观念。这是我们党首次明确提出

了"社会主义核心价值体系"的战略性概念,进一步明确了该体系的基本内容和重要性。

党的十七大报告指出,塑造和巩固社会主义核心价值体系对于提升社会主义意识形态的影响力与凝聚力至关重要。这个价值体系是社会主义意识形态的核心表征,必须坚持其对全党和全国各族人民的领导作用。我们要持续用马克思主义的最新中国化成果武装党员并对人民进行教育,使人民始终保持与党的思想一致。同时,我们也需要利用中国特色社会主义的共同追求来统一社会各方面的力量,并点燃人民的斗志。以爱国主义作为主要支柱的民族精神和以改革创新作为主要支柱的时代精神,将鼓舞我们在新的历史条件下继续奋斗。我们必须以社会主义的荣辱观作为指导,建立端正的道德操守,并进一步加强全党和全国各族人民共同奋斗的思想基础。

党的十七届六中全会通过了《中共中央关于深化文化体制改革、推动社会主义文化大发展大繁荣若干重大问题的决定》,进一步强调,社会主义核心价值体系作为兴国之魂,是社会主义先进文化的精髓,决定着中国特色社会主义的发展方向。该判断深入阐明了构建社会主义核心价值体系的目标、重要性及其根本特质,对于强化马克思主义在思想意识层面的领导作用、指导整个社会成员在思想和道德上共同提升具有极其重要和深刻的历史和现实价值。

社会主义核心价值体系的形成是一个渐进的过程。在中国共产党的领导下,我国人民在长期的革命和建设实践中,将马克思主义基本原理与我国的具体实际相结合,不断进行理论创新,逐步形成了这一体系。

自中华人民共和国成立之日起,我们党对社会主义的本质和建设方法进行了广泛的研究。在持续改善社会主义基本经济体系、政治体系和社会体系的过程中,我们党对于社会主义文化发展和意识形态结构的理解也在不断加深。

目前,全球意识形态处在一个充满活力、冲突和融合的环境中,社会主义的思想意识领域遭遇了史无前例的新考验和新挑战。这些挑战主要体现在以下领域。

在全球化的进程中,经济、政治、文化和科技都在发生变化,这些变化不仅给生产力带来了机遇和挑战,而且对社会价值观和行为准则产生了重大影响。为了保持社会主义的活力和生命力,我们必须与时俱进,充分利用全球化带来的机遇,改革创新,赋予社会主义意识形态新的时代内涵。

政治多极化的趋向有利于保持和促进和平与发展的主旋律,然而它也引发了激烈的国际竞争。作为一个发展中的大国,我国应当借此时机快速发展,同时也需要应对来自发达国家在经济与科技领域的挑战。这种趋势对我们社会成员的思想观念、行为方式和价值取向产生了广泛而深刻的影响,因此,我们需要唤起人们对机遇的认识、对发展的觉悟、对改革的意识以及对创新的想法,以适应这种变化。

随着经济一体化和政治力量分散化的进展,文化同样呈现多样化的特点。各种思想与理念通过不同的文化素材和形态呈现,既有先进文化,也有负面文化。在这种情况下,我们既要坚持文化开放战略,又要保持文化自主发展。我们应积极借鉴其他国家的文明进步经验,同时坚决抵制和防范各种腐朽文化的侵蚀。

科技信息化的进步对社会产生了深远的影响,正在转变人们的生活习惯、思维模式和价值取向。我们须妥善运用科技信息化带来的社会影响力,促进思想理念的更新,以此来增强和充实社会主义核心价值观。同时,我们应积极防范和消除网络技术带来的负面影响,特别是对青少年的影响。

我国选择进行社会主义市场经济改革,是在和平与发展成为时代主旋律以及经济全球化的大背景下做出的必然决策。这场改革不仅解决了生产力的发展问题,也解决了社会主义制度的变革问题。我们需要深入研究市场化改革带来的社会变化,在发展多元化的过程中,要通过改革和创新来深化社会主义意识形态所包含的时代精神。

面对社会新现象和新特征的出现,我国传统的价值观念和评价体系受到了空前挑战。一些曾经被认为清晰的价值观遭到了社会的质疑,造成了部分民众在价值判断和行为选择上的迷失和困扰,有时甚至感到无所适从。这对社会主义意识形态的凝聚力提出了极大挑战。

在这种情境下,构建社会主义核心价值体系变得十分迫切。社会主义核心价值体系构建的目的是引导社会各种思潮,增强民众抵抗西方资本主义意识形态侵入和文化扩张的防御力。通过构建社会主义核心价值体系,为坚持和发展社会主义意识形态提供坚定的价值基础,并为中国特色社会主义的事业筑起抵御风险的文化防线。

社会主义核心价值体系的建设在保持社会主义意识形态本质和方向中扮演了关键角色。它有利于刺激国家在经济、政治、文化、社会等领域的发展活力,满足建设一个社会主义现代化国家——强盛、民主、文明、和谐的各项要求。

同时,体系反映了全国各族人民的根本利益和共同诉求,确立了社会主义意识形态的基本性质。

此外,构建社会主义核心价值体系还为社会主义意识形态的不断发展和与时俱进提供了科学的导向。通过不断丰富和完善其时代内涵,赋予其明显的实践特点、民族特色和时代特色,巩固和推进社会主义意识形态的发展。

二、社会主义核心价值体系的科学内涵

社会主义核心价值体系的科学内涵涵盖四个互相关联、互相影响和共同发展的核心要素,包括作为指导原则的马克思主义哲学、作为共同追求的中国特色社会主义理念、以爱国主义为核心的民族精神和以改革和创新为核心的时代精神,以及体现道德评判的社会主义荣辱观。这四个方面是一个互补和有机统一的整体,构成了社会主义核心价值体系的基础,是推动社会主义文化大发展大繁荣的重要力量。

(一)灵魂:马克思主义指导思想

党的十六届六中全会首次明确地提出了"构建社会主义核心价值体系"。在这一体系中,马克思主义的指导理论构成了其灵魂,中国特色社会主义的共有梦想形成了其核心主旨,民族精神和时代精神代表了其精华所在,而社会主义荣辱观则是其价值基石。习近平同志在党的十九大报告中指出,要倡导富强、民主、文明、和谐,倡导自由、平等、公正、法治,倡导爱国、敬业、诚信、友善,积极培育和践行社会主义核心价值观。

所谓"灵魂",就是指起指导和决定作用的因素。马克思主义指导思想作为这一体系内在的支配力量贯穿于各个领域和层面,从而使社会主义核心价值体系的各个方面相互贯通、融为一体。中国特色社会主义共同理想,作为中国共产党和中国人民的崇高追求,其理论基础源于马克思主义的社会发展规律。该理想的选择鲜明反映了马克思主义在中国的伟大历史融合过程。以爱国主义为核心的民族精神和以改革创新为核心的时代精神,共同浓缩了当代中国的精神实质,并将马克思主义关于民族、社会动力和社区心理的理论精华内化于其中。

社会主义荣辱观汇集了社会主义道德精华,它是马克思主义伦理与中国特色社会主义道德建设相融合的最新成就。由此可见,马克思主义的指导思想在

构建社会主义核心价值体系中有着至关重要的作用,作为理论基础和精神支持,它决定了该价值体系的根本特质和未来的发展方向,指引着新时代的确定方向。

在构建社会主义核心价值体系过程中,马克思主义占据了主导角色。在这一体系的形成与发展中,马克思主义赋予我们正确地看待世界和解决问题的观点与途径,以及认知世界和变革世界的有力思维工具。"我们坚信马克思主义,但马克思主义必须与中国实际相结合。只有结合中国实际的马克思主义,才是我们所需要的真正的马克思主义。""马克思主义的基本原理任何时候都要坚持,否则我们的事业就会因为没有正确的理论基础和思想灵魂而迷失方向,就会归于失败。""如果放弃马克思主义的指导地位,在指导思想上搞多元化,势必导致人心大乱、天下大乱,给党和国家带来灾难。"基于我国社会主义革命和建设的性质、任务和历史使命,我们必须坚定不移地以马克思主义为指导。此外,这同样深刻反映了对我国在社会主义革命与建设方面的历史经验和现实需求的总结。随着20世纪我国社会主义革命的胜利,马克思主义被确定为我们党的指导思想。

保持马克思主义的主导作用,意味着要将马克思主义的根本原则与中国的具体现实紧密结合起来,持续推动马克思主义在中国的发展和应用,使我国的社会主义革命和建设工作持续向前发展。毛泽东同志曾经指出:"马克思活着的时候,不能将后来出现的所有的问题都看到,也就不能在那时把所有问题都加以解决。俄国的问题只能由列宁解决,中国的问题只能由中国人解决。"邓小平同志也曾指出:"绝不能要求马克思为解决他去世之后上百年、几百年所产生的问题提供现成的答案,列宁同样也不能承担为他去世以后五十年、一百年所产生的问题提供现成答案的任务。真正的马克思列宁主义者必须根据现在的情况,认识、继承和发展马克思列宁主义。"

理论指导实践,作为一种不断进化的思想体系,马克思主义是构建社会主义核心价值观的根基。我们必须以马克思主义作为我们的指导思想,还须持续坚持不断演进的马克思主义。唯有借助不断进步的马克思主义来武装全党、启迪民众,我们才能充分利用马克思主义理论的巨大能量,使社会主义核心价值体系建设更加科学、更具可操作性。

(二)主题:中国特色社会主义共同理想

理想是一个民族和社会的灵魂,没有理想的民族是没有希望的民族。社会理想寄托着人民对美好生活的向往。在当前阶段,中国特色社会主义已经充分展现了我国广大人民的共同愿望、利益和要求,它已经成为我国各族人民的共同理想。具体来说,这一共同理想是在中国共产党的领导下,致力于建设中国特色社会主义,并实现中华民族的伟大复兴。

这一共同理想以中国特色社会主义理论体系为指导思想,以中国共产党为领导核心,以中国特色社会主义道路作为实现目标的重要途径,宗旨是建设一个繁荣、民主、文明、和谐的社会主义现代化国家,以实现中华民族的伟大复兴。这个共同的梦想集中表达了我国的工人、农民、知识分子、社会主义事业的奉献者,以及支持社会主义和国家统一的爱国人士的基本利益与共同心声。它不只描绘了人们对于理想生活的向往,还构建了我们祖国灿烂的未来和中华民族伟大复兴的壮观图景。这个共同的信念拥有令人信服的必然性、普遍性和包容性,还有巨大的吸引力、亲近力和团结力。它是保证全体人民在政治上和思想上团结一致,共同创造美好未来的强大精神纽带和精神动力。

中国特色社会主义共同理想是社会主义核心价值体系的核心内容,它贯穿于整个价值体系之中,对其他三方面内容产生着深刻影响。这个共同的梦想与马克思主义的核心价值观和目标高度吻合,在马克思主义的引领之下,它成为党在社会主义初始阶段的斗争目标、国家进步、民族复兴及人民福祉的完美交汇处。故此,处于不同社会阶层的人都能对这个共同的理想产生共鸣和认可。

这个共同的理想代表了中华民族共有愿景的当代表达,体现并提升了民族的精神核心与时代的精神特质。民族精神和时代精神旨在维护中国人民及中华民族的基本利益,并构成了推进中国特色社会主义发展的强劲精神推动力。弘扬民族精神和时代精神意味着激发全民族的激情与战斗精神,共同为实现具有中国特色的社会主义伟大理想而不懈奋斗。

社会主义荣辱观构成了发展中国特色社会主义的道德根基。在推动中国特色社会主义进程中,我们必须适当处理各式各样的关系,应对众多的矛盾和问题。在这一过程中,道德的指引与调控扮演着至关重要的角色。个人的思想道德水平不仅影响着社会的文明水平和国家经济以及社会的发展,也影响着是否能坚定不移地确立和实现中国特色社会主义的共同理想。因此,全社会积极倡导和提升社会主义荣辱观是实现和发展中国特色社会主义及其共同理想的固有需要。

（三）精髓：以爱国主义为核心的民族精神和以改革创新为核心的时代精神

民族精神和时代精神具有丰富的内涵。精神的力量是其他任何事物都无法比拟的。"民族精神是一个民族赖以生存和发展的精神支撑。一个民族，没有振奋的精神和高尚的品格，不可能自立于世界民族之林。"历经五千多年的文化积累，中华民族形成了以爱国主义为核心的伟大民族精神，其主要特征体现为团结统一、爱好和平、勤劳勇敢、自强不息。在进行改革开放的新历史阶段，中华民族进一步培养了敢于进行改革、勇于实现创新的时代精神。这种精神不仅推动着中华民族生生不息、发展壮大，也是支撑着中国人民在未来岁月里继续传承与发扬光大的精神支柱。

社会主义核心价值观的核心所在，就是把以爱国主义为核心的民族精神和以改革创新为核心的时代精神作为其精髓。"精髓"一词，在本质上是对事物最核心、最本质内容的描述。民族精神和时代精神，是中华民族生存和发展的核心力量，也是我们不断开拓进取、迈向美好未来的强大精神动力。这些精神条件支持并宣扬了马克思主义指导思想、中国特色社会主义共同理想以及社会主义荣辱观的确立和发展。因此，我们必须始终坚持和弘扬民族精神和时代精神，以推动社会主义事业的不断发展。

在社会主义核心价值体系中，民族精神和时代精神与其他基本内容形成了有机的统一关系，它们相互影响、相互促进。这两个观念基于马克思主义的民族理论和时代理论，展现了一致的价值观念，并在价值追求上与马克思主义的指导原则相一致。同时，民族精神和时代精神与中国特色社会主义共同理想在价值目标上保持一致，旨在实现中华民族的伟大复兴。

高举爱国主义旗帜，能够最大限度地凝聚全民族的力量，形成强大的动力。而创新作为民族发展进步的灵魂，能够激发全民族的创造精神和创新能力，为中华民族的伟大复兴提供不竭的动力。社会主义荣辱观作为民族精神和时代精神在个体行为规范和道德标准上的具体体现，强调了勤劳勇敢、自强不息的民族精神。社会主义荣辱观进一步弘扬尊重劳动、艰苦奋斗等道德观念，激发广大人民的积极性。同时，社会主义荣辱观还体现改革创新、民主法治、公平正义等精神品质，为构建和谐社会提供了有力的支撑。民族精神和时代精神在社会主义核心价值体系中具有重要地位，与其他基本内容相互贯通，为实现中华民族的伟大复兴提供了强有力的精神动力。

(四)基础:社会主义荣辱观

社会主义荣辱观作为核心的世界观、人生观和价值观内涵,是构建良好社会风尚的根本基础。正确的荣辱观有助于个体确立恰当的价值取向,并有助于社会建立正向的道德氛围。社会主义荣辱观巧妙融合了中华传统美德、卓越的当代精神,是对社会主义精神文明建设的精炼总结。在社会主义市场经济条件下,它不仅是判断行为得失、确定价值取向的基本准则,更代表着社会主义道德观的核心内涵。

"八荣八耻"作为社会主义荣辱观的集中展现,不仅传承了中华民族的传统美德,同时展现了社会主义的时代精神。它不仅体现了社会主义基本道德规范的本质要求,更体现了社会主义核心价值观的鲜明导向。这一荣辱观具有丰富的思想内涵和鲜明的时代特色,对于践行公民基本道德规范具有基础性的导向作用。

对祖国的热爱、对人民的服务、对科学的推崇、对劳动的努力,彼此之间的团结互助、诚信守誉、遵章守法以及艰苦奋斗,这八个方面形成了一个相互联系、相辅相成的整体,是每个公民都应遵守的基本道德底线。社会主义荣辱观作为社会主义核心价值体系的重要组成部分和基础,体现了社会主义的基本价值导向。只有树立起以"八荣八耻"为主要内容的社会主义荣辱观,使全体社会成员都能明辨荣辱、褒荣贬耻、扬荣抑耻,社会主义核心价值体系才能得以发展和完善。

社会主义荣辱观不仅向全体社会成员提供了基本的价值标准和行为规则,帮助他们评判行为对错、做出道德决策、确定价值方向,同时也为我国这样一个特殊国情下的发展中的社会主义大国追求科学发展和构建和谐社会的目标,提供了广泛遵循的价值标准和道德规范。社会主义荣辱观成为社会主义核心价值体系的题中应有之义和思想道德基础。

综上所述,社会主义核心价值体系是一个内涵丰富、多层次、有机统一的体系,具有广泛的适用性和包容性、强大的整合力和引领力。社会主义荣辱观作为其思想道德基础,贯穿于社会生活的各个领域和各个方面,是联结各民族、各阶层的精神纽带。

三、社会主义核心价值体系的特征和功能

社会主义核心价值体系是社会主义制度的内在灵魂,是社会主义意识形态的核心要素。它作为社会主义发展模式、制度体制和目标任务的基础,在所有社会主义价值目标中占据主导和支配地位。深刻理解和正确把握社会主义核心价值体系,不但需要全面了解其基本内涵,还需要准确把握其特征和功能。

(一)社会主义核心价值体系的基本特征

我们党提炼了人类思想的精髓,并根据时代发展的需求,创造性地提出了社会主义核心价值体系。这一体系具有广泛且深远的历史根基和现实基础,它完整地融合了马克思主义的价值观念和我国传统的价值理念,体现出二者的有机融合。该体系的基本特征包括以下几个方面。

1. 主导性

社会主义核心价值体系作为社会主义意识形态的核心,具备鲜明的导向性和指向性,旨在引导全社会的价值取向和行为准则。社会主义核心价值体系确定了共同的追求目标,指明了先进文化发展的方向,并且体现了对先进性的要求。在意识形态领域,它始终强调马克思主义的主导作用。马克思主义不仅是我们立党立国的根本指导思想,也是构建社会主义和谐社会的理论依据。若脱离了马克思主义的理论指导,社会主义核心价值体系将会丧失正确的政治导向和科学的建设方式,从而使得社会主义事业失去正确的发展路径。

2. 先进性

社会主义核心价值体系之所以具有先进性,是因为其基本内容具备科学性。这个体系构建在以下几个基本要素之上:马克思主义指导思想,中国特色社会主义共同理想,以爱国主义为核心的民族精神、以改革和创新为核心的时代精神,社会主义荣辱观。维持统一的指导理念,明确了共同的追求目标,并指明了先进文化的发展方向,完全展现了对先进性的要求。在此过程中,社会主义核心价值体系中的马克思主义指导思想凸显了它的领先地位。马克思主义指导思想是我们党和国家建立之本,也是社会主义核心价值体系的灵魂。马克思创建和主张的价值观是一套全新的思想,它以无产阶级及广大人民群众为核心,并以在全球范围内最终实现一个"以每个人的全面而自由的发展为基本原则的社会形式"为最高目标。这套价值观植根于实践唯物主义的哲学基础和人

民主体的实际生活,代表着人类光明的未来,是极富生命力的、卓越的价值观。

3. 科学性

作为一种科学性价值体系,社会主义核心价值体系立足于客观现实,以实事求是的原则为先导,在遵循社会进步的固有法则方面显得非常严格。它深刻反映了社会主义思想体系的根本特征,并准确展现了我们对于中国共产党领导规律、社会主义发展规律以及人类社会前进规律的深刻理解。基于中国特色社会主义的伟大实践,社会主义核心价值体系揭示了马克思主义在中国的最新理论成果。其内涵强调以人民为中心、科学发展的根本需求,并设定了富国强兵、民主法治、社会文明、生活和谐的价值追求。这个体系极力激发了人民群众的积极性、主动性、创造性,从而把价值追求转化为全体人民共同迈向物质富足的实际力量。因此,社会主义核心价值体系真实地指导着当代中国的持续发展与进步,它是一个行之有效的科学价值体系。

4. 民族性

社会主义核心价值体系植根于中华民族丰富的文化传统,包含了中华民族深刻的精神追求和行为准则。它与中华民族的心理需求相符合,准确地表达了中华民族的根本特征,展现了独有的民族性格。这套价值体系汇集了全体中华儿女的基本利益,反映了广大人民群众的共同愿景,因此获得了人民的普遍支持。社会主义核心价值体系不仅体现了鲜明的民族风貌,而且拥有深厚的民意基础,是真正的惯性价值理念体系。

5. 开放性

社会主义核心价值体系是一个兼具开放性和包容性的价值观念框架,其核心概念具备一定的持久性。这种持久性基于大多数社会成员对共同价值观念的认可和采纳。然而,这种持久性并不代表它是静态的、固定的或者永恒不变的。反之,它应当在实际活动中继续发展和优化。该价值体系的开放性特质彰显了马克思主义关于不断进步的核心要求,为马克思主义能够随着时代和实际情况的发展而进化提供了不竭的动力。

(二)社会主义核心价值体系的功能

社会主义核心价值体系强调全体人民共同追求的价值目标,有助于在全社会形成共同的思想基础,增强民族凝聚力,激发全体人民为实现国家富强、民族振兴、人民幸福的伟大事业而团结奋斗。社会主义核心价值体系倡导富强、民主、文明、和谐,自由、平等、公正、法治,爱国、敬业、诚信、友善等价值观,有助于全面提升人民的道德品质和文明素养,形成文明和谐的社会风尚。社会主义核心价值体系强调对中华优秀传统文化的传承和创新,推动文化事业发展,激发文化创新创造活力,为构建中华文化自信提供有力支撑。社会主义核心价值体系作为我国独特的文化优势,有助于增强国家文化软实力,提高国家在国际竞争中的影响力,为我国在国际舞台上发挥更大的作用提供精神力量。社会主义核心价值体系在我国社会发展过程中发挥着重要的作用,为推动我国各项事业的发展提供了有力的思想保障。在新时代背景下,我们要继续加强社会主义核心价值体系建设,为实现全面建设社会主义现代化国家、全面深化改革、全面依法治国、全面从严治党等各项任务提供坚实的思想基础。

1. 引领功能

以社会主义核心价值体系为社会思想的指导力量,其最重要的使命是坚定地保护和巩固马克思主义思想在意识形态领域的主导地位。我们应坚持用一元化的指导思想引领和整合多样化的社会思潮,确保思想文化主阵地的稳定。实际经验表明,社会思想的多元化和不同的价值观是社会发展的常态,因此,我们需要采取恰当的手段对这些思想和价值观进行适当的指导。如果不加引导地允许它们自发演变,可能会对社会主义的主导意识形态造成冲击,损害党和人民的团结,干扰建立社会主义和谐社会的步伐,甚至动摇中国特色社会主义的基础。只有坚持以社会主义核心价值体系来引导社会思潮,才能在尊重和容纳多样性的同时,有效预防因观念分歧而引起的社会不稳,提升民族的团结力量,增强内聚力,引领全国人民在中国特色社会主义道路上勇往直前。

2. 规范功能

一个社会的核心价值观是构成该社会文明和思维方式的基本精髓和突出特征,它是维系社会的精神根基,也是决定社会决策的驱动力和目标所在。因此,国家把核心价值观定为思想文化建设的关键和根本,将其确立为人民评价和判定价值的准则和原则。这一价值体系为人们提供了判断思想和行为的基础标杆和准则,辨识什么是积极的、什么是有害的,什么是正面的、什么是负面的,什么是善良的、什么是邪恶的,什么是美丽的、什么是丑陋的,等等。在日常实践中,人们将这套标准运用到自身遭遇的事项和情境中,塑造正确的价值观念,进行思想评估和行为决策。社会主义核心价值体系立足于马克思主义指引,以实现中国特色社会主义为共同目标,提倡以爱国主义为核心的民族精神和以改革创新为核心的时代精神,倡导"八荣八耻"作为社会主义荣辱观。该体系为人们的思想和行动提供了基本准则,引导广大民众追求光荣之事,摒弃羞耻之行,从而规范和调节人们的行为方式。

3. 凝聚功能

社会主义核心价值观对于团结和激励社会各界人士发挥关键性作用。以爱国主义为核心的民族精神与以改革创新为核心的时代精神构成了我国宝贵的精神资源。民族精神在社会上扮演类似于"黏合剂"的角色,它能聚集来自各民族的智慧,生成强大的集体力量。而时代精神则反映了社会进步的前沿动态,拥有巨大的吸引力和团结力,能唤起每一个人的战斗精神和责任感。在现今的发展阶段中,社会的每一位成员都应当坚守信仰,对中国共产党的领导、中国特色的社会主义道路、全面建成小康社会的目标持以坚定的信心。此外,我们还应该树立宏伟的个人理想,将个人的利益同国家和民族的利益紧密结合,达到共同发展的目标。唯有如此,我们才能真正凝结社会的力量,一起推动社会主义现代化建设向前发展,实现国家的强盛和兴旺。

4. 人格塑造功能

个性的核心成分是价值观念,人与人之间明显的个性差异往往源于价值观念的差异。每一个民族都拥有特有的生活方式,这种方式深刻地体现了该民族的特性。用于维护民族生活秩序的诸多传统和价值理念,实际上是对个人行为模式规范的指引。在个体生长的过程中,其吸收并融合了这些标准和理念,这些建构文化和个性的要素逐步渗透到他们的思维之中,变成了一种理所当然的存在。常言道:"人同此心,心同此理",实际上是共享的价值观念和文化背景长久地渗透和影响所致。人格可以看作个人的各种心理属性与品质稳定的结合体,展现了个体的道德修养和追求理想状态的努力。这样的人格构建必不可少的是特定社会价值观的培养与影响,它源自对特定价值观的接受、认同以及内化。社会推崇核心价值观的根本目的,在很大程度上是塑造它所期望的人格典型,这是一个有计划的教化与塑造过程。社会不只是为一些价值观解释其合理性和合法性,还会推广特定的人生观,借助树立模范的方式,引领人们采纳和消化这些概念和追求。

5. 整合功能

社会主义核心价值体系具有显著的整合特性。在某种程度上,社会主义核心价值体系在实现社会一体化目标的过程中起着至关重要的作用。整合与分化、冲突相对立,社会主义核心价值体系在发挥整合功能时,不会利用国家强制力来解决由社会分化引发的矛盾和冲突,更不会仅从表面上控制局面。从根本上说,社会主义核心价值体系对社会整合的作用是一种"软整合"。所谓的"软整合",是一种集精神、文化和价值于一体的整合方式。因此,社会主义核心价值体系的整合主要依赖于宣传、教育手段,通过广泛的影响力渗透到社会各个领域,以其感召力影响社会成员,以其说服力赢得社会成员的理解和信任;通过整合力量,形成对社会主义核心价值体系的价值共识和文化认同,进而实现社会整合的目标。

由此可见,社会主义核心价值体系具有深刻的科学内涵,它是我党在思想文化领域的重要理论革新,作为中国特色社会主义伟业的精神支撑,具有引导、标准设定、团结以及融合等多方面的作用。这套体系对于加固全党及全国各族人民团结拼搏的共有思维基础,具有长远的重要性。通过明确、建立和发展社会主义核心价值体系,在中国共产党的有力带领下,我们将充满自信地进行创新发展,坚持不懈地为全面建成小康社会和实现中华民族的伟大复兴中国梦而奋斗。

第三节　社会主义核心价值观引领公民道德建设

一、社会主义核心价值观与公民道德建设的关系

在中国特色社会主义进入新时代这一关键的历史节点上,面对全球化带来的重大机遇与严峻挑战,我国社会主义事业必须严谨审视道德文化建设的重要性。党的十六届六中全会首次明确提出"建设社会主义核心价值体系",并强调该体系在构建和谐文化中的根本作用。在党的十七大报告之后的讨论中,进一步提炼并加深了这种思维,明确强调社会主义核心价值体系是社会主义思想体系的核心表达。从党的十八大开始,中共中央将养成和实施社会主义核心价值理念视为关键任务。党的十八大报告强调了重视培养和执行以"三个相宜"为中心的价值导向,并把这一原则确立为提升公众精神文明程度的重要战略。2014 年 5 月 4 日,习近平总书记在北京大学师生座谈会上深刻指出:"核心价值

观,其实就是一种德,既是个人的德,也是一种大德,就是国家的德、社会的德。国无德不兴,人无德不立"。这些理论观念有效反映了社会主义核心价值观在道德文化构建中的中心地位和重要性。

(一)社会主义核心价值观引领公民道德建设的必要性

中国特色社会主义进入新时代以来,我们党不断强调社会主义核心价值观建设,包括在国家层面上所推崇的价值导向"富强、民主、文明、和谐",在社会层面上所遵循的价值原则"自由、平等、公正、法治",以及在个人层面上所追求的价值目标"爱国、敬业、诚信、友善"。社会主义核心价值观代表了社会主义核心价值体系的精髓,并且符合时代进步的需求,传承了中华民族的优秀传统文化,并与现代中国的发展目标相一致。在实施社会主义核心价值观的指引功能方面,它对于解决公民道德面临的难题发挥着至关重要的作用。

1. 社会主义意识形态建设的本质要求

2013 年 8 月 19 日,在全国宣传思想工作会议上,习近平总书记明确表示:"意识形态工作是党的一项极端重要的工作。"目的是要使马克思主义在意识形态领域的主导地位更加坚实,使得全党和全国各民族的人民能够共同构建更加坚实的共同思想基础,并齐心协力。为了进一步提升中国特色社会主义的宣传教育效果,我们应该深化相关活动,确保各民族人民能够紧密团结起来,共同维护中国特色社会主义的宏伟事业。我们还需要在社会主义核心价值体系的建设中加倍努力,积极地指导每一位公民形成正确的价值观念,提升道德品质。在这一过程中,我们要致力于培养社会上重视荣辱、重讲正气、重视奉献和倡导和谐的良好风尚,为国家的繁荣发展贡献力量。

在当前的改革开放深水期,我国面临着一系列严峻挑战。一些人在思想认识上对改革的理解不够明确,这使得在全球化和网络普及的环境下,不同的文化、思潮和价值观念交织在一起,形成了一股多元化的思潮。一些错误的价值观在社会中广泛传播,给人们的道德观念带来了严重冲击。这些错误的价值观导致人们在做出道德判断和行为选择时陷入困惑,使原本便对社会主义道德不坚定的人更加动摇。这不仅给这部分人带来了严重的困扰,而且对坚定社会主义道德的人产生了负面影响,甚至动摇了他们的信念。当前,为了引领公民的道德建设,我们急需一种能够表达社会主义本质特征的意识形态体系。在这一点上,社会主义核心价值观扮演了极其关键的角色,它可以有效地筛选、引导和评判各种不同的社会思潮,确保我们的公民道德体系朝着正确的路径前进。通过积极推广社会主义核心价值观,我们可以凝聚社会共识,坚定人们的道德信念,为构建和谐社会提供坚实的思想基石。

社会主义核心价值观承担着融合与规制的角色。它不仅是党和全国人民共同追求的思想基础,还是体现人民集体意愿的"最大公约数"。社会主义核心价值观可以有效地协调和统一众多不一致的观念,充分建立起社会共识,在国家、社会及个人生活层面为公民判定行为对错提供准则,从而规范人们的行为,为提升公民德行铺设了一条更加坦荡的道路。它以邓小平理论、"三个代表"重要思想、科学发展观以及习近平重要讲话精神为指导,坚持推进中国特色社会主义的发展,并以实现中华民族伟大复兴的中国梦为核心内容,体现了中国特色的马克思主义理念。习近平总书记曾在中共中央政治局第十三次集体学习中强调,要抓住各种机会和平台,打造有利于培养和推广社会主义核心价值观的生活环境和社会氛围,让核心价值观如同空气那样无处不在,时时刻刻感受得到。公民道德建设作为社会主义文化建设不可或缺的一部分,当然需要受到核心价值观的肯定和引导。

2. 社会主义公民道德建设的内在要求

在培养公民德行方面,社会主义核心价值观发挥了必要且核心的作用。社会主义核心价值观作为我国社会主义事业的重要支柱,不仅在提升公民德行方面发挥了不可或缺的作用,而且为全体公民树立了行为规范和价值取向。在新时代背景下,深入理解和践行社会主义核心价值观,对于培养具有道德品质、责任意识、奉献精神和爱国主义情怀的公民具有重要意义。社会主义核心价值观为公民德行培养提供了理论指导。社会主义核心价值观包括国家层面的富强、民主、文明、和谐,社会层面的自由、平等、公正、法治,以及个人层面的爱国、敬业、诚信、友善。这些价值观汇聚了中华民族优秀传统文化、革命文化和社会主义先进文化的精神内核,为公民德行培养提供了丰富的理论资源,公民可以更好地认识自己的社会责任和使命,从而在日常生活中践行社会主义核心价值观,提升自身德行。

社会主义核心价值观在日常生活中发挥着规范公民行为的作用。公民德行的培养需要落实到具体的生活实践中,社会主义核心价值观为公民提供了行为准则,使他们在面对道德困境时有所依据。社会主义核心价值观在塑造公民道德方面扮演了关键性的引领和榜样角色。社会主义核心价值观为塑造公民的道德观提供了清晰的指引,通过发挥领导作用,能够加强公民道德养成的团结力、吸引力和扩散力,推动公民道德建设向预设的方向发展。例如,在环境保护、公共道德、诚信经营等方面,社会主义核心价值观为公民指明了正确的行为方向,引导他们在日常生活中关注他人、关爱社会、尊重规则,形成良好的道德风尚。

社会主义核心价值观通过教育、宣传等途径,营造有利于公民德行培养的社会环境,夯实新时代公民道德建设基础。建立公民道德基础的目的是将社会主义道德准则转化为个人的行为准则和价值判断的基础。在这一进程当中,广泛受到社会认同的社会主义核心价值观扮演了一个极其重要的角色。它不只反映了我国的文化理念,还代表了社会判断是与非、正与邪的准绳。社会主义核心价值观以人民的福祉为准绳,以人民为核心,追求社会的公平与正义。这一价值观在国家、社会和个人三个层面上明确了在道德认识、决策和行动时应该遵守的价值原则。因而,构建公民道德的工作应当将社会主义核心价值观作为基础核心,通过它来指导公民道德的构建。在我国,从幼儿园到大学,社会主义核心价值观的教育贯穿始终。通过课堂教学、社会实践、网络传播等多种形式,使社会主义核心价值观深入人心,为公民德行培养奠定了坚实的基础。此外,社会主义核心价值观还融入文艺作品、新闻传播、网络空间等多个领域,形成了一种无处不在的价值引导,有利于公民树立正确的价值观和世界观。

社会主义核心价值观在公民德行培养中体现了国家层面的战略部署。我国高度重视社会主义核心价值观的宣传和实践,将其作为国家战略纳入国家发展规划,推动全社会积极参与。通过大力宣传和践行社会主义核心价值观,我国的国家形象和公民的道德素质得到了显著提升,为全面建设社会主义现代化国家、实现中华民族伟大复兴的中国梦奠定了坚实基础。

以上的逻辑关系揭示了将社会主义核心价值观作为引导公民道德养成的内在需要,是社会主义道德建设的根本要求。社会主义核心价值观在公民德行培养方面发挥了必要且核心的作用。在新时代,我们应继续深入挖掘社会主义核心价值观的内涵,创新教育方式,强化实践体验,推动全体公民践行社会主义核心价值观,为实现中华民族伟大复兴的中国梦贡献力量。

3.社会主义先进文化发展的必然要求

社会的文明和谐以及国家的稳固与兴旺,不只是以一个结实而清晰的文化价值架构为基础,还需要被全体社会成员广泛接受和践行,同时,这些亦极度依赖社会成员的道德素养。增进公民的道德素质,既是社会主义道德发展的根本使命,也是推动社会主义先进文化发展的关键目的。公民道德建设的本质,实际上是把先进文化思想转化为个人信念、转变为个人实际行为的过程,它是社会主义先进文化在个体水平上的具体体现。很明显,公民道德建设对于社会主义先进文化的进步具有积极的促进作用。社会主义核心价值观不只是公民道德建设的导向,也是其基本核心。只有把社会主义核心价值观真实、周详、精准地融合进每位公民的道德行为中,国家文化软实力才能得到有效提升。

我们需要明确,社会主义核心价值观不应该只是停留在理论上的抽象概念或是口头上的标语,而需要与人们的日常生活密切结合。为了达到这个目标,我们需要把社会主义核心价值观植入人们的日常生活之中,使之成为人们的根本指导原则。通过此类做法,社会主义核心价值观可以更有现实意义和执行力,真实地起到积极的促进作用。习近平总书记在强调这一点时曾说:"核心价值观是文化软实力的灵魂、文化软实力建设的重点。"它决定了文化的特性与走向。在任何一种文化体系中,价值观都占据中心位置,它的根本特性规定了文化的根本性质。社会主义核心价值观体现了社会主义思想意识的重要部分,也是公共道德建设的基石与社会主义文化构建的根本。它对个人的思考模式、道德观念和行为习惯有着深远的影响。在现今新的形势下,公民道德建设必须围绕社会主义核心价值观展开,从而提高整个社会的思想道德水平。没有社会主义核心价值观的指导,公民道德建设将缺乏源头和依据,社会主义文化的兴盛亦将无法实现。

4.社会主义核心价值观认同的客观要求

在社会主义核心价值观的实现路径中,公民道德建设占据着举足轻重的地位。它作为塑造社会成员价值观念的重要手段,对个体行为和社会风尚产生深远影响。公民道德培养集中于推广公共道德、职业伦理和家庭美德,目的在于培育与社会主导价值观相一致的道德品格。将公民道德发展与社会主义核心价值观紧密结合,不仅有助于把核心价值观转化为社会成员主动遵循的道德规范,增强他们的道德责任意识,而且能够促进社会大众普遍接受和认同核心价值观,提高其在社会中的普及率。

正如《三字经》中所讲:"玉不琢,不成器。人不学,不知义。"个人的道德发展需要经过长时间的教化与熏陶,而社会的道德修养则需要细心培养与恰当引导。通过深入推进社会主义核心价值观教育,让公众全面领会其深层含义和重要性,可以激励他们将这些原则转变为内心的信仰和价值追求,并且在日常行为中付诸实践。在贯彻执行社会主义核心价值观的过程中,我们应当强调其在平时生活中的运用与体现,通过加强公民道德教育、养成良好的道德行为习惯以及激励实际的道德行为,使社会主义核心价值观与公民的生活深度融合。这不仅有助于加深社会成员对核心价值观的感性接受,而且能够激发他们将这一认同转化为具体行为,逐渐营造出一个健康且积极的道德环境。

(二)社会主义核心价值观引领公民道德建设的紧迫性

以社会主义核心价值观为指导加强公民德行培养,不仅是社会主义国家的本质需求,也是应对公民道德养成问题的实际需要。公民道德建设应以社会主义核心价值观为指导,确保公民道德建设的正确方向和有效推进。

1. 市场经济利己特征影响公民道德建设

在我国公民道德养成的过程中,市场经济的自利倾向对此造成的影响是一项重大议题。自经济体制改革以来,虽然社会主义市场经济有了长足的进步,民众的生活水准也明显提升,但在公民道德建设与培育方面却遭遇了一系列挑战。这一系列挑战中,市场经济本身倾向于利己主义的特质发挥了关键作用。市场经济在一定程度上培养出了一些道德水平不高、单纯追逐个人利益的个体,他们以对等交换和追求个人利益最大化为行动准则,把追求自身利益作为行为的首要动机。

在市场经济的背景下,追求利益的心态得到了广泛的刺激,这确实增强了人们的主动性,但却对人们的道义观念产生了消极的影响。一部分人忽视了对集体主义的理解,错误地将市场经济理解为个人利益的最大化。这样的价值观,把利益置于道义之前,忽略了个人对社会与他人的责任,导致一些人漠视公共道德,有的甚至触碰了法律的底线。市场经济体系培养出的经济型个体在行动时总是在评估所付出与所得到之间的关系,尤其是在财务层面上的考量。

综上所述,我国公民道德建设面临的主要问题之一是市场经济利己特征的影响。为了解决这一问题,我们需要深入探讨市场经济的负面影响,并采取有效的措施来加强公民道德建设,培养人们的道德观念和社会责任感。

2. 公民道德建设的艰巨性与长期性未受到足够重视

公共道德建设的持续性和复杂性还未获得社会广泛的关注。道德行为体现了个体主动及自我约束的行动,依赖于公民自我驱动和对社会的承诺。可是,实际情况表明,尽管多数公民具备较强的法治观念,但他们的道德意识却相对薄弱,一些人认为不触犯法律就可以,对于遵循道德规范的要求显得不那么重要。这种状况突出了公民道德养成的持久性和极大的挑战性。

尽管当前社会对道德建设的重视程度有所提高,但实际行动与党和国家要求之间仍存在较大差距。公民在道德建设方面的主动意识需要进一步增强。尽管社会各界对道德发展抱着较大的期待,但主动投入的程度却不尽如人意,缺少积极参与道德发展的意愿和动机,未能形成成为德行模范的自我推动力。很多公民未能充分认识到自己在促进道德进步方面应有的责任与义务,这导致道德发展的主体性不足问题突出。

总的来说,大多数人更倾向于从道德建设中受益,而不是成为贡献者。因此,如何引导民众自觉加入道德建设的进程,增强他们的道德自觉性,成为我国目前在公民道德培养方面亟须解决的问题。

3.公民道德建设受到多元文化的冲击

在多元文化的影响下,社会主义公民道德建设面临着诸多挑战。随着市场经济的快速发展,各种价值观和思潮不断涌现,导致公众在道德和价值观念上产生了困惑和迷失。一些人盲目追求西方文化和生活方式,容易受到西方伦理的影响。同时,不同的思想文化交流和冲突也进入了社会的道德领域,给我国道德建设带来了更大的难度。

在多元文化的冲击下,一些消极的社会文化在网络空间传播扩散,导致人们道德觉悟缺乏和价值观扭曲,严重妨碍了我国公民道德的建设。有些人拒绝高尚变成一种潮流,将对庸俗的追捧作为自己的目标,颠覆了道德的正常是非,歪曲了价值观,道德的底线不断被压低,道德标准降低,这对我国公民道德体系构成了严重挑战。

因此,我们需要采取有效措施加强社会主义公民道德建设。首先,应该加强教育引导,提高公民的道德素质和文化素养。其次,应该加强法律法规的制定和执行,对违反道德和法律法规的行为进行严厉打击。最后,应该加强社会监督和舆论引导,营造良好的社会氛围和文化环境。只有这样,才能有效地应对多元文化冲击带来的挑战,推动社会主义公民道德建设的健康发展。

二、社会主义核心价值观对道德建设的重大意义

作为社会主义国家人民在长时间共同实践与理解过程中形塑的适配其社

会制度的核心价值理念,社会主义核心价值观是社会主义本质精神与生命的核心,并在社会主义社会的各个领域和层面发挥指导和规范作用。在社会主义市场经济发展和社会主义和谐社会构建的过程当中,随着经济体制更新、社会结构变迁及道德观念大改革,社会主义核心价值观同样扮演着至关重要的角色,作为这场深刻变革的核心精神和生命力量,引导社会主义新道德观的形成,并指明其发展的正确方向。

在社会主义现代化建设的新时期,尤其是改革开放以来,我们党在思想文化建设方面进行了重大理论创新,提出了建设社会主义核心价值观的任务。这一核心价值观的提出,清晰地阐述了在新的历史背景下,我们党应当如何带领全体国民勇于创新、奋发有为,以及应以什么样的精神状态使中华民族屹立于世界民族之林。

在全球竞争加剧、国内经济体系迅速转型、社会架构剧烈变化、利益分布大幅调整,以及价值理念显著更新的新环境下,以社会主义核心价值观为指导来推进公民道德建设,实现价值观念的广泛共鸣,是形成社会主义和谐社会的根本需要。此外,这也是提高国家文化软实力和加强新时代党的建设的关键需求。因此,使社会主义核心价值观成为公民道德发展的导向具有极为重要的当下价值和深远的历史影响。具体而言,社会主义核心价值观在指导公民道德建设方面的重要性可以通过以下几个关键点体现。

(一)有利于构建社会主义和谐社会

以社会主义核心价值观引领公民道德建设为社会主义和谐社会的构建提供了共同思想基础。我们必须看到,意识形态领域越是纷繁复杂,就越需要主心骨;社会思想越是多样化,就越需要引导社会协调发展的理念和目标。在当前的社会背景下,要培育和谐文化、塑造和谐社会,我们必须打造拥有广泛吸引力的社会主义核心价值体系,不仅应将其作为文化建设的核心导向,更应引领和整合多元化的思想意识和社会思潮。促进先进文化的发展,支持健康文化的生长,改进落后文化,抗拒腐朽文化,以此达成文化的和谐状态,进而在此基础上达到社会的和谐。

我们要以社会主义核心价值观引领人们的思想道德不断向善与进步。此价值观既反映了思想道德建设的先进性需求,又充分考虑到了其广泛性。不仅坚守了先进文化的前进步伐,而且充分兼顾了各阶层群众的思想状况。既全面反映了广大人民群众的根本利益与愿望,也充分考虑到了不同群体与阶层的实际诉求,具备了广泛的适应性及包容性。它凝聚了强大的社会整合力与引领力,成为维系各民族的精神支柱。

(二)有利于锻造中华民族的精神纽带,重塑社会道德风尚

在当今中国,社会主义核心价值观已经逐渐成为这个时代的精神纽带。实事求是作为马克思主义的理论品质,要求我们对现实有深刻的理解,从现实问题中发掘社会发展的动力与源泉。中国特色社会主义共同理想将现实与未来紧密相连,在从当下向未来的发展过程中,起到了承上启下的关键作用。

以爱国主义为核心的民族精神,建立历史与当代的联系,在传统文化基础上,塑造共有的民族文化和思维模式。在现代化进程中,我们应当积极培养和推广社会主义核心价值观,通过广泛的传播教育,凝聚民族团结力量。

同时,以改革创新为核心的时代精神要求我们解放思想,与时俱进,解决现实生活中的矛盾和问题。社会主义荣辱观引领着当代社会的主流价值观,有助于每一位社会成员在提升品德修养的过程中提高自身的思想道德水平。

(三)有利于提升国家文化软实力,增强我国综合国力和国际竞争力

一个国家的总体实力不仅包括经济、科技、军事方面的硬实力,也包含文化与价值体系、生活模式、思想意识等方面的软实力。现今,文化软实力已经成为国家综合实力和国际影响力的关键因素,并在国家间的相互竞争中扮演着愈发重要的角色。在目前的国际形势下,经济与社会进步越来越多地依靠文化的力量,文化层面也成了国际政治和意识形态争夺的焦点。因此,各国正将提升文化软实力定为核心发展战略的一部分,力图加强本国文化的综合力量和对外竞争力。为了在国际舞台上取得优势,我国不但需要增强经济、科技和防务实力,还必须全面提高国家的文化软实力。现在乃至未来一段时间,我们的工作重点应是打造和发展社会主义核心价值观,并以之引领公民道德建设。只有这样,才能在提升公民道德素质与文化修养的同时,进一步增强国家的文化软实力和综合国力。

(四)有利于助推中华民族伟大复兴中国梦的早日实现

以社会主义核心价值观引领公民道德建设,旨在为实现中华民族伟大复兴

的中国梦提供坚实的思想基础和强大的精神动力。社会主义核心价值观的基本要求与实现中国梦的思想内涵紧密相连,相互契合。只有当全体中国人民都能以社会主义核心价值观为行动指南,中国梦的实现才能获得坚不可摧的精神支撑。以社会主义核心价值观引领公民道德建设,我们正朝着实现中国梦的目标稳步前进。作为一个逐步发展的历史进程,这项任务既漫长又充满挑战。伴随着不断优化的体制、政策和法规,以及全民道德认识和伦理素质的持续提升,我们充满信心地期望,社会主义核心价值观将深植人心,并融入大众的日常生活与精神领域,聚集起实现中华民族伟大复兴中国梦的巨大力量。

第二章 新时代公民道德建设的探索

新时代公民道德建设是时代的重要命题,也是党和国家建设的重要内容,更是对中华人民共和国成立以来公民道德建设的延续和拓展。

第一节 共产主义道德教育

1920 年,列宁在其演说稿《青年团的任务》中首次提出"共产主义道德"一词,详细阐释了共产主义道德的观念。他主张,这种道德观的核心是团结与纪律的精神,同时强调要主动对抗剥削阶级。列宁提出,奋斗并巩固共产主义胜利是道德观的基石。这一观念深刻反映了无产阶级的特点,符合无产阶级的根本利益,且与公有制为核心的社会经济结构相协调。共产主义的道德基于集体主义,由共产党引导和教育塑造,通过奋斗和牺牲的共产主义先锋人物的榜样作用,这种道德体系得以逐步建立和发展。

中华人民共和国成立之后,旧的政治体系被彻底推翻,过时和衰败的文化道德观念也经历了抛弃和改革。这一过程标志着对旧社会遗留问题的全面清理和更新。在中国共产党的引领下,全国各族人民齐心协力,积极投身于社会主义新中国的建设工作之中,对实现共产主义理念的热忱达到了前所未有的高度。中国公民道德建设的实施是基于改革传统文化、提升中国革命伦理和共产主义道德观的核心思想。此举旨在培养具备共产主义道德观念的社会主义新一代人才,其主要手段包括教育灌输和榜样示范。人们普遍认为,教育灌输是最为高效的做法,这种做法的理论基础来源于马克思列宁主义,其中强调先锋队向大众传播马克思主义理论的重要性。毛泽东同志曾倡导全国民众以雷锋为榜样,从而在全国范围内开展了以模范人物为核心的共产主义道德教育运动。在此过程中,郝建秀、邢燕子、焦裕禄、草原小姐妹等成为共产主义道德教育的典范,他们的事迹激励了全国人民。

1949 年 9 月 29 日举行的中国人民政治协商会议第一届全体会议通过了《中国人民政治协商会议共同纲领》。该纲领特别强调,全体中华人民共和国国民应提倡的公共道德包括爱祖国、爱人民、爱劳动、爱科学和爱护公共财物。1950 年 10 月,教育部针对高等院校的政治课程颁布了一份指导文件,这份文件强调了"五爱"教育理念的重要性。继之,1952 年中国人民政治协商会议全国委员会发出了学习通知,这一通知呼吁社会各阶层人士进行思想更新,旨在摒除旧时代的不良影响,同时促进新的社会道德规范的形成。

在这一时期,众多学者对中国新兴的社会道德规范表示支持和认可,这为加强新中国公民道德建设打下了坚实的基础。社会和教育领域广泛推广的"五爱"国民公德理念,有效地改善了民众的精神风貌和道德素养,社会风气也因此出现了积极的转变。这些变化为社会主义建设的成功贡献了重要力量。在1950 年发表的作品《论国民公德》中,徐特立对"五爱"国民公德进行了深入阐释。同时,许多学者也在他们的研究中详细探讨了"五爱"国民公德的内涵,强调其在公民道德建设中蕴含的社会主义特质。从理论角度分析,国民公德被认为是共产主义道德体系的一个重要组成部分,其主要特点来自社会主义的经济和政治体制,即"五爱"的内涵直接反映了社会主义的核心价值,也是社会主义体制强化和进步的关键因素。从价值观念方面来看,国民公德对于建设社会主义和向共产主义社会过渡发挥着关键作用。一些学者甚至建议将"五爱"纳入国家基本法,以适应新时代的需求和问题,同时满足以共产主义为远景目标的要求。最后,从实践操作角度出发,专家们强调了学校在共产主义道德教育中的重要性,提倡结合理论与实践的方法,坚持正面教育和耐心说服的策略。1982 年通过的《中华人民共和国宪法》中规定,国家提倡以爱国、爱人民、爱劳动、爱科学、爱社会主义为核心的公共道德,对人民进行爱国主义、集体主义和国际主义、共产主义的教育。共产主义道德直至改革开放前一直是我国道德教育的核心和基础。在这一时期,我国特别重视共产主义道德的推广,积极进行共产主义道德的宣传和教育,使之成为广大党员和民众的精神支柱。

我国对共产主义道德的提升给予了极高的重视,国家积极开展了共产主义道德的宣传和教育工作。这一努力使得共产主义道德成为党员群体和人民群众的精神支持。中国的革命道德源于革命战争年代,带有鲜明的中国特色,构成了国家精神财富的一个重要部分。20 世纪初,"五四运动"的兴起孕育了中国革命道德的萌芽。在中国共产党的领导下,新民主主义革命期间,革命道德逐步成型,孕育出独特的革命精神和道德品质。中华人民共和国成立之后,抗美援朝战争期间展现的国际主义精神,促进了五四精神、井冈山精神、长征精神和延安精神的演变,进一步加深和发展了共产主义道德和革命道德,将其与传统文化相融合,形成了民众崇尚的价值观。中国革命道德自诞生之初便承载着马克思主义的创新精神,敢于挑战旧制度和破除传统框架。在应对不断变化的革命任务和时代挑战中,中国共产党始终保持创新态度,将实践经验融入革命成果并加以普及。革命道德的发展历程不仅是历史的见证,更是创新的轨迹。我们党依据中国革命的具体情况,塑造了一系列富有中国特色的革命精神,如长征精神、延安精神等。这些精神不仅在革命实践中孕育并发展,还不断创新,为中国革命的成功奠定了坚实的精神基础。

中国革命道德不仅生动地映射了中国共产党的发展历程,而且彰显了众多共产党员的英雄行为。作为最具革命性的无产阶级,其对于理想生活的追求显得格外迫切。在争取民族自立和国家昌盛的征途上,中国共产党始终秉持以人民为核心的原则,把奉献的精神实践于行动之中,从而将之提升至更高的层面。奉献不只是一种行为和态度,它更深刻地体现了共产党人的信念和崇高境界。

第二节　社会主义道德建设

一、社会主义精神文明

20 世纪 80 年代,中国共产党开辟了中国改革开放的崭新时代。这一举措象征着国家发展重心的转移,即从之前的重点转向关注经济建设。这一转变为公民道德建设的复兴和发展奠定了坚实的物质基础。在此期间,公民道德建设的关键在于培养符合社会主义"四有"新人标准的人才。社会主义精神文明建设成为主流思想,以文明创建活动作为主要手段,积极推进面向民众的道德教育。

1979 年 10 月,在中国文学艺术工作者第四次代表大会上,邓小平同志的祝词深入阐述了"建设社会主义精神文明"的意义。他着重强调了恢复与促进党和人民的革命传统的必要性,以及培育和确立健康的道德风尚对于推动成熟的社会主义精神文明建设的重要性。1980年12月的中央工作会议上,邓小平进一步明确指出,"所谓精神文明,不但是指教育、科学、文化(这是完全必要的),而且是指共产主义思想、理想、信念、道德、纪律,革命的立场和原则,人与人的同志式关系,等等。"邓小平的讲话为道德建设提供了清晰的指引。为了全面提高社会道德水平,1981年2月,全国总工会、共青团中央、全国妇联、中国文联、全国学联、中国语言学学会、中华全国美学学会、中央爱卫会、全国伦理学学会等九个机构联合发起了《关于开展文明礼貌活动的倡议》。随后,全国范围内开展了"五讲四美三热爱"的群众性道德活动。这一系列活动持续多年,以其多元化的形式、广泛的影响和深远的社会意义,显著促进了人际关系的和谐,逐渐塑造了新的社会道德风尚。

在这个阶段,对公民道德建设的研究以社会主义精神文明建设为指导,注重继承与发展,适应社会主义市场经济特点的中国特色公民道德框架。该研究的目的是有效地推动社会主义道德建设的进程。首先,研究者提议构建一个与中国社会主义市场经济发展相适应的公民道德体系,这一体系囊括了共产主义道德理念、集体主义原则、社会主义人道主义的伦理观,以及涉及职业、家庭、公共生活、经济、科技和生态环境的道德规范。其次,研究指出,在市场经济的变革中,经济发展与道德进步之间存在的不协调问题,识别了中国道德文化中的结构性问题。最后,研究强调,公民道德建设的策略应借鉴历史经验,吸收传统和国际教训,同时立足于中国的具体情况,建立健全符合社会主义特征的公民道德规范和社会机制。这些研究和探索为公民道德建设的自主性和理论基础提供了坚实的支撑。

二、社会主义道德体系

社会主义道德体系是中国特色社会主义理论体系的有机组成部分,是社会主义核心价值观的集中体现。中国的社会主义道德建设是在中国共产党的引领下进行的,它基于无产阶级自发形成的朴素道德观念,并在不断发展中逐步完善。这一道德建设过程是在马克思主义的世界观和人生观的指导下,由无产阶级自觉地培育和逐步优化的。通过这种方式,无产阶级的道德观念在社会主义建设的背景下得到升华和强化。新时期的社会主义道德,应当是一种继往开来的道德体系。它建立于马克思主义理论基础上,以中国革命阶段初步成型的共产主义道德为前提,融合了中华传统美德,更是与社会主义的法治体系相辅相成。经历了数十年风云变幻的发展,演变出社会公德、职业道德、家庭美德等诸多分支。

我国对于社会主义道德体系的构建早已开展,从 21 世纪初"以德治国"理念的提出,到社会主义核心价值体系的成型。直至今天,中国社会进入新常态阶段,人们将不断填充新的道德内容,融进社会主义道德体系的建设过程中,使其中的道德意蕴逐渐鲜明起来。新时期社会主义道德的意蕴,包含了《公民道德建设实施纲要》、社会主义荣辱观、社会主义核心价值观的具体要求,也融入了改革开放以来新的时代要求,如创新、环保等内容,其目的是构建民主法治、诚信友爱、公平正义、安定有序、充满活力、人与自然和谐共处的社会主义和谐社会。

1986 年 9 月,在中国共产党第十二届中央委员会第六次全体会议上,通过了《中共中央关于社会主义精神文明建设指导方针的决议》,专门对社会主义道德建设进行了深入探索,明确了社会主义道德建设的核心要求,并详细阐释了社会主义道德与共产主义道德之间的相互关系。此项决议强调了社会主义道德建设在社会主义精神文明建设中的重要地位,为推动社会主义道德进一步发展提供了理论指导和实践方向。社会主义道德,作为社会主义意识形态的核心组成部分,是与我国国情和社会主义初级阶段的实际情况密切相关的道德体系。其特点在于明显的社会阶段性,反映了我国在特定历史时期的社会经济条件和文化特征。社会主义道德和共产主义道德在具体内容和要求上存在明显的差异。共产主义道德代表着无产阶级的最高理想,强调全人类的共同利益和全面发展。而社会主义道德,则更多地体现在反映社会的先进性要求与广泛性要求相结合的道德范式上。它旨在促进社会和谐,强调集体利益和个人责任的平衡,同时也考虑到了社会成员的多样性和广泛性。

1996 年 10 月,中国共产党在第十四届中央委员会第六次全体会议上,审议并通过了《中共中央关于加强社会主义精神文明建设若干重要问题的决议》,着重强调了构建以全心全意服务人民为核心、以集体主义为原则、以"五爱"为基本要求的社会主义道德体系。在党中央的领导下,道德建设以文明创建活动为主要形式,积极推进了如文明单位、文明社区、文明村镇等多种群众性文明创建活动,这些活动显著提升了社会的文明程度和道德水平,标志着我国公民道德建设进入了一个新的发展阶段。

第三节　公民道德建设

在世纪之交,我国面临着一系列复杂的国内外环境所带来的机遇和挑战。国际方面,全球化的趋势愈发明显,国际竞争也变得异常激烈,在总体和平与发展的大背景下,仍然存在不少动荡和不确定性;国内方面,改革开放的进程不断扩大和深化,社会主义市场经济体制仍在不断完善之中。

一、"以德治国"方略

在世纪之交的关键时期,以江泽民同志为核心的党的第三代领导集体接续了中国特色社会主义的发展任务。他们继承了毛泽东、邓小平关于公民道德建设的思想,并提出了结合"依法治国"和"以德治国"的治国策略。这一策略的核心在于构建一个与社会主义市场经济相适应的公民道德建设体系,从而为公民道德建设注入了新的活力,开启了一个新的发展阶段。同时,公民道德教育也相应得到了新的发展。道德教育不仅关注个人道德的提升,也强调法律和道德的结合以及在社会主义市场经济条件下的道德实践。这些努力不仅提升了公民的道德素质,也为社会的和谐与稳定提供了坚实的基础,对于推动社会主义现代化建设具有重要意义。这一时期的道德建设,成为中国特色社会主义发展历程中的一个重要里程碑。

2001年1月,在全国宣传部长会议上,江泽民同志正式提出"把依法治国与以德治国紧密结合起来",创造性地发展了邓小平的道德建设理论,丰富和发展了新时期道德建设理论,将新时期的道德建设置于"依法治国"与"以德治国"相结合的语境之下,把道德建设置于新的高度,尤其重视提高道德素质、加强道德教育、开展道德实践。将"以德治国"和"依法治国"置于同样重要的地位,"法治"和"德治"作为治国方略的两个重要方面,使道德建设迎来了前所未有的发展机遇,为道德建设创造了新中国成立以来最好的环境。

2000年2月,江泽民同志在广东省考察期间提出了著名的"三个代表"重要思想,这一思想深刻阐述了中国共产党的本质特征和执政基础。江泽民同志指出,中国共产党始终代表着中国先进生产力的发展要求,代表着中国先进文化的前进方向,代表着中国最广大人民的根本利益。这一思想不仅阐明了中国共产党作为执政党的重要原因,而且体现了对党员干部的具体要求。"三个代表"思想强调了党员干部在执政能力和道德素养上的双重提升。这种提升不仅是为了维持党的先进性,更是为了保障党能够更好地代表人民和服务于人民。在道德建设的领域内,这一思想着重突出了先进文化的核心作用。它主张,党的理论、路线、纲领、方针、政策以及所有工作都应当体现着面向现代化、全球化和未来的社会主义文化目标。此外,这一思想还强调提升全民族的思想道德和科学文化水平,以此不断增强国家在经济发展和社会进步方面的精神力量和智力支持。通过提出"先进文化"的概念,江泽民同志的"三个代表"思想为党员的道德教育和新时期公民的道德教育指明了方向。这一思想不仅是党员和干部提高个人修养的指南,也是整个社会道德建设和文化发展的重要指导原则。它强调了在快速发展和变革的时代背景下,坚持先进文化的重要性,为构建和谐社会和促进社会主义现代化建设提供了重要的文化和道德支持。

2001 年 7 月,江泽民同志在庆祝中国共产党成立 80 周年的讲话中提出,加强社会主义思想道德建设,是发展先进文化的重要内容和中心环节。我们必须清楚地意识到,如果社会仅关注物质利益,而忽视理想和道德的重要性,那么人们将会失去共同的奋斗目标和对行为的正确指引。缺乏理想和道德的引领,会导致社会价值观的混乱,人们在行动上缺乏明确的导向,这对社会的和谐发展是不利的。要把"依法治国"同"以德治国"结合起来,为社会保持良好的秩序和风气营造高尚的思想道德基础。全社会应积极推崇爱国主义、集体主义和社会主义的价值观念。此外,还需努力增强全民族的自尊心、自信心和自豪感,激发全国人民的热情,激励人民为中华民族的振兴而努力奋斗,把道德建设提高到发展先进文化的中心环节的地位。

我国提出建立社会主义道德体系的系统工程,这反映了加强道德建设在社会主义现代化建设中的重要性。这个工程的目标是建立一个既符合社会主义市场经济的要求,又能体现社会主义道德价值观的道德体系。这是一个复杂、长期且艰巨的任务,需要国家层面的战略规划和全社会的共同努力。社会主义道德体系的建立是"以德治国"理念的基础和前提。这个体系不仅是提高全体公民道德素质的基础,而且是社会和谐和持续发展的关键。它覆盖了社会的各个系统、阶层和职业,是各种道德规范的总和,体现了道德核心、原则和不同层次的要求。此外,这个体系还展示了政策导向和法律支持的力量,强调了法律和道德的相互补充和共同作用。大众传媒和社会舆论在这个体系中也扮演了重要角色,它们对道德的制约和引导作用不容忽视。通过这种多维度的、系统性的方法,社会主义道德体系的建立促进了社会整体的道德提升,为实现社会的长期稳定和发展提供了坚实的道德基础。总之,建立社会主义道德体系是中国道德建设和社会发展的关键任务,对于培养责任感、集体主义精神和社会主义核心价值观至关重要。通过这一系统工程,可以有效地提升国民的整体道德水平,促进社会和谐与进步。

在社会主义建设的初级阶段,中国公民的道德素质得到显著提升,这对于稳定社会关系、推动政治文明和国家发展起到了日益重要的作用。道德建设在培养公民的社会责任感、促进社会和谐以及维护社会稳定方面发挥着关键作用。然而,只靠高尚的人格和崇高的道德来维持社会的稳定和发展,存在一定的局限性。在这个背景下,法律作为社会管理和规范行为的重要手段,其重要性不容忽视。法律提供了硬性的规定和界限,对公民的行为进行必要的约束和指导,它确保社会秩序和个人行为在合理、公正的框架内运行,同时对违法行为施以严厉的惩罚,以此来维护社会正义和秩序。道德和法律在社会管理中的作用是相辅相成的。道德着重于内心的自觉和社会风尚的培养,而法律则侧重于对行为的具体规范和约束。只有将二者有效结合,既弘扬高尚道德,又强化法律约束,才能更好地促进社会的稳定和谐发展。因此,道德与法律共同构成了社会治理的双重基础,是推动国家稳定发展的重要保障。党的十六大上总结了改革开放以来在道德建设方面的实践经验,并将"坚持物质文明和精神文明两手抓,实行依法治国和以德治国相结合"的方针纳入"建设中国特色社会主义必须坚持的基本经验"中。这一方针强调了政治稳定与国家长治久安须依赖"法治"和"德治"的共同发展和完善,指出二者在国家治理体系中的重要性和互补性。

二、公民道德建设纲要

党的十四大的召开标志着中国向建立社会主义市场经济体制的重大转型。这种转型引发了社会结构的深刻变革和经济的迅猛增长,这些变化在很大程度上影响了人们的物质追求和道德观念。随着经济的快速发展,人们的生活水平显著提高,同时也对传统的道德观念提出了新的挑战和要求。随着物质条件的改善,人们对物质生活的期待和目标也随之提高。这一方面激发了人们在经济建设中的积极性和主动性,使社会竞争更加激烈,加强了对效率和公平的追求;

另一方面,也使得人们对个人的道德素养和社会整体的文明程度提出了更高的标准。然而,物质和精神快速发展的同时也伴随着一些负面现象,如对物质利益的过度追求引发了拜金主义和享乐主义的兴起。在追求个人利益的过程中,一些人可能会忽视他人的利益,导致道德标准的降低和个人道德偏离,这些现象逐渐成为社会发展中的重要问题。因此,建立与社会主义市场经济体制相适应的社会公民道德规范显得尤为重要。这需要通过教育、法律、媒体和其他社会机制来加强道德规范的建设和推广,以确保社会的和谐发展和道德的健康进步。这一过程中,不仅要重视经济发展和物质文明的建设,同时也需要注重道德文明和精神文明的培养。这种全方位的发展,可以有效地平衡物质追求与道德修养之间的关系,促进社会的全面发展和进步。

在十四届六中全会上,中共中央对进一步加强社会主义精神文明建设提出了新的要求。2001年9月,中共中央印发了《公民道德建设实施纲要》(以下简称《纲要》),标志着中国在公民道德建设方面迈出了重要一步,它是新中国成立以来第一个全面而具体的关于公民道德建设的文件。《公民道德建设实施纲要》的发布凸显了中共中央对强化公民道德建设的重视以及对其重要性、复杂性、长期性和紧迫性的深刻认识。《纲要》为我国的社会主义精神文明建设提供了具体的指导和规划,强调了公民道德建设在社会发展中的核心地位。此外,它明确了公民道德建设的具体目标、原则和主要任务,为加强全民道德素质提供了系统性的框架和行动计划。通过《纲要》,中共中央表达了坚持和加强社会主义道德建设的决心,以推动国家的精神文明建设和实现全面建设社会主义现代化国家的目标。中共中央要求各地区、各部门深刻领会并实施《纲要》,将公民道德建设作为一项重要任务来抓。这意味着公民道德建设不仅是政策层面的要求,更是实践层面的行动,旨在通过全社会的共同努力,不断提升公民的道德素养,促进社会和谐与进步。《纲要》的实施,对于引导公民树立正确的道德观念、增强社会责任感和集体主义精神,以及推动社会主义精神文明建设和整个社会的全面发展具有深远的意义。公民道德的持续强化和提升,可以为建设一个更加文明、和谐、进步的社会打下坚实的基础。《纲要》的制定和实施有着深厚的理论基础和历史必然性,反映了中国特色社会主义发展的需要和中国特色社会主义建设的要求。《纲要》的颁布,标志着我国将社会主义道德建设的事业提高到新的高度。

《纲要》中的20字公民道德规范,即"爱国守法、明礼诚信、团结友善、勤俭自强、敬业奉献",成为中国公民道德建设的基本准则。这些规范强调了爱国、守法、诚信等重要的价值观念,为公民提供了明确的道德导向。我国采取了制度化的方式推进公民道德建设,这意味着将道德建设纳入了法律法规和社会制度中,使之成为全社会的共同责任。这一举措有助于确保道德建设的持续性和稳定性。

党的十六大和十七大报告中提出了社会主义核心价值体系的概念,强调这一体系是社会主义意识形态的本质体现。这一核心价值体系包括了爱国、民族团结、和谐、自由、平等、公正等重要价值观念。党的十七大将社会主义道德建设划分为四个领域,即社会公德、职业道德、家庭美德和个人品德。这一划分有助于更有针对性地进行道德建设,针对不同领域提出具体要求和举措。这些政策和举措为中国的公民道德建设提供了清晰的框架和指导原则,旨在培养更加具有社会主义核心价值观念的公民,推动社会的和谐发展和进步。这也体现了中国共产党在社会主义建设中高度关注精神文明建设的长远愿景。

《纲要》印发后,"公民道德"成为关键词,这意味着我国道德建设实现了生活化的思维转变。《纲要》不仅首次阐述了社会主义义利观,而且在伦理道德方面做出了新的贡献。比如:道德建设的主体已从狭义的某些群体扩展到了所有公民,这一转变极大地扩展了道德主体的范围,并实现了在道德生活方面最广泛的统一战线。这种转变是对传统道德观念的现代化和普及化,意味着每个公民都成为维护和促进社会道德的主体。在公民道德建设方面,存在着从遵守基本法律(低层次要求)到奉献社会(高层次要求)的递进规律,这一递进规律反映了公民道德从基本的合规行为到更高层次的自觉道德实践的发展过程。在推进公民道德建设的路径上,强调系统性和工程化的方法至关重要。这意味着公民道德建设不仅仅是个人的道德修养,更是一个涉及整个社会系统的综合工程。为此,当社会在进行公民道德建设时,社会管理发挥着至关重要的作用。为了创造更好的道德环境,社会管理应该提供多方面的支持,包括教育、文化、法律等领域。这就需要各个领域的协同合作,为公民提供全面的道德教育和指导。柔性的思想教育是培养公民良好道德观念的关键。通过教育和文化活动,社会可以传递正确的价值观,引导人们自觉地遵守道德规范。同时,刚性的法律和制度也是不可或缺的,它们可以确保公民遵守道德规范,并为违规行为界定明确的法律责任。这包括法律法规的制定和执行,以及相关的纪律和奖惩机制。为了协同合作,各级政府、教育机构、社会组织和家庭应当携手合作,共同致力于道德建设。这种合作可以确保道德建设的全面性和连贯性。总的来说，现代社会的道德建设需要多方面的支持和策略，既包括柔性的思想教育，也包括刚性的制度保障，以促进公民的道德提升和社会的和谐发展。思想教育着重于提升个人的道德认知和自律意识，而制度保障则为道德行为提供了法律和政策层面的支持。这种结合体现了道德发展由他律向自律的转变，既强调外在的约束，也强调内在的自觉。

《纲要》的颁布对中国具有深刻的意义，它通过提升社会道德觉悟，加强了民众的道德责任感，与此同时，它也适应了社会主义市场经济体制的发展需求，为建立一个与经济体制相适应的社会主义道德体系奠定了基础。这不但促进了个人与社会的和谐共生，还为国家的长期战略目标提供了坚实的人文支撑。简而言之，这份《纲要》是我国进入 21 世纪后，在道德建设方面迈出的关键一步，对于促进社会全面发展具有重要作用。公民道德建设在国家发展、社会稳定以及个人幸福的实现中扮演着极其重要的角色。因此，对公民道德建设的高度重视和实际行动显得尤为重要。首先，民众广泛重视社会主义公民道德建设，这不仅是社会风尚的体现，也是推动社会进步的重要动力。《纲要》在确定公民道德建设的重点和方向上起到了引领作用。这份《纲要》不仅强调了公民道德建设的重要性，而且明确了具体的实施步骤和目标。其次，《纲要》体现了中国特色的社会主义道德理念，专注于应对市场经济背景下可能产生的负面效应，如过度的物质追求和享乐生活态度。它旨在培育正确的价值观，强调社会责任和传统美德的重要性，反对那些仅以物质利益为导向、忽视公共利益的行为。此外，该《纲要》强调法律和道德的双重约束，严厉打击社会不良现象，如欺诈和欺骗。总体而言，《纲要》是中国在经济快速发展中探索经济利益与社会责任平衡的重要指南。同时，《纲要》注重加强社会公德、职业道德和家庭美德三个核心领域。它提出了创新性的思路和方案来推进道德建设，主张结合道德教育和社会管理，实施常态化的道德教育与制度化道德建设。一方面，通过法律手段解决突出的道德问题，并将道德教育融入国家教育体系及社会生活的多个层面，以此全面提升公民的道德素养；另一方面，将公民道德建设的成效作为政绩考核的重要内容以及通过立法来加强对社会公认道德的维护。这种综合性的道德建设策略，通过教育和法制的双重保障，有助于建立一个更加和谐、稳定、有序的社会环境，同时也推动了社会主义核心价值观的深入人心和实践。

总之，《纲要》不但提出了我国道德建设的重大意义、重要内容、指导思想等,还提出了一系列公民道德建设的问题,并围绕问题提供了解决途径,对我国公民道德建设起到了推动作用。贯彻实施《纲要》是规范人民群众思想道德行为、塑造积极社会风尚的重要契机,不但提升了全民族的思想道德素质,还逐步构建了与社会主义市场经济体制相适应的思想道德体系。这一体系旨在引导和激励公民遵循高标准的道德准则,从而促进构建更加和谐、有序的社会环境。由此得出,进入 21 世纪后,中国进入了一个全面强化公民道德建设的时代。自《纲要》发布以来,全国各地积极响应,广泛开展了各种形式的道德实践活动,这些活动不仅促进了公民道德水平的提升,而且也丰富了道德文化的内涵。在这个过程中,各地区根据自身的文化背景和社会特点,提炼和总结了具有地方特色的道德价值观。这些多样化的地方道德价值观不仅丰富了中国的道德文化,而且为社会主义核心价值体系的建立与核心价值观的科学概括提供了丰富的素材和实践经验。社会主义核心价值观作为指导现代中国社会发展的重要精神力量,其科学概括和普及实践是推动道德建设和社会主义精神文明建设的关键。这些价值观在促进社会和谐、提升公民道德素养、增强国家文化软实力方面发挥着重要作用。因此,全社会对公民道德建设的广泛关注和积极参与,不仅是道德建设的体现,而且是社会主义现代化建设的必要组成部分。通过这些努力,可以有效地推动社会主义核心价值观深入人心,建立更加和谐、文明的社会环境。

三、社会主义荣辱观

在构建社会主义和谐社会的背景下,中国社会的主流价值观展现出了积极向上的特点。这些价值观主要体现在深厚的爱国情怀、文明礼貌的行为准则、团结互助的社会氛围以及不断开拓进取的精神。这些价值观在促进社会和谐、推动经济发展、增强国家凝聚力方面发挥着重要作用。随着经济的增长、科技的进步、文化的交流和思想多元化的加剧,以及国内外环境的复杂多变和竞争的加剧,人们的道德观和行为模式面临着显著挑战。在这种背景下,缺乏广泛认同的价值标准可能使一些公民在判断个人道德和行为时感到困惑,缺少必要的荣誉感和羞耻感。这种情形容易导致道德观念的混乱和是非标准的模糊,进而影响社会经济的健康发展和社会和谐的建设。因此,加强道德教育和价值观引导,帮助公民建立正确的道德观念和行为规范,对于推动社会全面发展至关重要。

在 2006 年 3 月的全国政协十届四次会议上,胡锦涛同志提出的"社会主义荣辱观"及其核心内容"八荣八耻",对中国,尤其是年轻一代产生了深远的影响。这一观念成功结合了中国传统美德与现代时代精神,反映了社会主义的基本道德规范和社会风尚的本质需求,突出了社会主义核心价值观的明确导向。在推进小康社会和社会主义和谐社会建设的背景下,社会主义荣辱观在培育公民高尚品德、建立积极的社会道德风貌、营造稳定和谐的社会环境及促进经济与社会健康发展方面起到了关键作用。作为个人世界观、人生观和价值观的重要部分,荣辱观对于塑造良好社会氛围和促进个人的全面成长具有重要且长远意义。社会主义荣辱观深刻融合了中华民族的传统美德、革命时期形成的卓越道德和现代社会的精神特质。它不仅代表着社会主义思想道德体系的核心,而且与社会主义市场经济的发展环境相契合,并与社会主义法律规范相辅相成,传承了中华民族的历史美德。作为判断个人行为、确立价值观念、进行道德选择的关键标准,这一观念在社会主义道德构建中扮演了不可或缺的角色。它对促进社会主义的文明与道德发展发挥了极为重要的作用。通过弘扬和实践社会主义荣辱观,可以有效地促进社会和谐,提升国民的整体道德水平,为建设一个更加美好的社会提供坚实的道德基础。

"八荣八耻"用简洁、易懂的语言,建立了道德价值和行为标准的正反两面。它不仅肯定并提倡正确的道德观和行为,清晰有力地揭示了应予以反对、谴责和摒弃的错误道德观和行为。这一准则,以其简明扼要和易于领会的特点,为社会道德建设提供了指导。它不仅超越了传统荣辱观念中偏重"教民知耻"的限制,也打破了新中国成立后过分强调"教民知荣"的单一视角,体现了与时俱进的特征。每一个"荣"都关系到国家的前途和人民的幸福,每一个"耻"都关系到社会的安定和个人的命运。以"八荣八耻"为主要内容的社会主义荣辱观作为社会主义核心价值体系的重要组成部分,体现了社会主义的基本价值导向,是引领社会风尚的一面旗帜。每位公民,不论其民族、阶层或职业,都应当在构建社会主义和谐社会的过程中,积极地遵循和维护这些准则,以保证在促进和谐社会发展中发挥其最佳作用。社会主义荣辱观的建立是我国公民道德教育评价体系不断完善和成熟的一个重要标志。这一观念强调了全民参与和遵守的重要性以及在推动社会和谐发展中的关键作用。

《中共中央关于构建社会主义和谐社会若干重大问题的决定》于党的十六届六中全会上通过。该决定强调,构建和谐文化的核心在于建立社会主义核心价值体系,塑造全民族的积极精神力量和团结的精神纽带。一方面,通过推广社会主义荣辱观、重视诚信建设,并弘扬中国传统文化中促进社会和谐的因素,我们可以创造出既符合传统美德又反映时代精神的道德和行为规范;另一方面,应注重增强公民、企业和各类组织的社会责任感,尤其是加强党政干部、青少年和农民等关键群体的道德修养,以促进社会的整体和谐发展。这种双重关注既推动了道德规范的现代化,也有助于建设一个更和谐的社会主义社会。

社会主义荣辱观的形成和发展,既继承了传统伦理思想,又丰富了社会主义文化。传统的伦理观念如"忠君""爱国""信义""仁和"等,深深扎根于中华民族的思想和行为之中,对于统一个体的世界观、人生观、价值观,推动社会的和谐发展起到了关键作用。在当代社会,由于人们在生活经历、教育背景、价值观等方面存在差异,构建一个共同的社会主义荣辱观成为凝聚不同人群、共同努力构建社会主义社会的必要条件。这种共享的价值观是实现社会和谐发展的核心,能够帮助拥有不同背景的人们形成共识,共同推动社会进步。

以"八荣八耻"为主要内容的社会主义荣辱观,是我们党从全面建成小康社会、加快推进社会主义现代化建设的高度,把发展社会主义先进文化放到十分突出的位置,社会主义先进文化总是要歌颂、赞扬和推崇什么,或者揭露、讽刺和批判什么,这就使文化本身成为形成和传播一定道德舆论的有效工具。古语中的"文以载道"涵盖了这个观点。公民道德建设的实践表明,优秀的文化作品和生动的艺术形象,因其深受群众喜爱,往往迅速被传播,成为众所周知的内容。这些作品对社会道德风气的形成、演变和发展起着重大的推动作用。文化和艺术可以有效地传播和加强社会道德观念,影响人们的行为方式,促进社会和谐发展。正因如此,每一个时代或民族的文化作品,常常是了解该时代或该民族的社会道德风尚和道德面貌的生动而鲜活的材料。在阶级社会里,文化对道德的影响和作用是具有阶级性的。不同阶级的文化对道德的影响和作用的方式与性质是不同的。只有代表先进阶级利益的、优秀的文化作品才能积极地推动人们高尚的道德情感和道德品质的形成,促进良好的社会道德风尚的确立。相反,反映腐朽没落阶级意识的低劣的、消极的、颓废的文化作品,则常常是腐蚀人的灵魂的蛀虫,败坏社会道德风尚的毒剂。正因如此,古往今来各个阶级都非常重视文化的道德教育和感化作用,都千方百计地利用文化作为宣扬本阶级道德的工具。社会主义先进文化通过潜移默化地影响公民的世界观、人生观、价值观,能够准确把握公民道德建设的特点和发展规律,并对公民道德教化产生广泛而深远的影响。社会主义先进文化是人们进行道德情操和道德品质修养的重要手段,这是由文化的教育感染功能所决定的。社会主义先进文化是充满积极正能量的优秀文化,它能够通过讴歌自然美、社会美、生活美、精神美的文化作品,在培养人们美感的过程中,潜移默化地陶冶人们的情操,使人们产生一种对优美、高尚、伟大、纯真的事物或形象的喜欢和崇敬的感情,对凶狠、丑恶和荒诞的事物厌恶和疏远的情绪。古语"乐行而伦清"和"乐终而德尊"反映了先进文化在培育高尚情操的同时,也在塑造人们的善良、和平、友爱的性格和品质。社会主义先进文化,作为"灵魂的工程师",不仅是提升道德情操和品质修养的有效手段,而且是引导人们提升素质、促进个人全面发展的重要思想。这种文化强调思想和道德建设,旨在培养具备理想、道德、文化和纪律的社会主义公民。社会主义荣辱观的关键在于实践,即将遵循这些道德要求转化为广大公民的具体行为。随着社会主义荣辱观实践机制的不断完善,中国在道德建设和文明发展方面正逐步提升至新的水平。这种实践不仅加深了社会主义文化的影响力,而且在塑造一个更加和谐、文明的社会方面发挥了关键作用,这一进程不但强化了公民的道德责任感,还促进了社会整体的和谐与进步。

四、社会主义核心价值观

自进入 21 世纪以来,我国在经济社会各方面均取得了显著成就。然而,伴随而来的是经济结构、社会关系和利益关系的变化以及西方思想的影响,这些因素给公民道德建设带来了新的挑战。这些挑战的一个显著表现是社会主流价值观的缺失、价值体系的混乱与多元化。在这种背景下,维护和推广社会主义荣辱观显得尤为重要,它有助于引导公民形成正确的价值观念,增强社会的凝聚力和稳定性。同时,这也要求社会各界,特别是教育、媒体和文化部门,积极参与到道德建设和价值观传播中,以适应时代变化,引导公民形成适应社会发展的新道德观念和行为准则。道德与价值观之间的联系是复杂且密切的,它们既有区别又相互影响。道德通常指个人或群体的行为规范和判断标准,而价值观则是深层的信念和原则,指导着人们的选择和行为。社会的整体道德水平是基于主流价值观构建的。这些主流价值观在很大程度上体现了一个社会的价值取向,即社会普遍认同和追求的目标与原则。这些价值观不仅指导着社会成员的行为和决策,而且反映了社会的核心信仰和理念。主流价值观通常包含了对诚信、责任、公平和正义等道德标准的认可,它们是社会和谐与进步的基石,对于塑造社会成员的道德行为和促进社会整体的道德发展起着至关重要的作用。同时,社会的价值取向又成为公民道德教育的实际基础和关键导向。通过教育和社会化过程,个人学习和吸收这些价值观,形成自己的道德判断和行为准则。

人们通过多种途径直接或间接地了解世界各国的历史、文化和宗教信仰,并亲身体验不同文化背景和价值取向下的生活方式。这种接触和体验可以通过旅行、阅读、观看影视作品、参加文化交流活动、使用社交媒体以及与来自不同文化背景的人交流等方式实现。这些互动不仅增进了人们对不同文化的理解和尊重,而且促进了全球视野的拓展和跨文化交流的深化。通过这种多元文化的接触,人们能够更好地理解世界的多样性,促进国际理解与和平,同时在比较和体验不同文化中丰富自己的生活经验和价值观。由于文化多样性和价值观的多元化,人们可能会在道德上感到迷茫和困惑,这种迷茫和困惑不仅影响个人,也可能影响整个社会的道德水平。在这种背景下,理解和尊重不同文化和价值观变得尤为重要。同时,这也要求中国在保持开放和包容的同时,继续强化和传播自身的文化和道德价值观,确保社会主义道德建设在全球化背景下能够稳健发展。维护和发展具有中国特色的社会主义道德体系,对于引导公民在多元文化环境中做出正确的道德选择以及维护和提升整个社会的道德水平,都具有重要意义。鉴于这种情况,从国家层面提出以社会主义为主导的价值体系,以引导我国道德发展的方向显得尤为重要。党的十六届六中全会首次明确提出了"建设社会主义核心价值体系"的概念。此后,党将学习和实践社会主义核心价值体系作为公民道德建设的重要任务,并将这一价值体系融入公民道德建设的整个过程,坚持用社会主义核心价值体系引导社会思潮,可以有效地促进道德和文化的发展,加强社会凝聚力,推动社会主义文化的繁荣和进步。这种价值体系的建设和推广,对于确保社会稳定、和谐以及全面发展具有重大意义。

自十六大以来,中国共产党在科学发展观的指导下,对公民道德建设进行了全面和深入的思考和规划。这一时期,党和国家高度重视公民道德建设,将其视为国家事业全局的重要战略组成部分。在这一过程中,党对新形势下公民道德建设的特点和规律进行了积极探索,并对公民道德建设的战略定位进行了更新和提升。在这个新的战略框架下,公民道德建设的战略布局逐渐完善,包括对道德教育的创新、强化道德规范在社会管理和公共生活中的作用,以及通过各种渠道传播社会主义核心价值观、提升公民的道德素质等。此外,通过法律、政策和社会活动等多种方式,党和政府鼓励和引导公民树立正确的道德观念,培养良好的社会公德、职业道德和家庭美德。党坚持把公民道德建设融于社会主义核心价值体系建设之中,以大力培育和践行社会主义核心价值观为旨归,以增强诚信意识、加快社会诚信体系建设为抓手,紧紧抓住重点人群和重点行业,统筹城乡公民道德建设,统筹公民道德硬环境和软环境建设,以优良的党风带政风、促民风、正行风,着力建设中华民族共有的精神家园,推动形成奋发向上、崇德向善的强大力量,构筑社会主义文化强国的精神基石,公民道德建设取得显著进展,为巩固共同思想基础、形成坚定理想信念、凝聚强大精神力量、培育良好道德风尚、促进社会和谐稳定提供了强大精神支撑。

在此背景下,党的十六届六中全会提出构建社会主义核心价值体系,被视为思想道德和文化建设领域的重大理论创新。该提议是基于对历史经验的深刻总结和对当前形势的科学分析,被认为是党面临的一项重大任务。《中共中央关于构建社会主义和谐社会若干重大问题的决定》(以下简称《决定》)明确指出,社会主义核心价值体系的基本内容包括马克思主义指导思想,中国特色社会主义共同理想,以爱国主义为核心的民族精神、以改革创新为核心的时代精神以及社会主义荣辱观。这四个方面内容相互联系、贯通和促进,构成了一个有机统一的整体。社会主义核心价值体系是社会主义意识形态的本质体现。其中,树立社会主义荣辱观和加强思想道德建设是构建这一价值体系的基础工程。这不仅关系到社会主义思想文化的繁荣发展,也是提升国民整体道德素质、促进社会和谐稳定的关键。

党的十六届六中全会在讨论"社会主义核心价值体系"时,突出了思想道德在巩固社会和谐中的基础作用。《决定》对道德建设进行了全新的总结,强调了"依法治国"与"以德治国"的结合,提出了以"八荣八耻"为核心的社会主义荣辱观,倡导了爱国、敬业、诚信、友善等道德规范。此外,《决定》提出了开展社会公德、职业道德、家庭美德教育,加强青少年思想道德建设的重要性,旨在全社会形成知荣辱、讲正气、促和谐的风尚,以及男女平等、尊老爱幼、扶贫济困、礼让宽容的人际关系。《决定》还强调了弘扬有利于社会和谐的传统文化内容,形成符合传统美德和时代精神的道德规范和行为规范。《决定》基于现实主义立场,提出了加强政务诚信、商务诚信、社会诚信建设,增强全社会的诚实守信意识。最终,将"树立社会主义荣辱观,培育文明道德风尚"作为道德建设的目标,强化了道德建设的重要性和发展方向。这些措施和目标体现了党在道德建设方面的深思熟虑，旨在引导和提升国民整体的道德素质，促进社会的和谐稳定。

社会主义核心价值体系是中国共产党基于人类思想的精华，结合时代发展的要求，创造性地提出的一套价值观念体系。这一体系拥有广泛而深厚的历史和现实基础，体现了马克思主义价值观与中国传统价值思想之间的有机统一。社会主义核心价值体系的基本特征可以概括为以下几点：主导性、先进性、科学性、民族性和开放性。

在社会主义核心价值体系的指导下，社会主义核心价值观确定了基本要求，涵盖了国家目标、社会理念和个人修养三个维度。这些基本要求包括国家目标维度：倡导富强、民主、文明、和谐；社会理念维度：倡导自由、平等、公正、法治；个人修养维度：倡导爱国、敬业、诚信、友善。这些要求积极培育和践行社会主义核心价值观，成为公民道德教育的新指导思想。它引导着公民道德教育的创新和进步，为中国特色社会主义建设提供了强大的精神支柱。通过培养公民遵守这些核心价值观的行为准则，可以促进社会的和谐、公平和进步，为国家的发展和繁荣做出积极贡献。这也强调了公民在社会中的责任和使命，以及他们对于社会主义核心价值观得到积极践行的重要性。党的十七大提出了全面建成小康社会新要求，提出要"加强文化建设，明显提高全民族文明素质""提高国家文化软实力，更加自觉更加主动地推动文化大发展大繁荣"。

党的十八大以来，中国特色社会主义进入了新时代，这也标志着中国全面建设社会主义现代化国家新征程的开始。同时，也开启了新时代公民道德建设的新篇章。在这个背景下，党的十八大报告提出了社会主义核心价值观，其中包括了"富强、民主、文明、和谐；自由、平等、公正、法治；爱国、敬业、诚信、友善"24字的核心价值观，为中国公民道德建设提供了明确的价值导向。社会主义核心价值观不仅是个人的德行，还是国家、社会的德行。这意味着核心价值观涵盖了国家、社会和公民的价值要求，并将它们融为一体。社会主义核心价值观在公民道德建设中发挥着重要的引领作用，它通过引导国民教育、精神文明创建以及精神文化产品的创作、生产和传播等多个方面，将核心价值观融入社会各个领域。这有助于将核心价值观转化为人们的情感认同和行为习惯，推动公民道德的建设和提高。这一理念在党的十九大上得到进一步强调，社会主义核心价值观在引领公民社会主义道德建设方面的重要作用，为坚持和发展中国特色社会主义提供了有力的精神支持。习近平总书记强调的是一种全民参与的道德建设模式,旨在让社会主义核心价值观从理论走向实践,从官方宣传转变为民众内心的信念和日常行为的指南。他提倡从家庭做起、从娃娃抓起,意味着道德教育应该从儿童时期开始,家庭和学校应成为道德教育的重要阵地。此外,习近平总书记还强调了深入实施公民道德建设工程,深化群众性精神文明创建活动,推动诚信建设和志愿服务制度化以及丰富道德载体等。这些措施的目的是将社会主义核心价值观的精神贯彻到社会建设的各个层面,形成一个全民共享、共同参与的道德建设新局面。习近平总书记的论述不仅体现了对社会主义核心价值观重要性的深刻认识,而且提出了具体的实施路径和方法,这对于推动中国社会的和谐发展、提升公民的道德素质具有重要的指导意义。这些努力旨在构建一个更加文明、和谐、有道德的社会主义现代化国家。

近年来,中国积极推动社会主义道德建设,其中一项重要举措是开展一系列评选表彰活动,如"感动中国人物""道德模范""中国好人"和"最美"人物等。这些活动旨在鼓励更多的人积极参与社会主义道德建设,并对那些在道德行为方面表现出色的个人和群体进行公开表彰。这些评选表彰活动在社会上产生了强烈反响,得到了广大公民的热烈关注和支持。它们为社会主义道德建设树立了榜样,激发了人们对优秀道德行为的尊重和追求。通过这些活动,社会主义核心价值观得到了更广泛的传播,公民社会的道德风尚得到了提升,构建了一个全方位、多层次的道德观发展时期。这些评选表彰活动不仅是对道德行为的认可和鼓励,而且为社会主义核心价值观的传播和弘扬提供了强劲的平台支撑。它们有助于引领社会的价值取向,推动公民社会主义道德建设的深入发展。

2019 年,中共中央和国务院颁布了《新时代公民道德建设实施纲要》(以下简称《纲要》),强调了社会主义核心价值观在社会主义道德建设中的指导作用,并为新时代公民道德的性质、发展方向及精神目标设定了新的标准。《纲要》明确了公民道德建设的总体要求和核心任务,为之指引了发展路径。2022 年,党的二十大报告进一步强调了社会主义核心价值观的引导作用,着重于满足人民群众日益增长的精神文化需求。在此思想的指导下,公民道德建设与中国特色社会主义的发展方向保持一致,并取得了显著成就。这个时期,公民道德建设的研究不断适应新时代的需要,聚焦《纲要》提出的新任务和要求,形成了一系列研究成果,为中华民族的伟大复兴凝聚了道德力量。在内容方面,学者们注重于在社会主义核心价值观的指引下,关注各种道德层面,包括社会公德、职业道德、家庭美德、个人品德，以及党德政德和公务员道德建设，同时也关注青少年和未成年人的思想道德建设，城市农民工和社会新兴阶层人士的道德塑造等方面。同时，也遵循了一系列的辩证统一原则。学者们还深入探讨了新时代公民道德建设遇到的新机遇与挑战。他们指出，在实现创新性发展的同时，新时代的公民道德建设也面临着一些关键性问题，如道德观念的空洞化、道德制度的不足以及个人主义在道德行为中的盛行。这些问题提出了需要解决的新课题，为进一步促进公民道德建设的深化提供了研究方向。这些研究和实践表明，中国在公民道德建设方面正不断探索和创新以适应社会发展的新需求和新挑战。

第三章　新时代公民道德建设的基础

　　新时代公民道德建设与国际环境、国内形势密不可分。党的十八大以来，中国特色社会主义进入新时代，这是当前我国的最大实际，也是新时代公民道德建设的时代背景，意味着新时代公民道德建设开启了新篇章，为新时代我国的公民道德建设指明了方向、目标和任务，是激励和凝聚全党全社会各方面的道德力量进行社会主义现代化建设的行动纲领和实践指南。

　　人民有信仰，国家有力量，民族有希望。坚持社会主义核心价值体系既是新时代坚持和发展中国特色社会主义的基本方略，又是公民思想道德建设的重要依据和基本遵循。社会主义核心价值体系是在五千多年中华文明继承、发展和创新中得来的，是新时代公民道德建设的宝贵资源和巨大财富，也是激励中国人民矢志不渝、砥砺奋进的强大动力。公民道德建设只有立足于中国特色社会主义新时代的大格局和大视野，才能培养和造就一批又一批德才兼备、奋发有为、全面发展的社会主义事业建设者和接班人，才能充分彰显中国特色社会主义事业的勃勃生机和无限活力。

　　新时代坚定文化自信，不仅离不开社会主义核心价值体系的支撑，更需要广泛开展公民道德建设活动，将公民道德建设赋予新的时代内涵和现代化的表达方式，激活中国特色社会主义先进文化的强大生命力，为公民坚定文化自信、提高文化自觉注入活力。新时代加强公民道德建设要按照时代新特点和新要求，牢牢立足于中国特色社会主义经济基础、政治基础、文化基础和心理基础，随着社会环境和现实条件的不断变化，以更有力的举措、更有效的手段，对公民道德建设的内涵、途径和方法加以补充、拓展和完善，以便增强其影响力、感召力和引领力。

　　当前我国公民道德建设水平与社会主义市场经济、民主政治、先进文化、社会治理等方面存在一定程度的不协调、不适应，只有牢牢把握新时代公民道德建设的经济基础、政治基础、文化基础和心理基础，才能科学掌握公民思想道德建设的客观规律,充分发挥社会主义核心价值体系的引领和激励作用,凝聚起亿万人民团结奋进的强大力量。

第一节　经 济 基 础

道德作为人类社会生活中一个特殊的调节系统,它与外部环境,即整个社会系统处于经常的、连续不断的有机联系之中,离开了社会这个大系统,便无法对道德做出任何科学的解释和理解。从一定意义上说,本节所要探讨的社会经济基础、社会生产力和利益关系对公民道德建设的作用等问题,是了解马克思主义在人类伦理道德思想史上所实现的革命性变革的实质,大力推进新时代公民道德建设的理论基础。道德和经济的关系问题,是伦理学的基本问题。是否承认道德与经济的必然联系以及如何理解经济利益关系等问题,是揭示社会诸因素对道德的制约性的关键,影响着对道德的本质等一系列重大理论的阐述。马克思主义伦理学对于经济利益的本质有着深刻的揭示。在马克思主义视角下,物质利益被视为人们社会经济关系的具体体现。这一理论认为,人类的社会关系、道德观念和行为模式,在很大程度上是由其经济基础和物质条件所决定的。恩格斯明确指出:"每一个社会的经济关系首先是作为利益表现出来的。"只有对经济利益关系进行科学的理解,才能真正把道德建设奠定在现实生活的基础上。这为马克思主义在伦理思想史上实现革命性的变革,创造了科学的前提。

恩格斯指出,道德是经济发展的产物,道德会随着经济的发展而发展,但道德也具有相对独立性。道德发展与经济发展并不总是同步进行。在许多情况下,尤其是在快速的经济发展过程中,道德发展可能会相对滞后。这种现象在许多国家的发展历程中都有所体现。当一个国家经济迅速发展时,可能会出现社会价值观和道德标准的变化,这种变化有时跟不上经济发展的步伐。例如,快速的经济增长可导致物质主义的增强,个人财富和成功可能被过分强调,而忽视了社会责任和道德责任。此外,快速变化的社会环境可能导致传统道德观念的淡化,而新的道德规范尚未完全形成或被普遍接受。为了持续地发展经济,同时保证社会的和谐稳定,必须审视和解决出现的道德问题。这需要通过教育、法律、媒体等多种手段来加强社会主义核心价值观和良好道德规范的推广与实践。同时,也需要通过政策制定和社会管理来解决造成道德落后的根本问题,如缩小贫富差距、减少社会不公现象等。此外,发展社会民主和法治也是促进道德发展的重要手段。建立公平正义的社会制度,确保法律的公正执行,可以帮助形成良好的社会道德环境。总的来说,经济建设与道德建设是相辅相成的,只有两者协调发展,才能实现社会的全面进步和长远稳定。

一、经济关系的决定性

社会经济关系,亦称为生产关系,指的是人们在生产活动中建立的物质关系网络。这些关系构成了社会的经济基础,主要涵盖了三个重要方面:第一,生产资料的所有权形式;第二,人们在生产过程中所扮演的角色及其相互之间的联系;第三,消费品的分配模式。在这三个方面中,生产资料所有权的形式是构成社会经济基础的核心要素。列宁曾强调,马克思和恩格斯的核心观点在于将社会关系划分为物质关系和思想关系。他们认为,思想关系是建立在物质关系之上的上层建筑,它不受个人意志的直接影响。而物质关系则是人们进行生存活动所依赖的基本形式。这一理论框架阐释了物质关系和思想关系之间的联系以及它们在社会结构中的不同作用和位置。社会经济关系决定着社会道德,就是马克思主义关于经济基础决定上层建筑理论在道德领域里的具体运用。

公民道德建设的本质和特征深受社会经济状况的影响。道德的性质可以从两个主要层面来理解:首先是道德的社会属性,这决定了不同社会形态下的道德体系之间的区别与对立;其次是道德的历史角色,这帮助我们区分在社会历史进程中起着不同作用的道德类型,如革命性或进步性道德,以及保守性或反动性道德。这两种含义虽相互联系,但也有所不同,均源于特定的社会经济关系。在人类历史上,已经形成了几种不同的道德社会构型,包括无阶级性的道德、基于阶级的道德以及面向全人类的道德。确实,随着历史的发展,不同的社会经济阶段孕育出了各自独特的道德类型。从原始社会的道德,到奴隶社会、封建社会、资本主义社会的道德,再到社会主义和共产主义社会的道德,每一种道德形式都与其所处的历史阶段和社会经济关系紧密相连。这些道德类型的出现和演变,都可以通过分析各自时期的社会经济关系来加以理解和阐释,显示出道德与经济基础之间的关联性。

中国特色社会主义制度的建立导致了以无产阶级为主体的社会主义和共产主义道德观成为社会主流。这种道德观念不但反映了公有制经济关系的客观需要,还体现了人们在社会生产和生活中的互助合作精神。这标志着人类道德发展史上的一个新阶段。社会主义道德虽然在本质上仍具有阶级性质,但它消弭了阶级压迫和剥削,因此具有更广泛的社会性和人民性。随着社会主义公有制的深化和完善以及阶级差异的逐步消解,这种道德观念有望逐渐演变成全人类共同拥有的道德。社会主义道德向共产主义道德的转变,实际上是从阶级道德向无阶级道德的转换,这个过程是受特定社会经济关系影响和决定的。公民道德建设的内容反映了特定的社会经济关系,正如马克思所述:"财产的任何一种社会形式都有各自的'道德'与之相适应。"在不同的社会经济背景下,形成的道德观念均是基于那个时代的经济关系。道德的核心在于处理个人与他人、个人与社会群体之间的利益关系。历史上形成的不同道德观念,实际上是对这一核心问题的不同理解和应对方式的体现。每个时期的道德观念都与其经济基础和社会结构相适应,反映了那个时代的主要社会矛盾和需求。不同的道德原则构成了各自道德体系的主要内容,是区别它们的关键。在中国的社会主义基本经济制度中,无产阶级的社会主义、共产主义道德是为了服务于公有制经济基础的。根据这一制度,社会生活过程,即物质生产过程,是由自由联合的人们共同控制和管理的,这反映了有意识、有计划的社会组织形态。在这种情况下,人们共同使用公共生产资料进行劳动,并将他们的个人劳动力视为整个社会的劳动力。这种情况下,社会主义、共产主义道德的核心精神成为为人民服务,其基本原则是集体主义。这种道德观念强调个人利益应服从于集体利益,同时也努力协调个人和社会集体的利益。因此,社会主义、共产主义道德的各种规范和要求都是这一核心精神和原则在社会生活的各个方面的具体体现。道德是随着时代的发展而变化的社会意识形态,紧密地跟随着社会物质生活条件的演变。公民道德建设的内容,因社会经济关系的演变而发生变化。历史和实践证明,不同社会形态和历史类型的道德兴衰更迭主要是由特定社会经济关系的变化引起的。当旧的社会经济关系变得不再能满足当前生产力的发展需求时,新的社会经济关系便开始萌芽并逐渐发展,从而激发了新旧道德观念之间的对立和斗争。在这个过程中,人类的道德生活实际上经历了一系列的转变,其中新的道德观念不断取代旧的道德观念。这种变迁的根本动力来自社会经济关系的变革。随着新的社会经济关系在历史舞台上逐渐取代旧的经济关系,道德观念也随之发生改变。同时,即使是同一种道德体系,在其发展过程中,其内涵也是持续变化的。这种变化反映了道德体系经济基础内部的重大变动,以及因此带来的人们之间利益关系的转变。这说明道德不是静态的,而是随着社会经济结构的演进而持续发展和变化的。因此,不同时期的公民道德建设内容和要求的变化,实际上反映了不同历史时期社会经济关系的形成、发展和变革过程。这说明道德不仅是社会发展的产物,同时也是推动社会发展的重要力量。了解并适应这些变化,是每个时代公民道德建设的关键。

伴随着社会主义经济关系的变化和调整,整个社会主义道德体系虽然没有发生根本性的变化,但它却出现了量变和部分质变。社会主义国家的党和人民在道德体系的发展过程中,对旧的道德体系进行了重要的调整和改革。这种改变主要体现在舍弃了那些不再适应时代发展的旧道德成分,同时引入了一些新的内容来反映当代社会的特点和需求。此外,对原有道德体系中的某些内容赋予了新的内涵,以适应新的社会经济关系和文化环境。这不仅改变了道德体系的部分内容和形式,而且体现了社会主义国家在道德建设上的积极适应和创新。通过这些调整,道德体系得以与时俱进,能够更好地服务于社会主义国家的发展目标和人民的福祉。普列汉诺夫指出:"人类道德的发展一步一步跟随着经济上的需要,它确切地适应着社会的实际需要。在这种意义之下,可以也应当说,利益是道德的基础。"由此可见,人类道德的历史演变紧跟社会经济关系的变化。在各个不同的经济背景和历史阶段中,随着生产方式和社会结构的演进,道德观念与规范也相应地经历了演变。这一过程不仅显现了经济基础对于上层建筑(包括道德观念)的影响,也反映了社会成员在适应并塑造这些变化中的积极作用。因此,解读道德发展史需深入探究其背后的社会经济关系动态。公民道德建设作为一项社会系统工程,它是社会大系统中的一个重要组成部分,只有将社会经济基础作为最重要的物质前提和基础,才能从根本上提升公民的道德境界。

二、经济基础的保障性

道德是伴随人类社会始终存在的一种社会现象。它作为公民思想和行为的重要组成部分,其发展和进步遵循一定的内在规律。道德观念和规范不仅反映了人们对善与恶、正义与不正义的认识,也是社会互动和行为准则的重要指南。同时,道德的存在和发展与社会经济基础紧密相连。社会经济条件是决定道德发展的关键因素,因为它们形成了人们日常生活的物质基础和社会互动的背景。经济结构、生产方式、财富分配等经济因素对于社会价值观、道德规范以及人们的行为模式有着深远的影响。从经济基础与公民道德的本质关系来看，经济社会的存在与发展从根本上决定着公民道德的性质与状态，规定着公民道德建设的内容与形式，为公民道德的发展和进步提供最根本的物质基础。与此同时，公民道德建设对社会主义经济发展具有能动的反作用，当公民道德建设适应经济社会发展状况时，则对经济社会的发展起推动作用，当公民道德建设不适应经济社会发展状况时，则对经济社会的发展起阻碍作用。

夯实社会主义经济基础能够为公民道德建设奠定强有力的物质基础。如前所述，经济社会发展的状况决定着公民道德建设的性质和内容，为公民道德的进步提供物质保障。经济的发展是道德进步的前提和基础，稳固社会主义国家的经济基础并将重点放在经济发展上，是实现社会主义本质要求的关键。经历了40多年的改革开放，我国在经济建设方面取得了显著成就，社会生产力也实现了显著的提升，综合国力得到了进一步增强。特别是党的十八大以来，我国社会主义市场经济体制的不断优化和完善，极大地激发了广大人民群众发展社会生产力的热情和信心，使我国的经济发展和综合国力又登上了一个新台阶。这一举世瞩目的伟大成就，增强了全国各族人民的凝聚力，坚定了人民的社会主义信念，为新时代公民道德建设提供了强大的物质基础。

社会主义经济基础将社会生产力的发展与人民群众的生活水平直接联系起来，体现了为人民服务这一社会主义道德的核心精神，为公民道德建设的发展指明了前进方向。社会生产力的发展是用于增加利润为少数人发财服务的，还是为消除两极分化实现共同富裕服务的，这决定着公民道德建设的根本方向。社会主义核心价值体系将提高人民的思想道德素质置于首要地位，确立了以人为本、人民至上的公民道德建设原则，这就使我国的公民道德建设从根本上有别于资本主义道德，使经济的发展落实到具体生活实践中，确保经济发展与道德进步的一致性和同向性。

社会主义经济基础将生产力的发展与社会的全面进步统一于社会主义共同理想之中，使公民道德建设不仅能随经济社会的发展而进步，而且为公民道德建设开辟了广阔的道路。党的十八大以来，在以习近平为核心的党中央领导下，党对新时代中国特色社会主义的坚持与发展进行了深入的理论研究。这一过程涉及了一系列复杂和关键的问题，比如确定新时代中国特色社会主义的具体内涵、发展路径和战略目标等。通过这些探索，形成了习近平新时代中国特色社会主义思想。这一思想不仅响应了时代的需求，还为我国的发展指明了方向,为其提供了理论指导和实践方略。这一思想综合考虑了国内外的发展环境,强调了改革开放的持续推进以及在经济、政治、文化、社会和生态文明建设等方面的全面发展。同时,也强调了坚持和完善社会主义制度、推进国家治理体系和治理能力现代化。在习近平新时代中国特色社会主义思想的指导下,强调了积极推进社会生产力的发展,并致力于提升人民的物质与文化生活质量。推进社会全面进步,使物质文明高度发达的同时达到高度的精神文明。这也是我国社会主义公民道德建设与资本主义社会相区别的重要标志。

三、道德建设的发展性

根据历史唯物主义的基本原理,人类社会发展的根本动力在于社会生产力的发展。社会生产力的发展必然引起生产关系的调整和变革,而占统治地位的生产关系各方面的总和构成该社会的经济基础,经济基础的变革又必然引起上层建筑的发展变革。公民道德建设是社会意识形态的重要内容之一,它必然随着社会经济基础的变化而变化。从人类历史发展的必然趋势看,生产力、生产关系和经济基础从整体上呈现进步发展的趋势,人类道德从整体上也呈现出不断向前发展的总趋势。经济体制的转型升级,社会生活方式、个人生存方式和思维方式的变革,决定了人们的价值追求和价值观念正在发生改变。公民道德建设作为社会意识形态领域的重要建设内容,作为人的价值取向的重要组成部分,同样经历着历史性变迁。

我国的公民道德建设体系的本质受到社会主义经济结构的影响和决定。社会经济结构,即社会生产关系体系,其中生产资料的所有制形式是其核心和基础。在人类社会历史上,以生产资料公有制或私有制为基础的两种社会经济结构类型,随着社会生产力的发展而经历了不同的历史阶段。相应地,社会道德体系也形成了不同的历史类型。在社会经济关系的背景下,利益分配的模式对公民道德建设的核心原则和关键规范产生了直接影响。对此,恩格斯指出:"每一个社会的经济关系首先是作为利益表现出来的。"作为道德关系的根本出发点,这些利益关系直接塑造了人们对于个人与社会利益之间的认识及其处理方法。中国公民道德建设的基本社会属性和价值取向是全心全意为人民服务。集体主义成为社会主义道德生活的基本原则和规范,强调个人利益应与集体利益和谐一致以及个人行为应符合社会整体的利益和要求。因此,公民道德建设不仅是个体道德观念和行为规范的体现,也是社会经济结构和关系的反映。在这个过程中,个人的道德选择和行为不仅表达了个人的价值观,也体现了社会的经济基础和主导价值观。通过道德教育和社会实践,我国正在努力推动公民道德与社会主义经济结构的协调发展,以促进社会的和谐与进步。

在我国社会主义社会里,人们在同一经济结构中生产、工作和生活,有着共同的根本利益。这就决定了社会主义道德体系的社会属性、基本形态和价值功能是能够辩证统一起来的。恩格斯指出:"人们自觉地或不自觉地,归根到底总是从他们阶级地位所依据的实际关系中——从他们进行生产和交换的经济关系中,获得自己的伦理观念。"在不同阶级的社会经济结构中,经济地位的差异产生了相异甚至完全相反的阶级利益。这种利益的多样性必然导致了各种不同甚至对立的道德观念、情感和规范体系的形成。在我国社会主义制度下,物质生产和科学技术的发展对公民道德建设产生了正向影响,然而这并不意味着人们的道德水平会自然而然地提高。这是因为社会主义、共产主义道德是马克思主义科学理论的重要组成部分,它不会自发地形成,而是需要人民通过道德教育和自我修养,才能变成内心信念和行为习惯。此外,社会主义社会仍然存在无产阶级道德同非无产阶级道德的斗争,只有在马克思主义科学理论的指导下才能消除非无产阶级道德观的不良影响,树立起社会主义、共产主义的道德观。所以,这就在客观上决定了公民道德建设的必要性和紧迫性。在公民道德建设问题上,那种"自发论"的主张是完全违背社会主义道德发展规律的。我国是人民民主专政的社会主义国家,从根本上消灭了阶级压迫和阶级剥削,真正实现了广大人民群众当家作主,这意味着我国公民道德建设具有最广泛的群众基础,能够更广泛地凝聚社会共识、凝聚人民群众力量,能够从实际出发积极探索创新,并以公民道德建设为着力点推进新时代中国特色社会主义事业向前发展。

我国经济体制的深化改革必然促进公民道德建设体系的发展和完善。党的十八届三中全会做出全面深化改革的重大历史决策,为中国特色社会主义事业的蓬勃发展指明了前进方向和奋斗目标。其中经济体制改革是全面深化改革的一项重要内容,经济体制是发展社会主义生产力的重要组织形式,经济体制改革是国家治理体系的重要组成部分,是具有中国特色的战略安排。在党的坚强领导下,我国公民道德建设在建立新中国、全面建成小康社会、探索改革发展道路、实现中国梦的伟大实践中发挥了关键作用。立足和服务于我国经济社会发展的现实需要是我国公民道德建设最本质的特征,也是全面深化改革这一战略部署的最本质要求。在公民道德建设的各项活动中,社会经济关系是居于基础性地位的,要充分发挥社会主义核心价值观在公民道德建设中的巨大政治领导力、思想引领力、群众组织力和社会号召力,就必须清醒地认识到社会主义经济基础在经济社会发展中所起到的决定性作用。加强新时代公民道德建设,必须在全面深化经济体制改革的基础上,把社会主义核心价值观转化为广大人民群众的自觉实践,才能保证人们的生活方式、思维方式和价值观念更加契合我国经济社会发展的客观规律,才能把党中央的决策部署和思想道德建设的工作要求真正落实下去,共同为实现全体人民精神文明新境界而不懈奋斗。

历史证明,在以生产资料私有制为基础和核心的社会经济结构里,社会经济体制的变革和生产力的发展在一定程度上为劳动人民带来了利益,但是从根本上说,这是为加强人剥削人、人压迫人的制度服务的。在这种社会里,人们创造的物质财富和精神财富大多为少数剥削者所得。由于在阶级社会中,统治阶级的道德在全社会中占主导地位,所以统治阶级道德的堕落必然会对整个社会的道德风尚产生不良的影响。因此,在以私有制为基础的经济中,社会生产力和经济关系的进步,不但无法使社会道德面貌随之提高,反而随着社会生产关系的腐朽以及整个剥削阶级的衰落,造成了物质生产同社会道德风尚之间的对立和冲突。与之形成鲜明对比的是,我国社会主义制度的确立,从根本上改变了旧的剥削和压迫性质的经济关系和阶级关系。尤其是改革开放以来,我国社会主义市场经济体制的确立、发展和完善,社会经济基础对公民道德建设产生了积极的影响。社会主义生产的核心目标是提升所有劳动人民的物质和文化生活质量,从而达到共同富裕的状态。社会物质生产成果和精神文明成果是由全体人民共同创造的,是作为社会的共同财富而存在的,这对于培养人们关心集体以及互助合作的道德品质具有重大的影响和作用。同时由于社会生产的成果是为满足人民群众美好生活需要,这又更加促使人们努力追求更高的社会文明程度,推动公民道德素质提升到更高的层面。

第二节　政治基础

恩格斯指出:"经济状况是基础,但是对历史斗争的进程发生影响并且在许多情况下主要是决定着这一斗争的形式的,还有上层建筑的各种因素。"道德领域是人类集体生活领域的重要内容,受到社会上层建筑的其他因素的强烈影响。当然,道德本身作为社会上层建筑的一个重要因素,它同上层建筑的其他因素是相互影响、相互作用的。在社会生活的多个领域中,政治活动与经济活动并列为最关键的部分。鉴于道德与政治之间存在紧密的联系,深入探讨社会政治基础对公民道德建设的深刻影响显得尤为重要。

一、中国特色社会主义政治制度是公民道德建设的政治基础

政治是由一定经济基础所决定的上层建筑,道德是由一定的社会经济关系所决定的社会意识形态。列宁曾指出:"政治是经济的集中表现。"政治对经济不仅有保障其巩固和发展的作用,而且在经济条件发展到生产关系和生产力不能相适应的时候,政治还有改变生产关系的作用,即用政治革命的手段改变旧的生产关系,建立新的政治制度来保障新的生产关系的形成和发展。因此,政治制度在各个阶级道德建设中处于重要的保障地位。同时,社会政治制度直接把经济关系和经济利益用法律规定的形式固定下来,并通过各种政治机构保证其顺利实现,因此,政治制度通常成为道德建设服务于经济基础并受其制约的关键中介。在上层建筑的多个要素中,政治制度对公民道德建设产生的影响更加直接和显著。

社会主义民主政治在塑造和发展社会主义公民道德方面发挥着关键作用。在阶级社会中,政治不仅是经济的集中反映,也揭示了社会生活中的阶级关系,这是其本质特征之一。社会核心议题及各阶级道德的形成和发展,都深受政治体制的显著影响。历史上,不同阶级的道德观念通常源于阶级斗争,同时服务于他们的政治目标。举例来说,西方资产阶级在对抗封建统治、争取政治权利的过程中,提出了与中世纪宗教道德和禁欲主义相反的利己主义道德原则,并倡导了功利主义、人道主义,以及自由、平等、博爱等道德理念。这些观念的形成和发展,受当时政治斗争形势的影响,同时也服务于资产阶级的政治统治。在资产阶级思想家的著作中,道德问题的重要性正是由这种政治斗争的背景所决定,并为资产阶级政治统治的需要服务,他们为资产阶级道德体系奠定了理论基础。反观社会主义民主政治,它通过提供更加广泛的民主参与和更加公平的社会关系,促进了符合社会主义原则的公民道德的形成和发展。在社会主义体制下,民主政治不仅体现在政治决策的过程中,也体现在社会生活的各个方面,如经济、文化和社会生活等。社会主义民主政治的实践和发展为公民提供

了实现自身利益、表达个人意见和参与社会管理的渠道,这些都有助于塑造和强化社会主义公民的道德观念和行为规范。通过这种政治文化的建设,公民得以更好地理解和实践社会主义核心价值观,为社会的和谐发展做出贡献。无产阶级的社会主义道德也是在反对资产阶级的政治斗争中形成和发展起来的。人民民主专政的国家制度在我国的确立,为从根本上改变我国的社会道德面貌创造了基本社会前提。中国特色社会主义民主政治集中反映了社会主义经济基础的客观要求,也代表了人民群众的根本利益,为社会主义、共产主义道德的发展开辟了广阔的道路。实践证明,人民内部的社会主义民主政治的发展越高效,对一小部分阶级敌人的专政越坚强有力,就越能提高和巩固人民群众在国家政治生活中的主人翁地位也就越能加强个人同个人、个人同社会集体的联系,更好地发挥社会舆论在人民群众道德意识形成和发展中的教育作用,迅速提高人民群众的社会主义道德觉悟。党和政府的大力提倡,更是使社会主义道德发扬光大的有力保证。

社会主义民主政治对公民道德建设的具体规范产生直接作用。在存在阶级对立的社会中,社会经济关系首先显现为阶级间的利益关系。这种阶级利益关系往往导致统治阶级利用政治工具,如国家政策和法律,来巩固社会结构并要求社会成员遵循,以保障被剥削和被统治阶级的利益符合统治阶级的要求。因此,当经济关系通过国家政治体制得到法律上的确认时,阶级间的政治关系、个人与他人、个人与国家或民族间的道德关系也随之成为固定模式。在社会主义体制下,社会主义核心价值体系所倡导的核心价值观和基本道德准则与社会主义政治制度和民主政治密切相关。这些价值观和道德准则不仅反映了社会主义民主政治的特点,也是社会主义政治制度的重要组成部分。此外,即使是在具有相同社会性质的国家中,由于政治传统和政体的差异,公民道德建设的具体规范和要求也可能有所不同。例如,在资本主义国家中,不同的政治体制,如民主共和制和君主立宪制,会影响道德规范和道德观念的形成。在君主立宪制的国家中,可能存在关于如何对待君主和贵族的特定道德要求,而这在民主共和制的国家中则不会出现。总的来说,社会主义民主政治为公民道德建设提供了特定的政治和社会环境,这些环境直接影响道德规范的形成和发展。因此,在理解和研究公民道德建设时,必须考虑到政治制度和社会结构对道德规范的影响。

作为一个人民民主专政的社会主义国家,我国确立了人民群众在国家政治生活中的主体地位。这种政治体制不仅反映了人民的意愿和利益,而且为社会主义道德建设提供了坚实的基础。在这种体制下,热爱人民和全心全意为人民服务成为社会主义道德的核心要求,体现了社会主义道德的本质特征。社会主义社会的公有制特点,即生产资料归整个社会所有,每个人都应对社会财产负有责任。这种对公共财物的尊重和保护,是对社会资源合理利用和维护的体现。在私有制社会里,没有什么"公共财产",生产资料、生活资料都是私人所有,公共设施、公共福利甚至连同国家本身也是剥削阶级的私有物,因此爱护公共财物不可能成为主要的道德规范。而在社会主义社会中,国家的财产也就是全体人民的公共财产,爱护公共财物作为社会主义道德的一个特有规范,就是从人民群众在国家中的主人翁政治地位引申出来的,它反映了人民群众巩固和发展社会主义民主政治的迫切愿望和要求。

在公民道德建设的实际操作中,政治体制对个体的道德观和品格的塑造及成长具有显著影响。政治原则和道德规范需要通过公民的社会活动来体现和实施。在这些社会活动中,个人的政治立场和观点成为促进和形成公民道德观念及价值观的关键因素。一般说来,人们首先有一个从个人或阶级出发的政治观念和政治理想。在这个观念和理想的支配下,投入具体的、现实的实践。在生动鲜活的政治实践中,才逐渐地在其政治观念和理想的基础上形成一定的道德观念和道德品质。公民个人的政治实践是公民道德实践的重要基础和条件,同样,公民个人的道德实践也会加强其政治实践的力量。在社会实践活动中,政治实践对个人的道德观念和品德发展起着关键作用,它们之间存在着紧密的互动和相互促进的关系。尤其在阶级社会中,"德"的定义不仅囊括了道德要素,而且首先强调了政治要求。在社会主义社会中,个人道德形象的构建同样与其政治立场和政治意识紧密相连。在这样的社会背景下,"德"首先指的是一个人的政治立场和觉悟。这意味着一个人的社会主义、共产主义道德品质不仅仅是个人行为准则的体现,更是其政治理念和对社会主义核心价值观的认同的反映。因此,一个人的政治立场和政治觉悟在很大程度上决定了其道德观念和道德品质。

这种观点认为,社会主义或共产主义的道德品质与个人对社会主义政治方向的明确认同和支持是分不开的。这是因为在社会主义社会中,道德不仅是个人行为的规范,更是对社会主义核心价值观的内在认同和实践。因此,在社会主义社会中,政治实践和道德发展是相辅相成的。通过政治实践,个人可以更深入地理解和认同社会主义核心价值观,从而在道德层面表现出与之相符的高尚品质。同时,良好的道德品质也有助于个人在政治实践中做出更加符合社会主义核心价值观的选择和行为。应该指出的是,马克思主义肯定政治基础对公民道德建设的重大影响和作用,是建立在历史唯物主义的经济决定论的基础之上的。它同某些资产阶级思想家所鼓吹的政治决定道德的观点有着原则性的区别。西欧早期资产阶级思想家从"社会契约论"出发,认为公道、正义等道德原则是人们相互订立契约之后产生的,而契约又需要有权力引起的恐怖才能遵守。18世纪英国资产阶级思想家曼德维尔更明确地提出:"道德的发端明显是由巧妙的政治所创制。"这种理论虽然看到了政治对道德的重大作用,但它夸大了这种作用,甚至把政治当作社会生活的决定性因素,否定了社会经济关系是决定公民道德建设的根源。中国特色社会主义政治制度为巩固和发展公民道德建设奠定了坚实的政治基础,从其发挥作用的形式分析,社会主义民主政治制度与公民道德建设是相互渗透、相互促进的。这就要求人们在社会实践中,既要认同和拥护中国特色社会主义政治制度,又要遵循公民基本道德规范。这不仅有助于社会主义政治原则和政治要求的贯彻实施,而且极大地加强了社会主义道德的权威性,有效地巩固了社会主义核心价值理念在公民社会生活中的主导地位。

二、社会主义民主政治是公民道德建设的坚强后盾

民主,其本质意义上代表"人民的权力"或"人民的统治",它与"专制"形成鲜明的对比。民主区别于君主制的独裁或贵族统治的寡头政治形式,最初仅作为一种政治体制出现。然而,近代以来,民主的含义已经显著扩展。它现在不仅指一种政治体制,还包括领导方式、组织准则、管理方法、生活风格和精神态度等多个方面,并已渗透至社会生活的各个层面。从马克思主义的视角来看,民主被视为上层建筑的一部分,是由一定的经济基础所决定的,并为经济基础服务。在中国特色社会主义政治体制中,人民民主专政保障了人民群众广泛的民主权益,并为民主政治的实际运作提供了广阔的舞台。这种政治制度不仅体现为人民民主专政的政权结构,还涵盖了民主体系和民主精神的各个方面。民主政治作为人民民主专政的核心需求,不仅反映了这种政治结构的实质,也展示了人民作为国家主体的权利。此外,民主政治亦代表着社会主义政权的组织形式,即政体的理想状态。例如,我国的人民代表大会制度,就是民主政治在中

国特色社会主义框架下的典型表现。民主在中国特色社会主义政治中扮演着关键角色,其不仅是政治制度的基石,更是一种广泛影响社会生活各个方面的精神和实践。通过民主政治的实践,中国正努力实现人民群众的广泛参与和真正当家作主的目标。

第一,建立社会主义民主制度和推进政治的民主化过程,对于形成社会主义道德主体具有关键作用。其核心在于:社会主义民主通过确立自由的原则,将公民成为道德主体的基础从潜在状态转变为现实状态。虽然自然人的存在为道德主体的形成提供了可能性,但要实现这一过程的现实化,关键在于道德主体性的积极运用作为必要前提。在社会实践中,政治实践对公民道德的形成和发展具有重要影响。政治实践不仅反映了社会经济结构,也塑造了公民的道德观念和行为。在一个民主、自由、开放的政治环境中,人们更容易发挥创造性,形成独立的思考能力,从而推动道德观念的发展和完善。

在社会主义民主政治体制下,民主不仅是政治制度的一部分,也是道德主体发展的重要条件。民主政治通过保障人民的基本权利和自由,为公民提供了展现道德主体性的舞台。在这样的环境中,人们可以自由地表达观点、进行创造性活动,有助于他们成为真正意义上的道德主体。并且只有在人们的积极性得到充分发挥的情况下,他们才会主动和自发地融入社会生活,并显现出作为道德主体的进阶特质。根据我国宪法,公民享有的多种自由和权利在法律层面得到了保护,确保了他们在政治、经济和文化领域的自由参与。这种法律保障是社会主义民主实践的一个重要方面。确保自由权利对于塑造个体作为独立和自由的道德实体至关重要。作为具备道德意识的个体,人们应享有独立和自由的地位,确保他们的行动是基于自主、自愿和意识清晰的决策。只有在这种条件下,个人对自己的行为负责的程度才显得尤为重要,赋予其深刻的道德价值。在社会主义民主政治体制下,人民享受了前所未有的自由,这种自由得到了广泛的政治和经济支持,从而为社会主义道德主体的形成营造了有利环境。这样的环境使得实现真正的人性道德成为可能,并被视为社会主义民主发展的自然结果,有效地促进了道德主体性功能的实现。

第二,社会主义民主的精神,作为推动公民道德建设的关键动力,已经深入到社会各个层面,超越了单纯的政治制度框架。这种民主精神的要义在于激励和利用广大民众的积极性与创新能力,为社会主义事业的发展做出共同努力。民主精神的弘扬不仅对构建一个全面发达的社会主义现代化国家具有促进作用,而且对于加强社会主义公民的道德建设也提供了关键的推动力。这种推动力主要体现在通过民主精神来提升公民的道德素养,进而激活个人在自我教育和自我提升方面的能力。个人精神的发展与自我完善是实现个人全面发展的关键,包括自我教育和修养的方法与途径。这一过程的核心是促进其自由与全面成长。从个体和社会的角度来看,人的双重本性要求个人的全面发展既要求内在的自我和谐,也需要与社会环境和谐共生。这意味着,个人的发展不仅需要关注其内在成长和完善,也需要与社会的发展和需求相协调。在社会主义民主精神的促进下,个人能够在追求个人发展的同时,也积极参与社会事务,为社会的发展做出贡献。

社会主义民主精神的弘扬不仅是国家政治制度的一部分,更是推动个人道德发展和社会整体道德建设的重要因素。在这一过程中,个人得以实现自身的自由和全面发展,同时为社会的和谐与进步做出贡献。在实现个人成为社会生活的核心,消除私有制度,并最终克服传统社会分工限制之前,个人精神的成长和自由的全方位发展仍然是相对的概念。这表明,在这些社会变革未完全实现之前,个人的发展和自由将继续受到现有社会结构的制约和影响。社会主义制度的确立和民主精神的弘扬对于个人的自由全面发展和精神完善具有深远的影响。在社会主义体制下,原有的剥削和压迫关系被消除,人们成为国家的真正主人,也成为自己生活的主宰。社会主义体制下的民主制度化,为人们带来了空前的自主和自由。这一转变开启了广阔的社会参与领域,有利于个人精神发展,并为之创造了必要条件。此外,社会主义的制度化规范确保了公民的民主权利得到广泛实施,这不仅保障了基本人权,也为个人在社会事务中发声和参与提供了充分机会。这个环境极有效地激发了每个人的积极性与创造性,从而让个体的潜力得到最大程度的发挥。民主精神的广泛传播,为道德自我提升的内在机制开辟了新的可能性,同时也激活了个人自我完善的内部驱动力。在这种环境下,个人不仅能够自由地发展自己的才能和潜力,而且还能够积极参与社会事务,通过自身行为对社会产生积极影响。这种个人与社会的互动是实现道德完善的关键,它帮助个人在社会实践中学习、成长,并在实现个人目标的同时促进社会的进步。可以说,社会主义制度下的民主精神不仅是政治制度的重要组成部分,而且是促进个人道德发展和社会道德进步的关键因素。通过民主精神的弘扬,社会主义社会能够有效地促进个人的全面发展,实现社会的全面进步。

　　此外,民主精神的弘扬为道德的社会调控功能提供了强大的整合力。道德,被视为人类在社会生活中实践精神的一种表现形式,主要通过塑造理想人格和建立特定社会规范来调节人与人、人与社会以及人与自然的关系,旨在维护社会生活的有序和合理性。在这个框架内,民主精神发挥着至关重要的作用。首先,它通过思想解放,为人们理解社会与自然、追求并掌握真理提供了机会。这种思想的解放为人们正确理解和有效改造社会与自然奠定了基础。进一步地,随着这个过程的深入,人们的自觉性得以增强,使他们能够更自由地协调各种社会关系,为道德的完全展现增添了新动力。其次,民主精神作为人类文明的重要成果,通过制度化方式整合社会,为道德功能的实现提供了新机制。这种制度化整合不仅确保了个人的基本权利和自由,也促进了社会各方面的合理运作和发展。民主制度下,个人得以在一个开放、自由的环境中表达自己的意见和观点,参与社会事务的决策,这促进了社会各层面的平衡发展。民主精神的弘扬对于道德的社会调控功能具有重要的影响。它不仅解放了人们的思想,为理解和改造社会提供了条件,也通过制度化的方式为社会提供了稳定的运行机制。这一过程有助于促进社会的全面进步,提升人们的道德意识和行为水平。

　　民主精神的整合方式与其他整合方式有所不同。民主的核心在于承认"少数服从多数"的原则,这一点是民主政治的基本特征。它基于个人意志自由的认可,同时要求在必要时服从多数人的意志。这种服从并不是无条件的奴性或盲从,而是一种基于集体意志和社会共识的理性选择。即使在矛盾和冲突发生时,个人可以保留自己的意见,但在关键时刻应服从多数人的决策。民主精神的整合模式将个人的道德行为与多数人的意愿相融合,从而展现了人民民主的核心特质。这种方式为道德功能的有效发挥开辟了新的路径。民主不仅作为一种法律制度,规定了社会行动的基础模式和行为的最低标准,而且还具备协调社会关系的内在能力。这样的民主整合不仅为道德调节提供了新途径,也从根本上支持了道德调节功能的实现。在社会主义制度下,民主精神的这一整合功能尤为重要。它不仅体现在政治制度上,也体现在社会生活的各个层面,包括道德建设。通过民主机制,社会能够更好地平衡个人利益和集体利益,促进个人与社会的和谐发展。民主精神的弘扬为道德规范的形成和发展提供了坚实的基础,有助于构建一个更加公正和谐的社会。因此,民主精神的弘扬在造就道德主体的同时,也为道德功能的发挥提供了巨大的驱动力。

第三,社会主义民主政治对公民道德建设的性质、内容和效果具有重大影响。公民道德建设在本质上是一种社会活动,而不是一种脱离外部条件的抽象的、孤立的活动。因此,它总要同社会的经济政治状况、传统政治文化等发生联系。其中,社会政治制度对公民道德建设的性质、内容和效果能够产生重要的制约作用。首先,社会主义民主政治对公民道德建设的性质和具体内容有着直接的决定性作用。任何一种社会道德都是一定经济和政治的附属物,总是为一定的经济政治制度服务。社会主义道德规范建立在社会主义民主政治的基础之上,它能够有力地推动我国民主政治的发展进程,创新社会主义民主政治的实现形式。因此,公民道德建设必须从我国社会的客观现实出发,与我国社会的经济政治制度相协调;同时又要坚持较高的道德要求,使人们以更高尚的道德境界对待当下的社会实践。既服务于现实,又着眼于未来,为实现社会向更高阶段的发展准备条件,这也是我国公民道德建设的基本宗旨。所谓公民道德建设要着眼于未来,从根本上说,它仍然是受社会政治制度制约的,不过它主要不是受经济政治的现状制约,而是受经济政治发展的未来趋势的制约和影响。其次,社会主义民主政治对于公民道德建设的内容和效果有着重大的制约和影响。人们的生活总是紧密地与现实社会相连,无论是有形的还是无形的,社会政治环境和政治条件都在持续地影响着公民道德建设的内容和成效。一定社会的政治舆论氛围是一个复杂的整体,从道德建设方面看,既有落后的适应旧的社会环境的道德因素,又有大量新的适应现实社会环境的道德因素,还有属于未来社会的道德因素。这种客观存在的现实状况,要求公民道德建设的内容要着眼于适应现实社会环境的道德因素,充分发挥社会主义道德凝聚人心、稳定社会的力量和作用。对于旧道德因素,要注重发掘其中合理有益的积极成分,真正做到批判继承的有机统一。特别是对于那些已经成为民族习俗的道德因素,应加以尊重和积极引导。对于未来社会的道德因素,要区分层次,因人而异,对先进分子要有所要求,但切忌将其普遍化,因为大多数人的道德觉悟尚未达到此境界,只能由少数先进分子引领和带动,在全社会大力提倡,才能逐步将其转化为大多数人的行动现实。否则,只会适得其反,可谓欲速则不达。

社会政治生态对公民道德建设效果的影响显著。良好的政治生态能够使公民道德建设取得事半功倍的效果,反之则不利于公民道德建设的开展和实施。社会主义民主政治文化对公民道德建设也不可避免地产生这样或那样的影响。这一点在我国现实的公民道德建设实践中表现得尤为明显。作为一个历史悠久的古国,中国在其漫长的历史发展中,积聚了丰富的政治与文化遗产,有些甚至已经积淀为民族性格,成为今人不可回避的传统因素。我们今天的公民道德建设无须也无法割断政治文化传统的历史与现实,科学的方法在于变被动适应为主动适应,牢牢立足于现实的政治文化传统,积极汲取传统政治文化中的精华,剔除其糟粕,既不非古,又不崇古,做到古为今用。这样就能够将社会主义政治文化对公民道德建设的影响纳入科学、健康的轨道上来。此外,社会成员的道德品质和政治觉悟之间存在着密切的联系和相互影响。通常,个人的政治觉悟会在其道德品质上体现出来。通常,人们最初会根据个人或所属阶层的利益形成政治理想和信念,随后在这些政治理想的引领下,通过实践活动逐渐培养出相应的道德观点和标准。换句话说,政治理想为道德观念的形成提供了指导和动力。政治实践和道德建设的相互作用,可以促进个人的全面发展和社会的和谐进步。这种互动不仅是社会主义政治和道德建设的核心,也是构建社会主义现代化国家的重要基础。尤其是在社会主义社会,每个人的政治觉悟和道德品质是密切联系和相互影响的。广大共产党员和先进模范人物为社会主义建设事业勤勤恳恳,埋头苦干,在平凡的工作岗位上做出了不平凡的贡献,这既体现了他们的社会主义政治觉悟,又彰显了高尚的道德情怀。很难设想,一个社会主义方向模糊乃至错误的人会有社会主义的高尚道德品质;同样也无法设想一个在道德上败坏的人能够成为一名无产阶级革命战士。

第三节　文化基础

　　广义上,文化指的是人类在其社会历史发展中创造的物质和精神财富的总和。而在狭义上,文化专指精神财富,如文学、艺术、教育、科学等领域。文化和道德共享着共同的社会本质,并且都受到特定的社会经济关系的影响和制约。它们是社会结构和经济关系的反映,同时也服务于这些关系。虽然文化和道德在反映现实的内容、范围、方式及其对现实的影响上有所不同,且评价的依据和标准也有区别,但二者之间依然存在深刻的内在联系。

　　文化是一个民族或国家的历史积淀和精神成就的总和,它包括艺术、科学、教育、习俗等多个方面。道德则是社会成员在社会生活中应遵循的行为规范和价值判断的体系,它涉及个人的行为选择和社会关系的处理。尽管文化和道德的具体表现形式可能不同,但它们共同构成了一个社会的精神面貌和文明水平。中国特色社会主义先进文化是我国公民道德建设的坚实文化基础。社会主义先进文化是人类社会一切阶级文化的最高表现形态。在实际生活中,文化和道德紧密且有机地结合在一起。文化传统构成了公民道德建设的基础,人们通常将美与善、丑与恶相联系,使用"美好"与"丑恶"来评判思想和行为。这表明在公民道德建设实践中所要处理的人们之间的道德关系、道德情感和道德生活,都是社会主义文化反映社会现实的重要内容。离开了这个重要内容,文化就会失去其生活的源泉,也很难真正找到它的道德意义和道德价值。同时,社会主义先进文化也不可能是对现实生活状况"纯客观"或"无动于衷"的刻画和记录,而是要把对现实生活的某种主观体验、感受传达给社会成员,以便影响和改变广大人民群众的感情、思想和意志。文化同道德不可分割的联系决定了它对公民道德建设有着重大的影响和作用。

一、社会主义先进文化是公民道德建设的坚实文化基础

首先,社会主义先进文化对公民道德观念和道德品质的形成和发展,有着极大的教育、感化作用。社会主义先进文化在塑造和传播道德价值观方面发挥着重要作用。它不仅能够艺术地再现和反映人们的道德关系和道德面貌,还能通过审美手段来处理和解决道德问题,有效地引导公众的道德观念和行为模式。在社会主义先进文化中,艺术作品(如文学、戏剧、电影、绘画等)常被用作展示道德典范和道德警示的工具。通过创作和展示具有代表性的典型形象和故事,这些作品向观众展示了哪些人物特质和行为被视为高尚、有道德和美好的,值得尊敬和模仿,同时也揭示了哪些特质和行为是卑劣的、不道德的和丑恶的,应被抛弃和否定。这种文化表现形式的力量在于其直接性和情感性。艺术作品通过情感的共鸣和形象的直观性,能够深入人心,影响人们的价值观念和行为决策。它们通过塑造正面和负面的人物形象,提供了生动的道德教育,帮助观众在情感层面理解和吸收道德原则。这就使其同时也成为公民道德教育的重要工具。在现实生活中,一个人的道德意识和道德品质往往是通过他心目中所敬仰、敬佩和崇拜的人物的性格、行为的感染,在思想感情和具体行动上不自觉地模仿、学习而逐渐形成的。这些可敬的人物形象固然存在于现实生活之中,但社会主义先进文化所讴歌的典型形象、英雄人物都具有特别重要的意义和价值,这是因为社会主义先进文化具有独特的普遍性、典型性、群众性和强烈

的感染力。新中国成立以来,我国涌现了一大批优秀的文化作品,它们在公民道德建设中发挥了巨大的教育作用,有力地推动了青年一代的社会主义道德理想和中华民族优秀道德品质的形成和确立。

其次,社会主义先进文化还是积极地促使一定的社会道德舆论形成的重要工具。社会主义先进文化总是要歌颂、赞扬和推崇什么,或者揭露、讽刺和批判什么,这就使文化本身成为形成和传播一定道德舆论的有效工具。古人说的"文以载道"就包含了这方面的含义。一个生动的艺术形象或一个引人入胜的故事,能够成为道德教育的有效载体。它们不仅仅是娱乐的工具,更是传达社会价值观和道德规范的媒介。这些作品和形象成为人们在讨论道德问题时的参考点,影响着公众的道德观念和社会风气。因此,文化作品不仅是艺术创作的产物,也是理解一个时代或民族社会道德风尚和道德面貌的重要窗口。

在阶级社会里,文化对道德的影响和作用是具有阶级性的。不同阶级的文化对道德影响和作用的方式和性质是不同的。只有代表先进阶级利益的、优秀的文化作品才能积极地推动人们高尚的道德情感和道德品质的形成和确立,促进良好的社会道德风尚的形成。与之对应的,反映腐朽没落阶级意识的低劣消极的文化作品,则是腐蚀人的精神的蛀虫,败坏社会道德风尚的毒剂。正因为如此,古往今来各个阶级都非常重视文化的道德教育和感化作用,都千方百计地利用文化作为宣扬本阶级道德的工具。社会主义先进文化通过潜移默化地影响公民的世界观、人生观、价值观,能够准确把握公民道德建设的特点和发展规律,并对公民道德教化产生广泛而深远的影响。

最后,社会主义先进文化是人们进行道德情操和道德品质修养的重要手段。这是由文化的教育感染功能所决定的。社会主义先进文化是充满积极正能量的优秀文化精华,它通过讴歌自然美、社会美、生活美、精神美的文化作品,在培养人们美感的过程中,潜移默化地陶冶人们的性情,使人们产生一种对优美、高尚、伟大、纯真的事物或形象的喜悦和崇敬的感情,对凶狠、丑恶和荒诞的事物的厌恶和疏远的情绪。在这方面,社会主义先进文化是人们进行道德情操和道德品质修养的一种有效的手段。

中国共产党作为工人阶级的先锋队,历来就十分重视文化对公民道德建设的重大影响和作用。社会主义先进文化对于满足人民群众精神生活的多方面需要,培养德智体美劳全面发展的社会主义新人,培育社会主义的新风尚,提高整个民族的思想、文化和道德水准起着重大的作用。为了更好地发挥社会主义先进文化的作用,我们党和政府制定了一系列促进社会主义文化发展繁荣的方针政策,为广大文化工作者施展自己的聪明才智开辟了无限广阔的天地。要充分发挥社会主义先进文化对公民道德建设的重大作用,必须全面提高广大人民群众对本民族和国家的高度社会责任感和道德责任感,自觉地树立共产主义世界观,深入到具体而生动的生活和实践中去,到改革开放、实现社会主义现代化的伟大实践中去,提出并探索现实生活中重大的道德问题,努力创作出真善美高度统一的、具有深刻社会价值的优秀文化作品,帮助人民群众同旧世界的腐朽道德做斗争,为培养人民的社会主义道德,造就社会主义的新风尚,提高整个中华民族的思想道德素质而不懈努力。

二、社会主义先进文化是推动公民道德建设发展和完善的有力杠杆

(一)社会主义先进文化为发展和完善社会主义道德体系提供了有利契机

社会主义先进文化在推动基本道德规范的彰显和落实方面发挥了重要作用,同时也为社会制定了有效的惩恶扬善措施。通过广大人民群众喜闻乐见的方式,先进文化不仅传播了道德规范,也促进了社会生活的有序和谐发展。社会主义先进文化还起到防止社会生活随意性、避免社会混乱的作用,为社会生活的良性运行提供了文化支撑。通过这种文化导向,社会生活被引导走向以德治国、以德化民的方向,这有助于社会主义道德体系的发展和完善。罗素对此做了形象说明,他指出:"普遍的混乱必然要引起道德的败坏更甚于智识的衰退。延绵了许多世代的动荡不宁,尽管能够容许极少数的人有着极高度的圣洁,但它确乎是敌视体面的公民们的平凡的日常德行的。"社会主义先进文化的发展和繁荣为国家的长治久安和社会的安定团结提供了坚实的文化基础和思想保障。这种文化繁荣为发展和完善社会主义道德体系创造了有利的条件和契机。

社会主义先进文化之所以能够有效促进社会主义道德体系的发展和完善,关键在于二者在本质上的一致性和内容原则上的相通性。社会主义先进文化通过其灵活多样的表现形式和巧妙的传播手段,不仅营造了有利于公民道德建设的社会环境和文化氛围,还将这些道德规范固化为人们的行为模式。这些固

化的行为模式作为社会调控的一部分,与道德规范(即社会调控的另一部分)相结合,形成了一个相互适应、相互配合的机制,从而发挥出更有效的社会功能。具体来说,社会主义先进文化的发展需要社会主义道德的支持和指导,才能被广泛接受并实际落地。同时,公民道德建设也必须建立在社会主义先进文化的基础上,才能获得有力的保障并始终保持活力。社会主义先进文化与社会主义道德相辅相成,相互促进,共同为社会的健康发展和文明进步提供动力。通过先进文化的推动,整个社会不仅维持了基本的道德秩序,还为科学和先进的道德要求创造了优越的环境和条件。因此,可以看出,利用社会主义先进文化来引导公民道德建设的过程,实际上是加强道德的社会作用和全面发展社会主义道德的实际操作。

(二)社会主义先进文化为发展和完善社会主义道德体系找到了实际切入点

道德,作为人类行为的理想标准,体现了特定的价值追求。在古代阶级社会里,这些道德准则往往是借助宗教信仰或统治者的威望来强制实施的。但在现代社会,这种做法显然已经不再适用。现代社会中,影响人们"应当这样做"而"不应当那样做"的最根本因素是社会的核心价值观,这些价值观构成了社会行为的主导型权威。没有社会主义先进文化的支撑,公民道德建设就缺乏坚实的基础;同样,没有核心价值观的引领,文化建设也会显得软弱无力。因此,道德的理想状态不应简单视为任意选择,而应在社会主义先进文化的架构下实现制度化和权威化。这种做法并不是要用先进文化替换道德本质,若是如此,社会生活将变得单调无趣,且人类将丧失创造美好未来和追求高尚理想的激情与可能。反之,应将社会主义先进文化的兴盛看作是为道德行为奠定了根基和支持,从而使公民道德的理想标准获得权威性认可,并为社会成员的行为提供了基本的道德指导原则。因此,完善和发展社会主义道德体系应当关注如何将社会主义先进文化的价值观和原则内化为社会成员的道德行为规范,同时保持社会生活的活力和人类追求美好未来的动力。通过这种方式,社会主义先进文化和社会主义道德体系可以相互促进,共同推动社会的和谐发展。

社会主义先进文化凭借其科学性和领先性,在激发广大民众的道德热忱方面起到了关键作用,对社会主义的革命、建设和改革进程带来了显著的社会影响,显现了社会主义道德体系的显著优越性。然而,过去的实践中存在一定程度上忽视了社会主义道德的广泛文化基础的问题,导致一些道德要求未能有效实施,道德建设面临新的挑战和要求。广大人民群众的实际思想、文化、教育和道德现状都需要得到充分地考虑和适应。因此,公民道德建设不仅要注重道德的先进性,还要重视其广泛性的文化基础。

(三)社会主义先进文化为社会主义道德体系的进步和精炼提供了高效的路径

作为文明社会运作体系的成果,社会主义先进文化在增强个体的自主性方面扮演着至关重要的角色,其有效地激发了人们的积极态度、主动精神和创新能力。首先,社会主义先进文化通过确保个体意志的自由度,有效促进了人们在道德自律方面的意识提升。尽管道德作为社会规范首要针对个人,其实际的落实却依赖于个体的自我发展和成长,在这个过程中,他律虽然重要,但真正的道德行为是基于自律的。社会主义先进文化通过唤醒个体的自律意识,开启了社会主义道德体系发展与完善的新路径。其次,它还为增强社会主义道德体系的内涵提供了关键的理论依据和知识根基。它激发人们的主动探索和创造,为研究和讨论社会问题提供了健康文明的社会环境,从而为社会主义道德体系的内容丰富提供了支撑。再次,社会主义先进文化在推动社会主义公民道德体系建设方面发挥了关键作用。如果道德体系和原则缺乏实际效力,它们就会失去其存在和发展的意义。公民道德的培养不仅促进了社会主义精神文明的持续进步,还凸显了社会主义道德在社会发展进程中的关键角色和影响,这进一步激发了人们对加强社会主义道德建设的认识和主动参与意识。最后,公民道德建设构成了一个全面的过程,涵盖了道德的认知、评判、选择以及民主管理、监督和事后的责任追究,这个过程同样提供了关键的评估机制,促进了公民道德建设的持续提升和优化。道德既要扬善,鼓励人们超越现有,创造更加美好的未来,又要祛恶,使人们摆脱旧的恶习。完善的道德监督与严格的事后追究,虽然这一切需要通过道德评价来进行,但它无疑也是公民道德建设的题中应有之义。

总之,社会主义先进文化的发展和完善为公民道德建设的有效开展注入了强大生机与活力,成为推动公民道德建设不断前进的有力杠杆。随着社会主义先进文化的大发展大繁荣,其对社会主义道德体系发展和完善的促进作用也将日益强化和不断优化。因而,加快社会主义先进文化建设的过程也必将是一个推进社会主义公民道德建设的过程。

第四节 心 理 基 础

公民的道德素养反映了社会道德在个人层面的内化结果,其塑造和成长深受个体自我认知的影响。这种自我认知,作为公民道德形成的关键心理基础,对个人道德成长的深度和成熟度具有决定性影响。自我意识,关涉个体对自己的深刻认识和评价,涵盖了对个体自身生理和心理状态的认识,以及对自身价值和自我与外部世界关系的理解。这种意识形态使个体能够反思自己的行为,评价自己的道德标准,并在此基础上做出符合社会道德规范的决策。个体的道德自我意识的成熟程度直接影响其道德行为的成熟程度。一个具有高度自我意识的个体更有可能理解并遵循社会道德规范,因为他们能够理解自己的行为如何影响他人及社会。此外,高度发展的自我意识还能够使个体在道德决策中考虑更广泛的视角和后果,从而做出更负责任和全面的道德选择。因此,发展公民的自我意识是提高其道德素质的关键。通过教育、文化活动和社会实践,可以帮助个体发展自我意识,进而提升其道德判断和行为的成熟度,为构建一个道德健全和谐的社会奠定基础。

一、个体自我意识是公民道德建设的心理基点

个体自我意识在道德形成和发展中扮演着核心角色,其复杂且有机的系统结构对个体的道德活动产生着深刻的影响。

首先,个体的自我意识体系包含自我调节、自我导向和自我功能这三个互相关联的子系统。这些子系统及其组成部分的互动和相互制约构成了一个协调的整体。作为一种深层的心理架构,这个整体塑造了人类独有的、相对稳定的主观世界观。在这个主观世界中,个体根据外部信息进行选择、加工、转换和输出,从而反映现实世界。

其次,在道德的形成和演进中,个体的自我道德意识扮演着核心角色。构成自我意识系统的子系统涵盖了多种道德心理要素,例如自尊、自爱、荣誉感和羞耻感等,这些心理因素渗透于自我意识的各个方面,共同构建出独立却紧密相连的道德自我调节系统、自我导向系统以及自我功能系统。在进行道德活动

时,个体会将自我区分为主观的"我"和客观的"我",两者之间维持一定的相互距离。主体的"我"在看待客体的"我"时,参考宏观和微观的参照系,以衡量客体的"我"是否达到了自我预定的目标。这种性质使得主体的"我"能够监督和鉴定自己的思想和行为的可行性和成熟性。道德内化是一个过程,其中社会道德的要求被转化为主体的宏观和微观参照系。这一过程中,个体的自爱心和自尊心发挥作用,促使个体按照参照系进行自我辨析、监督和控制,并在客体的"我"偏离参照系时,通过内疚、羞耻等情感来调整行为,以达到个体道德上的自我和谐。个体的自我意识系统在道德发展中扮演着关键角色,通过内部的复杂机制影响个体的道德行为和发展。通过理解这一系统,可以更深入地认识道德的形成和发展过程。

最后,个体自我意识内在地包含着社会道德发展的基本趋势。个体的道德行为是道德生活系统中最具活力和生命力的部分,通过接收、吸收并再创造社会道德而表现出来。这种行为不仅承载和体现了社会道德,同时也促进了其不断地更新和发展。个体道德形成过程从被动学习转变为主动实践。最初,社会群体对个体施加的影响引导其学习、选择并接纳社会道德规范,开始时这是一个被动地接受过程。然而,当个体在社会实践中不断积累经验时,便通过自我意识这一心理机制逐渐走向道德的主动内化。这个过程标志着个体道德从最初的被动接受转变为主动实践。在一开始,社会群体对个体的影响导致其学习、挑选并逐渐认同社会道德规范,这是个体道德形成过程中的一个被动阶段。然而,随着个体在自己的社会实践中积累经验,通过自我意识这一心理机制,个体开始主动实现道德内化这些道德规范。这种主动性的核心在于,道德必须通过个体的自我道德意识培养出相应的责任感和良知,才能有效地发挥其作用。若缺少个体的自我认识和道德自觉,社会的有序运作和道德的持续进步将难以保障。个体的自我实现和自我完善活动是社会道德发展的关键因素,是社会有序和谐发展的道德基础。因此,个体在社会道德的形成和发展中不仅是接受者,也是积极的参与者。通过个体的道德自觉和自我实现,社会道德得以不断发展和完善,从而推动整个社会的道德进步。

二、培育道德良心是公民道德建设的心理机制

道德良心反映了个体在履行对他人及社会的道德责任时的深层责任感和自我评估能力。它代表了主体自我意识中众多道德心理要素的综合体现。道

德良心的社会心理特征可以概括为以下几点：第一，强烈的责任感。良心是个人意识中的一种强烈责任感。这种责任感来自个体对自己的使命、职责和任务的自觉认识，以及由此产生的对他人和社会应尽义务的强烈而持久的愿望。它是个体在社会实践中形成的一种深刻的道德自觉。第二，自我评价能力。良心是个体在理解某一阶级或社会的道德原则和规范的基础上，对自己行为的道德价值进行自我判断和评价的能力。这种自我评价是一种高度负责的态度，反映了个体在道德方面的自我认知和自我调整能力。第三，道德心理素质的综合。良心的形成和发展是个体在意识中不同道德心理素质相互作用的结果。这些道德心理素质包括自尊、羞耻感、公正感、同情心等，它们在个体意识中相互结合，共同构成了个体的道德良心。总之，道德良心是个体道德发展的重要组成部分，它不仅体现了个体对社会道德规范的内化，还代表了个体对自己行为的道德评价和自我调节能力。良心的发展和完善对个体道德行为的指导和调整起着至关重要的作用，是社会道德秩序维护和个体道德成长的重要保障。

良心是公民道德建设的调节器和控制器。在个体的道德生活中，良心具有独特的自我控制和调节作用，它是个体道德行为的调节器。费尔巴哈曾经把良心区别为"行为之前的良心、伴随行为的良心和行为之后的良心"。良心，作为道德主体的内在体现，显现为个体对自己行为的道德担当以及对社会和他人的责任感。它不仅反映个体对道德规范的内在认知，还彰显了道德主体性的个人实现。公民的道德良心培养过程，是道德规范转化为个人主动的道德实践。公民基于良心行动，意味着他们按个人判断而非他人观点做出决定。在此，良心是个体对自身道德行为主动性的深层自觉。因此，良心的核心特征在于自律，这种自律通过良心的调控和自我控制机制体现出来。

在行为之前，良心对个体选择行为的动机起着制约作用。动机是激发行为的关键因素。在行为展开之前，主体通常基于特定动机来做出选择。在这个过程中，良心根据道德义务的标准，对即将发生的行为及其动机进行预先审视。这种内省包括使用假定性或可能性的逻辑，自问诸如"这样做会带来什么结果"或"若处于他人立场，我会怎么做"等问题。通过这样的自问自答，主体能够认真思考、衡量利弊，判断其行为动机是否符合道德义务。对于符合道德义务的动机，予以肯定；而不符合的，则予以抑制或排斥，从而明确符合道德的动机。费尔巴哈说："良心是在我自身中的他我。"也有的伦理学家把良心说成是人们内心中的"社会的监护"。个体对自己的行为动机之所以要以"他我"的名义说话,接受"社会的监护",听从良心的呼声,正在于他要通过自己的行为来肯定自我存在的价值,而良心的谴责意味着对自我存在价值的怀疑和否定。

在行为进行时,良心具有监督作用。良心对个体行为过程中的情感意志以及行动方式,可以说是一个极为隐蔽的监督场所。对于那些与道德义务相符的情感意志和行为模式,良心通常会给予支持和加强。相反,若这些不符合道德要求,良心则会进行纠正和削弱。特别是在行为过程中,如果出现认知误差、外部干扰、不当的行为方式或情境变动,良心往往会介入,修正自私的欲望和偏执的情感,从而调整行为路线,防止事态恶化至难以挽回的程度。这种情况下,良心是体现在个体行动中道德责任感直接的、心灵上的"神经"。因此,如果一个人的良心感较强,那么在个体行为中,就能够依据良心来拨正自己的行为路线。

在行为之后,良心对行为的后果具有评价作用。费尔巴哈更强调良心在这方面的作用。的确,良心可被视为根植于个人内心的一种自我道德裁判机构,其公正无私。当一个人的行为符合道德义务,并带来积极的影响和结果时,良心会带来满足和安慰的感觉。相反,如果行为违背了道德标准,良心便会导致个人对自身道德失误的内心痛苦和煎熬,这通常表现为羞耻感。马克思指出,羞耻是"一种内向的愤怒"。羞耻使人无地自容,它是对自我存在价值的一种否定。

总之,良心体现了个体在道德层面上自我决策和评估行为的能力。一个人良心的成熟度、影响力和有效性,不仅是判断其道德觉悟和完整性的关键指标,也是评价社会道德原则和规范权威性的重要标志。良心的形成不仅受到个人所接受的教育影响,还与个人与他人的交流互动、性格气质以及全部的道德生活经验密切相关,所以马克思说:"良心是由人的知识和全部生活方式来决定的。"由此可见,良心始终是受着人们文化素养、社会地位、阶级属性以及职业活动等因素制约的,它在人们内心世界总是在维护着人们在一定社会关系中所固定下来的某种价值体系。良心是个体社会化的产物,是社会道德的内化,是个体道德发展到自律阶段的积极成果。我们还应该看到,在阶级社会中,良心是具有阶级性的。一切剥削阶级由于其是经济或政治的特权的把持者,他们的良心都是以维护私有制和其政治特权为界限的。同时,由于一切剥削阶级的道德都是以个人利益同社会共同利益相分裂和对立为根本特征的,他们或者用"虚幻的"共同利益来压抑或否定个人的正当利益,或者以个人利益来吞噬或否定社会共同利益,因此,从根本上讲,它们都不能在人们的良心中得到确证。社会主义道德,作为共产主义道德在理论与实践中的具体体现,有效地展现了个人与社会利益的辩证统一。它成功地克服了道德发展史中固有的利己主义与利他主义、快乐主义与禁欲主义之间的长期对立。因此,社会主义道德不仅在个体良心的发展中得到肯定,而且为"真实的良心",即与社会道德原则一致的个人道德观念和行为的形成和发展提供了坚固的道德基础和丰富的道德内容。这种道德体系通过强调个人利益与社会利益的和谐关系,促进了个体道德观念的发展和升华。在这一体系下,个体被鼓励在考虑个人利益的同时,也要考虑其对社会的影响,从而在个人行为和社会责任之间找到平衡。社会主义道德的这种特性使得个体能够在自我实现的过程中,同时促进社会的整体利益,从而实现个人与社会的共同进步。

三、道德认识、道德情感、道德意志活动是公民道德心理的基本要素

(一) 个体的道德认识活动

公民个人的道德活动作为人类完善自身和社会、把握和创造善的实践精神活动,首先就必须认识善。道德认识活动涉及对道德对象的概念性理解。它依靠特有的概念和范畴,以独特的方式揭示道德行为的核心,从而促进人类精神的发展。这一过程是公民道德建设的主观基础和理性根据。

公民的道德认知与传统的知识认知不同,它根植于理想和价值观,提供的是充满特定价值的知识,而非仅仅是客观的信息。这种知识不仅源自道德认知本身,同时也是道德实践的成果。其核心目标不是简单地总结规律,而是为实际行为提供指导。道德认知不仅增长知识和经验,更重要的是塑造信念,激励追求道德理想,助力个人的道德成长。道德认识和一般认识相比,具有以下特殊性:

第一,道德认识是以人与自身、人与人、人与物(首先是自然,也包括人的劳动手段和产品)的关系为对象的。这里讲的人,是指人的属性、人的地位、人的价值以及其他属于人的品性。道德认识以人为对象,就是说要从实践和精神上把握人,形成关于人的正确观念和意识。同时,人作为道德认识的主体,不仅要认识人的外在关系,而且要认识人与自身的关系,从而形成对人的全面准确的观念。诚然,以人为对象并不止于道德认识,但作为道德认识对象的人,必定是处于一定关系之中并具有一定道德素质的人。即使对于人和物的关系的认识,

道德认识也是从人与人的关系这个特定的视角来把握的。道德认识通过深入理解这些关系，帮助个体领悟人类社会进步的关键原则、人际交往的独特要求、个人愿望与理性之间的平衡及其内在矛盾以及人们在维持生活秩序和追求理想状态时的精神追求。这一过程旨在实现对个人及人类社会整体的深层次理解。

第二，道德认识是以善、恶、应当、失当等价值范畴为评价手段的。上述三种关系虽然本身并不必然是道德行的，但当它们一旦作为道德认识的对象时，它们就被主体运用上述价值范畴作为手段而加以区别、分类、认同或排斥。这就是说，由于它们处于特定的关系中而被道德化了。

第三，道德认识还是一种评价性的认识活动。这就是说，道德认识中包含着主体的主观情感、意志和态度，它的对象、手段和目的同主体的需要、利益紧密相连，带有明显的情绪性、评价性，当然，这并不排斥道德认识的知识性，它也可以确定客观事实，帮助人们了解和掌握社会行为准则、应当或不应当的标准，使主体将自身的需要与生活秩序的要求统一起来。这些知识都具有客观性，但它们是关于主体如何识别环境、认清其与对象的价值关系的知识。

第四，道德认识将预见和指导包含于自身，使它们成为自身发展的两个必不可少的环节。任何认识都有预见功能，但道德认识尤为明显。道德活动正是以这种预见为前提而展开的。很显然，没有预见，就不会有道德约束。因为道德约束不在于惩罚，而在于避免恶行，只有在对人们行为的可能性的规律有了一定的认识后，才能推断出在今后相似情况下所可能出现的行为，才能将准则、规范、舆论等加之于他们之上，从而防患于未然。道德预见在个体生活中可以展现人的发展远景，作为具有理想性的东西，激励人们去为实现这种预见而努力。道德预见在人与人的关系中，常常表现为以己度人、推己及人。这是道德认识的必要环节及其发挥效能的重要依据，己所不欲，人也可能不欲；己之所欲，也可能是人之所欲。通过这种特殊的道德认识和预见，实现人与人之间心理和行为的沟通。然而，道德认识的核心目的不仅限于预测未来，更重要的是为了更有效地引导个人及他人的行为。这种将预见能力与行为指导相融合的特点，彰显了道德认识的独特价值和实践意义。

第五，道德认识还是在价值关系中进行的或受价值关系制约的认识活动。这具体表现在道德认识活动首先要受到对象的意义的制约。现实情况表明，能够进入主体视野并为主体所把握的，往往是对象那些引起主体注意和感兴趣的行为的某种特征、结果的某种意义及其某种品质,否则便可能为主体所忽视。道德认识也要受到认识的情境的影响。这种人际情境可以是一种心理氛围,也可以是某种人际关系,还可以是周围人的观念、态度和看法等等。道德认识能否顺利地展开自己的活动,认识情境的性质起着相当大的作用。

综合上述可知,道德认识在把握对象、认识客观世界的过程中,首先,道德认识实现了对道德对象的内在化。这一过程涉及将道德对象纳入"与我相关"的认知框架内,以此理解道德发展的必然性,形塑个体的观点、信仰乃至理想,构建其道德人格。其次,道德认识实现了对对象的道德化处理。这包括运用善恶、应当与不应当等概念来对对象进行鉴别、评价和选择,将其纳入个人的价值体系,以区分其价值特性和层级。而这一切,道德认识始终是以观念为范围的,是一种观念性的反思和比较的主体性活动,是主体的一种价值取向活动。

(二) 个体的道德情感活动

个体的道德意识活动不仅表现为理性的认识活动形式,而且还表现为情感体验的活动形式。在道德的范畴内,认识与情感往往密不可分,道德认识深深植根于情感之中,而道德情感也始终建立在一定的认识基础上。这种情感与理性的和谐结合,构成了道德的一个核心特征,即情理相容和情感与理性的融合。但是道德认识和道德情感毕竟是两种类型的活动,有其各自的特征和内容。个体的道德情感,作为一种独特的精神体验方式,反映了他们基于特定利益关系对世界(包括他人、关系和活动)的感受以及对自身情绪的理解和控制。这类高级情感在人类道德心理中扮演着至关重要的角色。它不仅是推动道德行为和实现道德目标的核心力量,同时也是个体自我成长过程的关键要素。道德情感深刻而活跃,它在道德行为中发挥着推动和引导作用。例如,同情心驱使个体关注他人的福祉,而羞耻感则促使个体避免不道德的行为。这些情感不仅影响个体的道德决策,还影响他们的社会互动和个人发展。个体的道德情感是他们理解和应对世界的关键心理机制,指导着他们的道德行为,并促进他们在道德方面的成长和自我完善。通过理解和培养这些道德情感,可以促进个体的道德发展,进而对社会道德环境产生积极影响。

总之,个体的道德情感是道德意识的核心组成部分,同时也是构成个体道德品质的关键因素之一。这种情感的发展并不仅仅依赖于道德认识本身,而是在道德认识与个体的世界观、人生观、道德理想相结合时才得以充分发展。道德情感的形成过程首先始于道德认识——对道德规范和原则的理解。然而,仅有道德认识并不足以产生深层次的道德情感。仅当个体的道德认识与其更深层的信仰和理想——例如世界观和人生观——紧密结合时,他们才会对特定的道德关系、行为或人格产生情绪上的反应。这些初步的情绪反应随后逐渐发展成为稳定的道德情感,从而对个体的道德行为产生影响和指导作用。道德情感不仅仅是对道德认识的情绪化体现,它是个体对道德规范和原则的深层次、情感化的接纳和内化。这种情感化的内化过程使得道德成为个体行为的自然和本能的一部分,从而在很大程度上稳定并促进了个体的道德行为和品质的形成。因此,道德情感不同于一般的情感。对于个体道德情感活动的性质,可以从以下几个方面来把握:

第一,个体道德情感活动是个体对道德必然性的体验。如前所述,情感不同于情绪,情绪随感而发,情感则需长期积累而成;道德情感是人类高级情感的一种,形成于人们对道德规律的长期体验。这种情感是基于对道德规律的认识和体验,反映了人类社会发展的本质和道德完善的需求。道德情感不仅深植于每个人的自我完善过程中,也随着社会和个体的发展不断演变。因此,个体道德情感像不断燃烧的火焰,不停地体验道德规律,不断地丰富和深化自己。

第二,道德情感在对人类需求和欲望的调节与引导方面扮演着重要角色。由于道德情感蕴含较多理性元素,它在受理智控制的基础上,能够有效地调控个体的需求和欲望。同时,道德情感的本质与人的需求和欲望相近,使其在控制欲望方面的作用往往超越纯粹的理智。这种情感的存在,有助于平衡个体的理性思考和情感驱动,从而在保持个人行为符合道德标准的同时,也满足内在的需求和欲望。以情约情,则常常持论公允,适可而止,更有利于人的全面发展。道德情感活动还不只是对人的需求和欲望的约束,它更是"内得于己,外施于人"的能动过程。道德情感将道德的必然性转化为个体内心的道德要求,这种转化通过情绪如喜悦、愤怒、悲伤和快乐实现。它通过调节个体的情绪活动来培养道德品质,同时还涉及将情感投向他人并使他们受益。道德情感活动是这些要素——情绪的转化、道德品质的培养以及对他人的利益——的有机结合。这种活动不仅涵盖了个体对自身道德发展的内在需求,也包括了对社会和他人的责任和关怀。

第三,道德情感活动追求"发而中节",即实现适度和恰当的情感表达。情绪反应和各种主观需求源自人的内在需要,本身不带有善恶的属性。关键问题在于个体的情感表达是否得当并符合社会道德的标准或道德的固有规律。那些与道德准则一致的情感表达被视为道德的，而与之相反的可能被认为是不道德的。道德行为的目标在于引导人们使其情感与道德的必然性保持一致，恰当地表达情感，同时避免不适当的情感爆发。简而言之，道德情感活动就是根据道德标准，克服不恰当、不合理的需求，以适当的方式表达情感。

(三) 个体的道德意志活动

在个体的道德行为中，除了认识和情感方面，意志活动也起着关键作用。道德意志体现为个体在执行道德义务时的积极实践态度，包括自觉设定目标、主导行为以及克服障碍等意识层面的表现。道德意志不是一个实体，而是一种功能或活动。我们无法从意识中分离出一种独立的实存的叫作意志的东西，因而道德意志本身既是诸种意识成分如认识、情感相互作用而形成的，又与道德认识、道德情感密切联系、相互渗透。但道德意志高于道德认识和情感，道德意志不仅不满足于反映客观世界，也不停留在静观和沉思之中。道德意志是一种特殊的精神活动，或者可以说是一种内在的行为，旨在通过心理过程促使世界发生某种正面变化。道德意志总是围绕着高尚的目标展开，并驱使个体调动所有道德资源以实现这些目标。其核心在于对现有道德水平的不满意，同时认可现状并力求超越，不断追求更高的道德境界。在这个过程中，道德意志持续促进个体的道德成长和自我提升。因此，如果将道德认识和情感视为主体内在的无形活动，那么道德意志则体现在从内心意识到外在行为的转化过程中。所以黑格尔说："理智的工作仅在于认识这世界是如此，反之，意志的努力即在于使得这个世界成为应如此。"从道德意志的这种实践本性中，可以看出它有如下几个重要规定性：

第一，自主性。西方中世纪著名宗教哲学家托马斯·阿奎那曾经把意志说成是"理智的欲望"。我国哲学家也指出："意者，心之所发也，有思量运用之义""志者，心之所之。之犹向也，谓心之正而全向那里去。……一直去求讨要，必得这个事，便是志。"这就是说，理智和意志是密不可分的。理智和意志的统一，意味着意志活动是自主的活动。所谓道德意志的自主性，是指道德意志的活动是主体自己的活动，是主体以求善避恶为特定目的的活动。因此，道德意志活动的核心在于其目标，这一要素是通过主体的理性思维赋予其意志的，也构成了道德意志作为一种实践性精神活动的基本特质。然而，道德意志的目的不是普通意义上的目标,而是以善为核心。因此,以追求善为目标的意志活动定义为道德意志活动。目的的性质可以有高低、贵贱之分。那些追求低俗或微不足道目标的意志活动被视为不道德的。同时,如果达到善的目的是被动的或无意识的,那么这种行为也不被视为真正的道德意志活动。道德意志活动要求主体有意识地、积极地追求高尚的善,这种主动和自觉的追求才构成真正的道德行为。所以,求善和避恶是道德意志活动自主性的两个方面。孔子说:"苟志于仁矣,无恶也。"而无恶也就是善。恶,作为善的反面,代表着对道德意志目标的干扰和破坏,实际上是剥夺了道德意志活动的自主性。因此,避免恶行就意味着摆脱这种干扰,保护道德意志的独立性,克服无意识的行为,以实现善的最终目标。

第二,自决性。意志与理智又有区别。理智要发现对象、描述对象,而意志则要改造对象,或占有对象,或克服对象。因此,意志不仅是主观领域里的东西,而且要从主观进入客观,实现主体的目的。意志的这种特殊功能就构成了道德意志活动的第二个规定性,即自决性。所谓的自决性,指的是个体自主做出选择的能力。这种决策不仅是道德意志的关键活动,也构成其基本特质。自主决策既是一项艰巨的责任和使命,也是意志的道德属性。正是有了坚定自信的道德意志,人才能勇敢面对残酷的现实,坚持自己的立场,在生活的洪流中不随波逐流,因为道德意志使主体深知:"人唯有通过决断,才能投入现实,不论做出对他来说是怎样的艰苦。"越是复杂的难以决断的情况,越需要意志的自决。有的丧失道德意志的人,常常听从命运的安排,把服从命运视为美德。他们生活的信条是:愿意的人,命运领着走,不愿意的人,命运拖着走。他们也常常习惯于把自己的活动交给他人或权威去安排,按照别人的决定去行动。与此相反,一个具有道德意志的人,总是把自我决定看作不可推卸的职责,看作一种既带着无限艰辛又充满胜利希望的开端。从这个意义上讲,道德意志的自决性也即人的主体性。但是,自决又必须建立在主体的明察、深知的基础上,是一种根据对道德必然的历史发展规律认识而做出的决定,因此又是理智的决定、审慎的决定。所谓审慎,是一种道德的明智,自古就被视为一种德行。审慎使意志对利弊从宏观上进行权衡,着眼于长远的目标、理想的境界,把每一次自决都看作道德攀登上的一个阶梯,看作个体道德完善活动的一个重要组成部分。

第三,自律性。道德意志不仅仅是康德所描述的不含任何经验的"善良意志",它实际上是知识、情感、热情和理智的综合体现。这种意志融合了感性和理性要素,但又不完全等同于它们。它基于主观,却超越了纯主观,构成了主观与客观、主体与对象、现实与理想之间的联结点,是道德意识结构中最高层次的表现。道德意志作为个体实践的一部分,追求个人欲望的同时,也能适时地约束这些欲望。这种自律性的活动体现了个体在追求个人欲望与遵循道德规范之间寻找平衡的能力。道德意志不是简单的欲望追求,而是在个人欲望和道德责任之间进行自我调节的过程。这种自律性是个体在道德发展中实现自我完善的重要机制,确保了个体的行为不仅符合个人的内在欲求,同时也符合社会道德规范。道德意志活动的自律性包括这样一些层次。首先,它在必要时可以自己约束自己。道德意志是自主、自决的意志,它的本性是以主体的身份发号施令的,而不愿受到约束和限制,但它又是理智的,理智使主体确信自己的活动并非总是求善或最利于达到善的,有时甚至是盲目的、危险的,因此,必须加以限制。这种自律性的限制必须来源于主体自身的意志,因为外在的限制与意志的本质相悖。这实际上是意志对自己的立法,是自我约束的过程。其次,作为一种实践精神的活动,道德意志致力于改变客观世界和主体自身的内心世界。为了转变客观世界,意志需要通过外在的行为来体现;而为了改善主体自己的内在世界,必须依靠个体意志的自律来保持其独立性、尊严和纯粹性。这种自律不仅是道德自我管理的表现,也是个体在道德发展中实现自我完善的重要途径。当然,这里讲的意志自律,不是排斥主观情感,而是将情感纳入意志自身之中,使意志自身获得勃勃生机,同时主观需要也通过意志的自律而化为自律精神。最后,道德意志活动实质上是主观与客观、个体与群体间的统一过程。尽管个体意志和群体意志在性质上有所不同,且作用方向常常相异,但它们并非简单对立。个体意志追求个人目标,而群体意志专注于共同目标。这种矛盾经常导致个体意志需要做出妥协,这虽然看似受他人影响,实则是个体意志从特殊走向普遍的自律过程。群体意志是众多个体意志的集合体,展现了意志活动的普遍性和必然性。个体遵从群体意志,实际上是在顺应自己的普遍意志,认同并遵守道德的必然规律。在这个互动融合的过程中,个体意志从自我中心向更广阔的社会视野转变,这不仅提升了个体意志,也促进了个体在道德发展中的自我完善。在一个合理的社会中,由于个体同群体的一致,个体必然会体认群体意志,并将群体意志纳入自己的意志之中,构成与群体意志相协调的真正个体道德意志。意志自律的这三个层次,都说明意志自律的活动过程,实际上也就是意志主体借助意志力量进行自我控制的过程。正是意志的自律性,使道德意志活动成为有确定方向的有序性活动。

第四章 新时代公民道德建设面临的挑战

中华人民共和国成立以来,我国的公民道德建设体系不断建立健全,逐步形成了具有中国特色的公民道德建设体系,尤其在改革开放后,经济社会的快速发展使公民道德建设取得众多成就,公民道德素质明显提高,形成了良好的社会风尚。如今,中国特色社会主义进入新时代,国际国内形势深刻变化,我国的社会经济和文化生活多元化、复杂化,经济社会发生了深刻变革,而市场经济规则、政策法规、社会治理还不够健全,网络化、信息化的快速发展带来不良思潮和有害信息,使我国在道德建设领域面临很多现实问题,给社会道德治理带来严峻挑战,对公民道德建设提出新的要求。我们务须重视社会主义公民道德建设,使社会主义精神文明建设迈向新台阶。

第一节 物质利益追求与精神道德建设摩擦和错位

在新时代,社会经济快速发展,人们的生活水平不断提高,对物质利益的追求也日益加剧。然而,过度追求物质利益可能导致人们忽视精神道德建设,从而引发一系列社会问题。一方面,过度追求物质利益可能导致人们价值观的扭曲,把金钱和物质享受作为生活的唯一目标,忽视了道德、情操和精神追求。这种价值观的扭曲在一定程度上导致了社会风气的恶化,如诚信缺失、道德沦丧等现象。另一方面,物质利益追求与精神道德建设的错位可能导致人们在面对道德抉择时,往往优先考虑个人利益,而忽视社会公益和道德责任。这种现象不仅损害了社会公正,也削弱了社会的凝聚力。

一、社会主义市场经济规则不够完善为社会公民道德建设带来挑战

经济基础决定上层建筑,上层建筑对经济基础具有反作用。公民道德作为一种意识形态,能够映射出社会的发展概况,这也就要求健康向好的公民道德建设需要良好的经济基础作为物质支撑,同时,良好的社会道德风尚会成为经济社会持续发展的有力帮手和精神支持。目前我国处于社会主义初级阶段,在基本经济体制的基础上实行市场经济,对社会主义道德建设提出了新要求,其中也折射出公民道德建设过程中存在偏颇的问题。

20 世纪 70 年代末,我国经济体制发展重大变革,由过去的计划经济向社会主义市场经济体制转变,国家的工作重心由阶级斗争为纲转变为以经济建设为中心,这激发了人们对物质的需求,同时,人们的精神需求也随之发生改变,对社会公民道德建设产生影响。

在党的十一届三中全会后,我国确立了社会主义市场经济体制,当时我国的主要任务是解放和发展生产力,实现由以往高度集中的计划经济向市场经济转变,社会主义与市场经济相结合是中国共产党的理论创新,也是改革开放后我国在经济建设上取得辉煌成就的主要推手,人民生活水平大幅提高,综合国力大幅增强,说明在我国推行市场经济是正确的,市场经济最本质的特征就是发挥市场在资源配置过程中的基础性作用。中国特色社会主义进入新时代之后,党明确指出要构建高水平的社会主义市场经济体制,我国的市场经济经历了由建立、完善再到高标准发展的不同阶段,经济制度的变化发展,使得公民思想随之发生改变,市场经济存在的功利性、竞争性使得物质利益的矛盾更为突出,进而驱使道德偏颇现象层出不穷。

第一,社会主义市场经济体制下效率与公平的关系使公民的精神道德产生偏颇。作为社会主义国家,大力发展经济不仅要提升综合国力、提高国际地位,最终目标是要实现人民的共同富裕,这就意味着大力发展生产力的同时还要兼顾效率与公平的关系,在公民眼中,"公平"成为最关心的话题。在计划经济时代,国家通过对经济的计划和控制,以实现资源的合理分配,兼顾公平的原则下生产效率低下,但公民对于经济生活的多样化需求较小,生活水平差距小,从经济地位上来讲,公民之间是公平的,公民的道德价值认同基本一致,社会道德和社会风尚整体较好。实行市场经济后,社会利益结构的变化使得经济成分、就业方式、分配方式也发生了改变,经济的快速发展要求更加注重效率,从经济地

位上来讲,公民的经济地位不再平等,出现公民财富分配不均衡、贫富差距大、获取利益方式多元化、生活需求多样化等现象,公民对于利益的欲望逐渐强化,意识形态在潜移默化中发生改变,人们对价值的判断标准发生变化,甚至用经济衡量道德。在实行社会主义市场经济的过程中,公民收入差距加大导致公民道德失范的概率增加,对于收入的不公平、不均衡引发焦虑、嫉妒等心态,进而触发一些突破道德底线的行为,使精神道德产生偏颇。

第二,社会主义市场经济规则的弊端和缺陷使公民产生不良道德行为。市场作为一种利益导向,其本身就存在诸多不足和弱点,如市场经济规则不合理、宏观调控不及时、监督体系不完善等,这对市场竞争环境、市场竞争秩序带来影响。作为商业者,面对获取利益的巨大差距导致内心的不平衡,就会违背社会主义市场经济的基本原则,向他人出售假冒伪劣商品,从事不法贸易、偷税漏税、缺斤短两、欺行霸市、坑蒙拐骗等商业行为,不道德的市场竞争关系使得公民道德开始滑坡,损害社会和他人利益,阻碍经济发展,破坏社会和谐。

二、义利关系的失衡对社会公民道德建设带来不利影响

道德与经济两元论产生不良影响。衡量物质利益与精神道德之间的关系,究其根本,便是"利"与"义"之间的关系,那么物质利益与公民道德是否应该割裂开来看呢?我国自古就有着重视道德而轻视经济的思想,在 20 世纪 50 年代末,人们将政治与道德相联系,忽视了道德与经济发展的联系,使道德与经济被彻底割裂,由此,产生了经济与道德的"两元论"。有人认为发展经济就是言利,使利与义对立,但在道德上看经济,利益是庸俗的,要用道德去牵制和约束经济的发展,由此,有人认为发展经济就要牺牲道德,但这种割裂的思想是错误的,而经济与道德之间是相互依存、相互转化的。我国自古便有"义者,利也""义者,国家人民之大利也"的思想,更说明了义与利之间是相互渗透、密不可分的。道德是一种人与人之间的社会关系、利益关系的组成,而我们讲的利益包括了利人和利己,一方面要求我们要为人民谋利益,另一方面还要为国家与社会谋利益,关心国家的发展,但在谋求利益的过程中,市场经济体制本身所存在的缺陷使得一些不良的道德问题出现,这就使经济发展与道德观念的联系更为密切,所以"利"与"义"二者不可分割地存在着,物质利益与精神道德是相互依赖而存在着的统一体。

那么,我们如何判断一个人在谋求利益时的行为是否合乎道德呢,我们并

不能说,一个人谋求经济利益就是彻底违背了道德的发展,从前面的内容来看,我们认为经济与道德之间的关系是相互依赖而存在的,所以人在谋求利益时要遵循道德观,同时也要注重经济发展对道德观形成的重要作用。在社会的生存发展中,经济基础决定上层建筑,所以在道德建设中要注重经济的发展,并且要使道德建设更好地服务于经济发展。所以,我们要从谋求利益的目的与手段出发,考虑经济与道德的整体关系,从而判断求利行为是否顺应道德发展。

纵观我国,经济的快速发展提高了国民生产总值,人民的物质生活得到改善,2020年我国实现了全面脱贫,新时代下的中国仍以共同富裕为目标,向着建设社会主义现代化国家的目标迈进,那么一个国家和民族所取得的进步,是否要以国民生产总值和个人收入为标准去判断呢?换句话说,物质利益与精神道德,究竟何者才是真正衡量社会进步的标尺呢?托夫勒说:"进步再不能以技术和生活的物质标准来衡量了。如果在道德、美学、政治、环境等方面日趋堕落的社会,则不能认为是一个进步的社会,不论它多么富有和具有高超的技术。""几乎没有一个人主张仅仅以国民生产总值和个人收入为标准去衡量一个国家或一个民族的进步。"所以,不能以金钱和占有量去衡量个人、民族和国家的进步,这是一种错误的思想。而当前社会,以金钱作为价值判断标准的思想仍然存在。伯利克里讲道:"至于贫穷,谁也不必以承认自己的贫穷为耻;真正的耻辱是不择手段以避免贫穷。"将金钱拥有量作为评判人的价值尺度从来都是正常存在的社会现象,同时反映出人也被物欲所物化了。

历史上从没有人认为金钱、地位的高低是衡量道德水平的标尺,但是道德也会因为人们对金钱的欲望而发生改变。正如市场经济的发展使人们的物欲激发,价值判断标准也随之发生改变,这种改变使得金钱和权力在价值体系中占据着更加重要的地位,那么,"义"与"利"之间的关系该如何处理呢?在中国传统德行论中对二者关系有过说明,孔子曰:"先义而后利者荣,先利而后义者辱。"(《荀子·荣辱》)"故义胜利者为治世,利克义者为乱世。"(《荀子·大略》)可见,在古代社会,"义"占据主导地位,在谋求利益的过程中要符合道德标准,而如今,社会中物欲横流、钱权至上的思想侵蚀了人的道德观念,无法正确厘清"义"与"利"之间的关系,出现了见利忘义、唯利是图的现象,甚至为了个人利益不惜牺牲他人利益、民族利益乃至国家利益,这是道德缺失行为,更是失去了道德底线。

第二节　不良思潮泛起与价值理想的失落

21 世纪以来,我国逐渐形成对外开放的新格局,积极地向其他国家学习科技、文化等领域的先进经验,尤其在我国进入新时代,将面临更为复杂的国际环境。网络媒体快速发展,全民使用互联网的背景下能够更快地接收世界各地的信息,随之而来的,大量国外的文化思潮涌入我国,虽然拓宽了信息渠道,开阔了公民视野,但这些文化内容良莠不齐,对我国的意识形态领域带来了新挑战,对公民道德建设带来新考验。

一、拜金主义

拜金主义是指人们将金钱"神圣化"的崇拜观念,起源并发展于资产原始积累时期,拜金主义者将金钱看作统治一切的根源,通常用金钱衡量人的价值与社会地位高低,并在参与社会生活中热爱对金钱财富的追求,将其视为生活的全部理想,将一切事物进行"物化",甚至成为判断是非的标准。

拜金主义产生于 16~17 世纪,这种思想多受资本主义国家追捧,它们认为金钱至上,为金钱赋予了某种魔力,让金钱成为生活、工作,甚至个人价值实现的衡量尺度,使人们开始产生对金钱的攀比心理,忽视道德与法律底线,并且使人与人之间的沟通交往不再单纯,而是掺杂了更多利益关系。

改革开放后,我国实行社会主义市场经济,道德观念随着物质欲望的增加也发生了变化,社会中缺少对形成道德观念的正确引导,在新时代背景下,我国文化的开放包容性和网络技术的发展,各国间信息互通,这种拜金主义思潮流入我国,对我国公民的道德发起挑战。

在社会主义市场经济下,有的人不顾个人的良心和公正,只为追求和实现个人利益最大化,对金钱财富的追求抹杀了道德观念,这些腐朽思想逐步蔓延,出现违法犯罪行为,甚至漠视法律法规,在触犯法律的边缘游走,最后发生有失道德行为。

二、享乐主义

享乐主义最早产生于古希腊时期,其认为人类能过的上等生活应当是持续享受的,应尽最大可能减少痛苦的日子,表达了对美好生活的一种追求。所以,享乐主义的具体含义是指为了逃避眼下的灾难、痛苦而选择享受快乐,即"趋乐避苦"行为。但随着社会发展,人们对享乐主义逐渐过分解读,享乐主义功利化,将享乐变成了从人的本能出发,满足人的生理需要,一味追求物质、感官的快乐,享受生活的满足。

享乐主义的产生是伴有一定条件的,在原始社会时期,人们还无法解决温饱问题,只能依靠劳动力在自然界中获得食物,这时人们的需求只是填饱肚子,满足基本的生存需求;后来,随着资本主义的确立,人类的财富增多,开始有了剩余资产,这时人们才有足够的钱和心思去思考除了生存以外的事,能够享受物质生活,挥霍金钱,使享乐主义成风。资本主义也将这种享乐看作是一种价值态度,是人们应当追求的价值目标。

西方的享乐主义带来的不良影响,使人们只顾及当下的利益以及贪图享受,不能使精神生活得到满足;只享受个人的感官刺激,享受当下奢靡腐败的生活,不重视培养道德情操和个人价值实现。

三、极端个人主义

在不同国家,"个人主义"有不同的释义,在国外,极端个人主义是一个中性词,它是指个人利益与个人支配的一种社会哲学,是资本主义最核心的思想观念。在我国,其汉语释义则带有贬义性质,是指以个人利益和个人意愿出发,以自我为中心、以他人和社会为手段的思想体系。

那么,"极端"个人主义,就是指个人主义更为极端甚至病态的表现,以个人为中心的思想态度更为严重,将个人与集体的关系割裂,突出自我,与拜金主义、享乐主义形成三位一体的关系,极端个人主义是前二者更深层的根源,前二者则是极端个人主义的具体表现。极端个人主义者非常注重个人利益得失,最主要的表现就是在利益面前会优先考虑自我,更有甚者对金钱欲望膨胀,为了满足自己的私人欲求,不顾及他人与社会的利益,通过各种手段以达到个人目的,并产生可能危害社会利益、损害社会道德等行为,从而破坏民族团结力、国家凝聚力。

拜金主义、享乐主义、极端个人主义所产生的危害是不容小觑的。我国进入新时代后,经济生活发展了变化,人们对物质利益的追求观念发生转变,再加上我国相关法律法规和制度尚未建立健全,被各种不文明、不道德行为"钻了空子"。

其一,个人道德滑坡。有的人只想得到更多的物质财富和更高的社会地位,而忽视通过劳动等正常手段获取利益,只想使收获大于付出,且只计较个人得失,不关注集体所得,缺乏集体责任感,社会责任心丧失;注重名利而忽视服务于他人与社会,理想信念缺失,不思进取,从而滋生落后思想、懒惰思想。

其二,发生滥用职权的行为。我国进入新时代,依旧坚持反腐倡廉,坚持打赢反腐败斗争攻坚战持久战,但仍有人为满足个人需求、实现个人利益的最大化,而发生以权谋私、权钱交易等行为。虽然,在我们党和国家的公务员队伍中,腐败分子只占少数,但其影响力极大,这些行为不仅葬送了自己的前程,还会损害他人与社会的利益,败坏了社会风气,引起广大人民群众的极大不满,严重地损害了党和国家的名誉和形象,最终与党和人民背道而驰。

其三,个人纪律松垮,违背社会规则。人们对于物质的追求愈加强烈,就会不择手段获取利益,忽视道德底线,做出不利于他人、集体的行为,主要表现为违反纪律、漠视社会规则,对不利于自身的政策视而不见,更甚者会违反法律法规,从而造成严重后果,降低公民的整体道德水平。

一些不良思潮,还会阻碍继承和发扬我们自己的民族文化,对中华传统文化的自信与发展产生冲击,使国民失去民族自信与文化自信。上述危害将会严重影响我国的社会主义精神文明建设,我们要持坚决抵制的态度,必须树立正确的观念,从我国所处的社会环境和所担负的历史重任出发,让群众自觉抵制各种错误思想,积极培育和践行社会主义核心价值体系,坚持新时代道德观念。

第三节　网络媒体发展与道德滑坡的失范

新时代背景下的中国在科学技术上取得突出成就,尤其是网络信息技术的更新迭代使社会发展日新月异,5G 时代的到来便利了人们的生活方式,网络成为民众获取信息与传播信息的主渠道,人们通过网络发表自己的意见与态度,网络成为现实世界与虚拟世界的结合场域,与此同时也带来了麻烦,对公民的道德约束提出新的要求。

网络意识形态安全是公民道德建设的重要内容,抓好网络意识形态安全工作有利于社会秩序稳定、国家长治久安,更是提高公民道德水平的必然要求。但由于网络交流主体身份具有隐蔽性,通过对方的昵称、头像等信息无法确定对方的真实身份,从而使一些人在网络中戴上"面具",做一些有失道德的事情。所以,网络中存在一些容易忽视的道德问题,例如:通过网络传播不良信息、虚假信息进行网络造谣;网络版权受到侵犯;网络上的个人隐私泄露或被他人盗用,对个人现实生活产生影响;网络色情产业链出现,通过网络出售淫秽物品,诱导未成年人;网络暴力频频发生,甚至威胁他人生命安全;通过网络进行虚假宣传,出售假冒伪劣商品等等。除此之外,西方国家也会通过网络渠道向我国传递不良信息,以此扭曲历史事实,形成历史虚无主义,对公民的价值观产生威胁。因而,随着信息媒体的快速发展,信息网络构成的虚拟世界成为道德问题频发的重要场域,网络道德问题已经透过了屏幕,渗入公民的正常生活中,扰乱了社会生活秩序,影响道德发展。

一、计算机网络带来的道德问题

计算机网络推动社会的进步,使公民生活更加便利,但公民道德也发生改变,既有利也有弊。网络所带来的道德问题不容小觑,从国内外的实践看,当今计算机网络技术引起的道德问题主要有以下几个方面。

(一)网络知识产权受到侵犯

尊重和保护网络知识产权是当下非常热门的话题,也是值得关注的网络道德问题。由于信息技术的发展以及用户信息的隐蔽性,不需要劳动和成本代价便可以得到需要的东西,借用和复制他人软件、个人作品等等,这些行为都成为轻而易举的事。例如:通过网络侵犯他人的著作权,对他人的作品内容进行复制、粘贴,并将之改为自己的作品;通过网络侵犯他人的商标权,商家通过网络销售商品时,假冒其他品牌商标,借其他品牌的口碑进行宣传,偷梁换柱销售自己的假冒产品,或者对于已知是假冒注册的商品依然通过网络进行售卖,不顾及商品质量问题,欺骗顾客,有的销售行为很可能会构成犯罪;侵犯他人的专利权,未经他人许可,制造或销售的产品标注他人的专利号,或者用他人的专利号宣传商品,或者伪造专利证书等。以上都是网络知识产权的侵权行为,若是不能及时治理或者得到重视,会打击人们进行开发、创新知识成果的积极性,阻碍社会的知识传播与技术进步。

(二)信息与网络安全受到威胁

在互联网时代,人们通过网上"冲浪"获取信息资源,个人或者企业在网络上的私密信息、知识产权等是网络上的重要信息,信息网络安全也是公民道德建设的重点关注领域。网络信息安全具有弱点,网络数据处理与存储安全时常遭到威胁,导致网络信息被泄露或被伪造篡改等问题,所以信息与网络安全得不到保障。然而,无论个人还是国家,信息都是需要重点保护的资产,有人通过漏洞盗取个人信息、技术、战略机密等等,以此达成个人目的或者以此得到其他利益。随着网络的普及,个人对计算机的使用越来越多,使得网络安全问题更为复杂。有不少个人或企业信息系统受到黑客攻击,黑客利用病毒对网络系统进行破坏以获取重要信息,更甚者通过攻击他人网络获取国家机密、重要情报。尤其是近来还有境内、境外人员通过网络窃取他人银行卡密码、骗取钱财的现象。所以信息网络安全是值得我们重视的问题,也要依靠法律法规、制定安全措施等手段,保障信息网络安全,通过教育宣传等方式让公民更了解信息网络的安全问题,防范问题的发生。

(三)网络隐私权受到挑战

人们在网络上的隐私涉及面较广,其中包括个人基本信息、家庭及好友的基本信息、个人的社会关系、个人消费信息、健康信息、上网偏好,然而这些都是我们所日常接触的,更有一些隐性信息也会被暴露,例如 GPS 定位、个人位置等,这也是容易被我们忽视的个人私密信息。隐私泄露是目前大部分人都会面临的困扰,例如,我们会收到垃圾短信、未知的快递、骚扰电话等等,这些现象表明我们的个人信息已被暴露。

用户的隐私泄露主要有以下几种原因:第一,网络环境易使私人信息泄露。网络中下载软件或者使用过程中需要填写个人信息,而有些软件自身具有安全隐患,用户下载后导致个人信息被泄露,或者通过微信、QQ 等聊天交友软件产生的互动,对他人信息造成泄露、传播等。第二,用户泄露隐私却不知情。许多用户都会接到骚扰电话或收到骚扰短信,然而大部分人都不知道是怎样泄露了自己的隐私,所以在通过一些软件、网络平台填写个人信息时需谨慎。第三,制造商和服务商不负责。移动制造商和服务商并没有保障用户的隐私,制造商并未提供一些保护用户隐私的设置,很大程度上使用户的隐私被暴露。而服务商通过一些 App、网络平台获取用户隐私,如个人偏好、社交情况等等。第四,他人的恶意传播。有人更是利用网络平台对他人的隐私非法传播,这也是一种违法犯罪行为,例如有的人在日常生活中随意拍摄他人的照片、视频等发布到网络,甚至会传播污秽信息等等,而其本人却不知情,这样的情况也时有发生,对本人产生较大的困扰。

在信息化时代,个人的网络隐私易受到侵犯,以下几种情况屡见不鲜:第一,个人的通信内容被侵犯。个人的通话、短信内容被其他人或者黑客用非法手段截取,使用户的信息成为透明;第二,收集他人私人资料赚钱。不良商家或者某些 App 在使用者不知情的情况下,通过后台读取使用者的私人信息,有的人还专门通过境外软件找到贩卖个人信息的渠道,从中找到个人信息转手售出,甚至还以售卖公民私人信息形成了黑色产业链,有些掌握个人信息资料的从业者可能也参与其中,以此获得非法收入。第三,开发和传播侵犯隐私的软件。不少软件通过非法手段获取私人信息,让用户信息在不经意间被"偷"走。近年来,我国工信部通报过上百款涉及侵犯用户隐私的 App,通过弹窗、骚扰用户、非法收集用户信息等方式获取私人信息,这些软件的传播使用,使公民的个人信息泄露或个人隐私受到侵犯。第四,网络遭遇黑客攻击。网络黑客通过软件、网址等非法手段入侵他人计算机,尤其没有建立安全防御措施的计算机更容易遭受黑客的入侵,以此窃取信息。网络黑客入侵方式有如下几种:利用公民的好奇心,通过发布带有病毒、木马等恶意软件诱导用户点击下载;伪装成熟悉的软件或者官方网站,获取他人的信息;使用程序或者工具,以强制方式进入他人计算机,以此破解账户密码和窃取他人的个人资料,侵害他人隐私权。第五,不经意泄露个人或他人隐私。在信息网络兴起之后,许多人是没有信息网络安全意识的,对网络信息安全不以为然,在使用网络的过程中,对个人信息、他人信息在不经意间泄露出去,尤其是年龄较大的使用者,对网络使用不熟练,更是缺乏个人隐私保护意识,被骗的情况时有发生。例如,有人将他人的私人信息在网上公开,有人搞恶作剧,将他人的私人资料通过微信、QQ 等聊天交友软件随意发布,更有甚者通过获得老年人的信任,骗取老人的信息,通过网络盗取老人的钱财等。第六,不良信息的散播。通过网络传播色情、淫秽、恐吓等不良信息,对他人的生活带来困扰和负面影响,给他人的精神状态带来压力,尤其是不利于青少年的健康成长,对人们切身利益带来直接影响。

(四) 网络的开放性、超地域性加剧了道德冲突

网络信息的传播已不再受地域的限制,其门槛低、包容性高使得不同地区的文化都进入了网络,而不同地区有着不同的文化背景,通过网络进行思想文

化的交流碰撞,同时,也造成了不良信息的入侵,使人们对网络道德有了一些不清晰的认知差。例如,其他国家可以通过网络发布一些大尺度的影片或杂志报纸信息,但在我国是不被允许的,再例如,其他国家使用的一些软件在我国也是不能发布的,但是部分人为了满足猎奇心理,通过各种方式得到相关资源。

(五)网络社会的虚拟性加剧了道德情感冷漠

网络本身具有虚拟性,人们通过网络设置自己的多重身份,获得网络中的虚拟朋友,在网络世界中有着自己的虚拟生活,一是可以满足自己在现实世界中无法满足的需求,或者以另外一种身份开启全新的生活,在网络中,别人无法了解现实中的自己,也能摆脱现实生活中所带来的困扰;二是通过网络平台,让自己在现实世界中的情绪得以发泄,缓解现实生活带来的种种压力,例如工作、生活、人际交往等,通过网络缓解这种心情。凡事皆有两面性,随着时代的发展,人们越来越放不下手中的手机,离不开网络游戏等,不管是亲戚朋友相聚的茶余饭后,还是工作间隙的"摸鱼",网络成为人们进行交流感情的新型方式,但同时也拉长了人与人之间的沟通距离,现实情感缺失,对亲人朋友的关心减少,父母无心管教自己的孩子,甚至还出现一些网瘾少年对父母打骂的现象,这些都使公民道德水平逐渐下滑,对公民道德建设带来困扰。

(六)网络世界的不平等性对传统文化构成极大侵害

不同国家的各种文化形态、思想观念通过网络交织汇聚在一起,但是不同国家的意识形态是不相同的,发达国家与发展中国家的信息存在着差距,这对我国的意识形态领域造成了一定困扰。信息输出国家与接收国家之间存在着不平衡的特性,不同国家的社会价值观是不同的,而对其他国家进行文化输出,对其他国家的意识形态领域带来了一定的冲击,甚至形成文化同质的情况。例如,网络中使用最多的语言是英文,而中文使用频率仅占 1.4%,这也能看到其他国家的意识形态和文化的扩张,是一种通过网络在无形中进行的"文化殖民"行为,所以考验了公民对价值是非判断能力,从而挑战着公民的道德观念。

二、主体失落与网络沉溺

在网络世界中,信息过载已成为一大挑战。面对海量的信息,人们往往难以做出明智的选择。这使得网络主体在追求便捷与个性化的过程中,容易陷入迷茫与困惑。在网络世界中，人们通过虚拟身份进行交流与互动。然而，过度依赖虚拟身份可能导致现实身份的异化，使人们在现实世界中失去主体性。网络社交平台虽然拉近了人们之间的距离，但过度追求社交认可和关注容易使个体陷入"点赞陷阱"，导致主体性的失落。长时间沉浸在网络世界中的个体，大脑会逐渐适应网络环境，产生对网络的依赖。

人们在网络中容易沉溺于购物、游戏、娱乐等板块，从而忽视现实生活中的需求。面对现实生活中的压力与困境，许多人会选择进入网络世界寻求解脱。这种心理驱动使人们在网络中越陷越深，导致主体失落。

(一) 网络主体自我失落

在网络世界中，网络主体是多维的，可以通过各种方式来表现自己的个性特点，也可以将自己包装成自己喜欢的角色，用网络术语来说，就是为自己的网络形象"立人设"。通过网络既可以展现现实中的"我"，也可以展现虚拟的"我"，网络主体通过网络中的活动环境和具体情况，将人的不同品性在不同程度上进行展现。同时，许多网络主体并不囿于一个"角色"，在网络社会中，主体通常呈现为一种虚拟的数字形态，很多个体在网络空间中拥有多重身份。这些多重身份使得网络主体经常性地进行角色转换，这种转换能充分展现其不同的人物性格与人物角色，并使其通过网络实现价值的展示。然而，网络主体是现实中的人，每个个体都有自己的个性特点，同时还会受到现实社会环境和社会制度的影响，所以，网络主体在网络世界中的角色转换也会受到现实社会的影响。

在网络世界中，如果网络个体沉迷于网络中的虚拟角色扮演和虚拟自我的构建，而忽视了现实生活中的身份和责任，可能导致网络和现实生活之间的脱节。这种脱节不仅可能影响个体在现实社会中的行为和发展，还可能导致网络行为与现实道德标准的冲突。因此，理解和调和网络身份与现实身份之间的关系以及在网络空间和现实生活中保持一致的道德标准，对于个体在现代社会中的健康发展至关重要。

网络世界只是数字化的虚拟空间，与现实社会并不相同。网络虚拟世界是人在现实生活中的一种实践行为，是一种认识对象，但是不能将全部的现实生活和精神寄托置于虚拟世界当中，毕竟，我们无法通过虚拟世界获得满足生存的基本物料，也不可以通过虚拟世界达成现实的人生理想，它并不能支配我们在现实生活中的一切行为及想象。"从这种意义上说,虚拟现实不可能是人面对的最终客体和世界,只能是一种中介世界和中介客体。"我们在网络中进行交流时,并不能知晓对方在现实社会中究竟是谁,虽然网络中每一个主体都是平等的,可以通过网络媒介自由交流,但是我们最终还要摘下网络的"面具",回归到现实生活中。"假面舞会的人人平等只是一种虚假的平等原则。在这个缺少'我'与'你'的世界上,一切都是故事。"

(二) 网络空间促使主体个性逐步趋同化

网络空间自身性质为网络安全发展带来隐患,它具有隐蔽性、即时性、包容性等特点。网络空间的隐蔽性决定了网络主体具有不真实、虚拟的特点,使网络主体冲破道德的束缚、释放自己的个性;即时性决定了网络空间的信息传播速度较快,具有较强的时效性,网络主体能够以最快的速度获取信息及新闻资讯,了解当下的潮流发展趋势等,以参与网络生活;包容性决定了网络空间的活动是开放互通的、网络空间内容是多元的,在网络空间内包含了各种精神文化、各种信息来源等等,网络主体可以通过网络空间,以各种手段参与各种各样的精神生活,使网络主体达到在现实世界中无法获得的精神满足。

从而可以看出,网络空间的发展为网络主体带来了两面性的影响,即便网络空间是虚拟的,但网络主体脱离网络后,是依靠大脑参与社会生活的现实世界中的"活生生的人"。网络个体通过网络使自己的个性特点更加明显,并且网络主体更乐于在网络中发挥自己的个性,但是网络也会使网络主体的个性趋于同步,淡化主体在现实生活中的个性特点。网络空间的出现,在某种积极意义上来说,为许多不能充分参与现实世界的人提供了一个展示自我个性的平台,这部分网络主体对网络世界充满期待。从消极方面来讲,随着网络经验和技能的积累,网络主体越来越多地在网络世界中展示其"真实面目",同时也受到网络社会中全球文化的影响,可能导致个性在广阔的网络文化中逐渐迷失。

个性,作为个人与他人区别的独特品质,通常由个体在特定的社会环境、文化传统和教育中形成。网络社会通过提供广泛的信息,使人们能够共享信息并进行交流互动,通过网络媒介接收世界上的各种文化信息,而个体在现实生活中所接收的带有地域色彩的政治、文化等等,通过网络信息的交流,所接收的信息全球的共同文化,也就使得个体的思想和个性趋于同化。

因此,网络媒体既能够展示主体的个性特点,还对个性发展产生影响,甚至可能导致个体个性的逐渐消解。特别是网络社会中主体的角色转换以及在网络社会中的思想交流和交往,进一步加剧了这种趋势。正如米切尔在《比特之城》中所预言的那样,我们可能变成了能够随时改变形象的电子人。因此,网络社会一方面为个体提供了丰富的表达机会,另一方面也可能削弱传统意义上的个性特征,使个性逐步趋同化。

(三)网络沉溺使网络主体丧失自我主体性

网络沉溺越来越严重,这是社会非常关注的热点问题,而这类现象也多发于青少年之中,不利于青少年的健康成长。所谓网络沉溺,就是指个人意愿与行为被网络所支配,对网络形成依赖,不愿主动参与到现实生活当中,对现实生活中的一切失去兴趣,只愿生活在网络构成的虚拟世界中,使其心理失衡。网络沉溺的主要表现有通过网络参与游戏、进行网络交往、参加网络娱乐、沉迷于网络消费等。网络空间为人们提供了放松和获取信息的途径,但过度沉溺于网络、个体与现实生活脱轨。斯坦福大学黎艾教授的研究显示,大量美国网络用户每天上网时间超过5小时,导致与家人和朋友的互动减少,人际关系变得冷淡。他强调,随着网络的普及,网络主体在现实社会中的交流交往能力可能逐渐退化。精神病专家托尼诺·坎泰尔米也指出,长时间上网可能导致个性变化和自我丧失,特别是在情感方面,网络爱情的虚拟性和诱惑可能使人陷入困境。

网络沉溺还可能导致用户身心疲惫,用户可能不自觉地迷失或沉溺于网络,享受虚拟世界带来的感受,从而与现实世界脱轨。网络使用需要适度,过度依赖可能对个体的心理健康和社会功能造成负面影响。

网络沉溺会产生各种危害:一是产生行为与心理障碍,人的个体长期沉溺于虚拟世界中,会造成与现实世界的脱轨,缺失在现实社会中的自我生存能力,对一些基础交流、基础行为能力丧失,影响人体机能的正常发挥,过分注重网络也会使现实生活的质量下降,影响工作、学习,忽视现实中的个人成长和价值实现;二是失去自我控制力,自我控制力是区别于人体本能非常重要的条件,人一旦沉溺于网络,将无法控制对网络的使用时间、使用程度,生活中大量时间用于网络中,对其他事物的把控能力也会欠缺,使生活不能自律。

网络沉溺通常多发于那些在现实生活中个性内向、遇到困难挫折、对现实生活失去信心的成年人群体,以及存在于管教不力以及心理控制能力较弱的未成年人群体中。网络沉溺的主要表现就是过度沉迷于虚拟社会的交流交往、网络游戏等,网络沉溺的本质就是回避现实生活,逃避在现实社会中的社交行为,对现实中角色逃避,对自我人生不负责任。这种行为不仅导致个体在网络社会中成为信息权力结构的受害者,也意味着个体主体性的异化和自主性的丧失。网络空间权力的异化不仅剥夺了个体的自主决策能力,也削弱了个体的社会参与能力和现实生活的适应能力。因此,对于网络沉溺现象的认识和干预变得尤为重要,以帮助受影响的个体重新找回现实生活中的定位和参与。

自主性丧失会带来更为严重的道德威胁,同时也对本人生长发育带来危害,例如,人的责任感缺失,在丧失自制力的情况下做出冲动行为,且不能意识到自己的行为带来的影响,也不能为自己的行为负责;将现实世界与虚拟世界所混淆,在现实世界中也戴着虚拟的面具,而且对虚拟世界中的角色有着高度的自信,将虚拟人格作为自己的现实人格;虚拟网络消耗了人的大量时间,无法管理自己的时间,没有自控能力,缺乏参与社会活动的时间与精力,失去自主生存能力。

三、网络生态的道德危机

生态是指生物在一定生存环境下的生存与发展状态,我们在现实世界中,需要共同维护良好的生态环境以供人们更好地生活,提高公共生活质量,同样地,网络空间也需要营造良好的网络生态环境。网络空间作为一种新型的人工营造的虚拟环境,为人类提供了一个全新的生存和发展空间,因而,网络环境作为一个整体,可以看作是网络生态系统。

网络生态系统是随着互联网的诞生而形成的一种新型概念,它代表网络空间中各个要素及其相互关系,这些要素包括网络主体、网络信息、网络技术、网络文化、网络政治、网络经济、网络道德、网络法律及网络基础设施等。

网络生态的道德危机是针对数字媒体中出现的一系列对公民道德构成威胁的问题和挑战,主要是由于公民滥用网络造成,网络生态环境受到严重影响,干扰网络的正常运行,对网络安全构成威胁,这种网络生态道德危机主要表现为:网络信息污染和信息欺诈、网络安全问题频出、网络隐私受到侵犯、网络信息过载与信息短缺以及网络文化冲突。

因此,维护网络生态系统的健康和平衡,不仅需要网络技术和法律的支持,也需要加强网络道德的建设和公民的网络素养教育,以促进网络环境的可持续发展和安全。

(一) 网络信息污染与信息欺诈

网络信息污染是影响和污染网络环境的一个严重的网络道德问题,主要包括垃圾消息、垃圾广告、色情淫秽内容、"网络黄流"、网络谣言、网络暴力、虚假新闻、恐吓消息等。这些内容不仅影响网络环境的质量,还威胁网络用户的安全和隐私,对用户的现实造成不可估量的精神伤害,严重影响互联网的健康发展。根据专家估计,在网络文献中的信息垃圾比例高达50%,在某些学科领域甚至达到80%。

网络欺诈则是另一个严重的网络道德问题,是指通过网络技术进行非法的、欺诈的行为,以此获得物质、信息和个人财产。随着网络社会的发展,一些人利用网络游戏、网络交友软件、网络炒股、电子邮件以及社交软件等各种网络平台进行诈骗活动。这些行为本质上是一些人利用自己在网络中的优势地位,凭借对网络的熟练操作,侵犯他人权利,造成了网络权力异化。

这些问题突显了对网络环境进行有效管理和治理的重要性,这不仅需要技术手段的介入,还需要强化法律法规,同时增强网络用户的防骗意识和信息识别能力,共同维护一个健康、安全的网络环境。

(二) 网络安全遭遇巨大威胁

网络安全的威胁主要来自黑客攻击、病毒感染和网络犯罪,这种威胁从网络诞生之日起就伴随着网络,无论是其中哪一种威胁方式都足以使整个网络瘫痪,其对网络社会的影响和威胁是不可小觑的。

网络黑客攻击是最具破坏力的网络安全问题之一。如今,黑客行为不仅隐蔽,经常在用户毫不知情的情况下发生,而且非常极端地窃取用户的资料、信息。

网络病毒传播也是一个严重威胁网络安全的因素。网络病毒通过一些网络软件,破坏计算机网络组件,损害网络系统,窃取网络信息,还可以加密数据等等,随着网络技术的发展,网络病毒的传播方式越来越多样。这些网络病毒,对计算机网络系统造成了极大破坏,网络病毒的活动范围和危害程度甚至比黑客更大。

除此之外,还有网络犯罪。网络犯罪是利用网络工具进行的各种违法犯罪活动,随着网络技术的普及,网络犯罪形式日益多样化,如网络诈骗、网络洗钱、网络走私、网络赌博和网络色情等,严重影响网络主体的现实生活。网络犯罪涵盖了将传统社会犯罪与网络技术相结合的行为,同时也包括仅存在于网络空间的犯罪形式。网络犯罪已经成为网络社会中最紧迫的社会问题之一。因此,加强网络安全措施,增强公众对网络安全的意识,以及完善相关法律法规,对于保护网络用户的安全和隐私至关重要。

(三)网络隐私空间被挤压

网络隐私是在网络社会中网民的基本信息,隐私权也是每一位公民所具有的基本权利,但随着网络技术的发展和网络社会对日常生活空间的扩展,人们的隐私权遭受了前所未有的挑战和侵犯。通过网络黑客、下载的驻留软件、App、弹出广告等方式窃取个人隐私,甚至像一些大的软件公司提供的软件,都可能存在漏洞,从而严重侵犯人们的隐私权。

人们在网络社会中的活动会留下一些"痕迹",这些遗留下的信息痕迹容易被其他网络主体跟踪与分析,个人隐私信息被泄露。在当今社会,个人的隐私信息被视为一种可以获取利益的资源。有些商家甚至通过出售个人隐私或非法获取他人隐私来谋取商业利益。对于从政人员、新闻媒体工作者等,他们的个人隐私更是被用作工具,有时被曝光于公众,成为众人讨论的焦点。

个人隐私在网络上传播时,可能会被歪曲或捏造一些个人的虚假信息,对个人隐私权造成严重侵犯,伤害人格尊严,造成个人精神上的伤害。这些行为最终导致了信息权力的滥用和异化,突显了对网络隐私保护的紧迫性和重要性。因此,维护网络隐私权不仅需要技术层面的保护,也需要法律法规的加强,以及公民对隐私保护意识的提高。

(四)网络信息过载与信息短缺的矛盾

随着网络海量信息的迅速传递,它们在虚拟的网络世界中构筑起了一个庞大的数据库,里面包含各种各样的信息,有当下的时事热点新闻,通过搜索得到的信息内容,当然还有人工智能随时推送的信息,还有一些图像、音乐、视频等等,其中也不缺乏一些虚假信息、垃圾信息和错误信息等等,这些都会对个人带来影响,这些信息的大量增加,超过个人或者网络系统所能承受的范围,就会导致网络不顺,出现网络卡顿、网络故障的情况。而其中的信息也会带来一些负面影响,比如:大量的谣言、恶意攻击、欺诈行径、错误的消息、过期的内容、虚假的广告、谣言,尤其是大量的图像、音乐、视频,让网络环境变得极其拥挤,甚至出现堵塞。虽然网络可以为我们提供大量的信息,我们还可以通过网络找到自己所需要的信息,但信息负载越来越多,我们跟不上信息发展的速度,并且有时也很难获得自己真正需要的信息,就造成了信息的短缺,这也就形成了信息过载与信息短缺之间的矛盾。

(五)网络文化多样化与网络文化霸权的冲突

网络具有较低的门槛,在网络系统中,大家是自由平等的,通过网络,我们认识世界,与此同时,也有一些帝国主义的文化或强势文化借用网络这一平台,向其他国家灌输自己的文化思想,以使自己达成文化霸权,但这会对其他文化构成一定的威胁,尤其是一些腐朽文化的存在,对其他国家的文化产生冲击力,且文化的霸权更会直接影响文化的多样性发展。而国家不同、民族不同使网络文化也具有了多样性的特点,这也是网络文化的发展趋势,各种文化通过网络这棵大树不断生枝开花,交汇发展,我们要重视这一问题,既要接受优秀的外来文化思想,也要对消极的网络文化加以遏制,同时还要发展本民族的优秀文化,通过网络形式更好地走出去,让更多的网络用户接受良好文化思想的熏陶,维护好网络生态平衡,营造良好的网络文化交流环境。

第四节　政策法规与社会治理
体系不够健全

政策法规、社会治理体系以及公民道德体系同属于意识形态领域,道德是建立法律法规和进行社会治理的基础,政策法规和社会治理为道德提供了制度保障和良好的社会环境。

一、完善政策法规,建立道德激励与失德惩戒制度

政策法规的不健全,在很大程度上阻碍了公民道德建设的进程。长期以来,我国重视经济的高质量发展,人民生活水平的提高,相较于快速提高的物质生活质量,政策法规的建立健全存在滞后性。如果改革措施和政策不够全面,法律制度不健全,监管不到位,那么人民生活很难得到法律制度的保障,反之,

若公民的诉求得到保障,精神生活得到满足,才能更好地提高社会文明程度。政策法规主要是指党政机关干部发布的用于处理党内和政府事务的相关文件。加强社会主义公民道德建设,要建立健全各行各业的相关政策法规,这对提高公民道德水平是非常有必要的。

其一,各行各业建立健全相关政策法规,能够鼓励人民向更加美好的生活靠近,提高人民工作、学习和生活的积极性,从法律的层面给人的生活以更好的保障,提高生活的幸福指数,也能够为精神文明建设提供物质保障,例如,建立创业优惠政策,让越来越多的人不怕创业,帮助更多的人实现创业梦想,使失业者重拾对生活的信心,增强社会文明程度;国家出台鼓励旅游产业的发展,带活市场消费,让人民生活得到物质保障,还能通过旅游使人的精神世界获得满足;国家对一些行业建立激励长效机制,保障各行各业人员能够更好地在自己的行业里发光发热,热爱自己的行业,提升专业素质,鼓励岗位奉献精神,拥有良好的职业道德情操。政策法规的建立健全能够让人民生活有保障,遇到问题时,通过合理合法的手段追回自己的权益。

其二,建立道德激励与失德惩戒制度,赏罚分明,对好的加以褒奖,对有损于社会公德的加以惩罚。这种措施的施行,主要依靠社会组织按照一定的标准,对社会成员的表现情况以及行为产生的后果采取有效措施,对表现良好的可以给予物质或精神的奖励,对于违反社会道德者给予物质或精神的惩罚。通过这样的形式赏罚分明,不仅是为了惩罚错误的人群,还会对人民大众起到警示作用,不要犯相同的问题,能够使人民遵守社会规范,达成社会和谐与人民幸福的指标。在现实中,赏善罚恶标志着一个国家和社会的道德权威性,也标志着一个国家的文明程度和价值取向,是对正能量的激励和向导,也是进行社会道德调控的有效措施。

而如今,社会赏罚对道德的调控功能逐渐弱化,主要表现在社会赏罚规则权威性差、规范性差、针对性差、强制性差等。社会赏罚制度不能使全体大众心服口服,不能体现全民族的共同意志,使得公民对此产生怀疑;社会的赏罚制度具有时代性的特点,某些规定是在特定的环境与条件下形成的,当更换主体时,可能赏罚情况又出现不同;赏罚标准中针对普遍的、大众的问题,由于个体的差异性、社会环境的不同等原因,不可能事无巨细地一一列举,对哪些行为与后果进行赏罚的界限不够清晰,针对性差;社会赏罚制度是针对一些道德问题的,因而有的人面对处罚结果并不心服口服,但是作为一些非正式的社会组织却无法采取强制手段,这也使制度的落实大打折扣。除此之外,社会赏罚的形式越来越单一,人们对道德的荣誉与耻辱的混淆,都不能更有效地促进公民道德积极性。

二、社会治理还需进一步优化

社会治理理念是在进入全面建成小康社会的决胜阶段,我国进入新时代后对社会治理提出的新要求。党的二十大报告中指出,要完善社会治理体系,全面推进社会治理现代化,计划到 2035 年基本实现社会治理现代化,到 21 世纪中叶实现社会治理现代化,确保政治安全、社会安全、人民安宁,为实现第二个百年奋斗目标和中华民族伟大复兴的中国梦创造良好的社会环境。

党的十八大报告中指出,"构建社会主义社会管理体系"的目标是社会治理的最初雏形,在党的十八届三中全会首次提出了"社会治理"这一概念,党的十九大报告中再次强调了要打造共建共治共享的社会治理格局,要提高社会治理的社会化、法治化、智能化、专业化水平。我们进入了新时代,党的二十大报告重申要坚持全面依法治国,推进法治中国建设,全面依法治国关系着党执政兴国,关系人民幸福安康,关系党和国家的长治久安。从时间的推进,可以看出党和国家对社会治理的重视,现在我们步入新时代,社会治理也被推上新的台阶。我们要构建法治社会,维护社会的公平正义,就要重视公民的道德治理,为建设法治社会提供精神保障。

社会治理的内容涉及广泛,主要包括协调社会关系、规范社会行为、解决社会问题、化解社会矛盾、促进社会公正、应对社会风险、维持社会和谐等方面,其是一个包含多方面的社会工作,旨在建立一个和谐有序的健康社会,是由党和政府引导,由社会各个组织、全体公民共同参与、共同推进的长期而艰巨的任务,旨在促进社会的和谐发展,实现社会文明进步。

但目前,我国社会治理机制还不够健全,相较于快速发展的物质生活,社会治理滞后则会产生道德滑坡现象。我国进入新时代后,实现了由"社会管理"向"社会治理"的转变,社会问题随着时代的发展变化而不断更新,社会矛盾越来越复杂化,社会产生更多的道德问题,为社会治理提出新挑战。所以,提高公民道德水平,就要重视社会治理能力。但是社会治理体系目前还相对落后,主要表现在以下几点:

其一,社会治理存在不文明执法行为。社会治理虽然是由党和政府带头进行,但是其中一些部门的公务人员,存在暴力执法的现象,造成公务员与群众关系不和谐的问题。例如,在进行文明城建期间,公务人员对商家或者个体采取暴力行为使其服从执法,还有城市管理人员,对小商贩进行打骂、侮辱等,这些行为会激起民愤,会让群众更加不服从管理,使社会秩序混乱,从另一种程度上,也增加了不文明、不道德行为的产生,甚至发生违法犯罪行为,为人民群众起到了错误示范,拉低了公民道德水平。

其二,社会治理体制本身相对落后。我国在改革开放和确立市场经济体制后,经济快速发展,人民的物质财富得到满足,人民的精神需求逐渐增加,使得诉求更加多元化,但是社会治理对人民的诉求有滞后性,不能对公民多元的精神诉求提供合理的解决,很大程度上,精神文明不能跟上物质文明的快速发展。社会治理体制的完善,应更针对公民的多元需求,更好地引导人民成为社会治理的自觉遵守者。

其三,社会治理的宣传力度不够。党和政府应当加大社会治理的宣传,通过开设各种各样的社会实践活动,让公众真正地参与社会治理,增强公众对社会治理的参与感,也能够增强公民的社会公德心,在今后更自觉地投入到社会治理的建设中去,为社会治理贡献一份力量。除此之外,还可以利用一些网络媒体手段,对社会治理进行短片宣传,通过各种新的方式进入大众视野。只有公民发自内心地认可社会治理,主动参与社会治理,才能推进法治社会的构成。

第五章 新时代公民道德建设的基本原则

加强新时代公民道德建设是一项长期持续的任务。2019年实施的《新时代公民道德建设实施纲要》中明确提出了推动公民道德建设的具体要求:要以习近平新时代中国特色社会主义思想为指导,紧紧围绕进行伟大斗争、建设伟大工程、推进伟大事业、实现伟大梦想,着眼构筑中国精神、中国价值、中国力量,促进全体人民在理想信念、价值理念、道德观念上紧密团结在一起,在全民族牢固树立中国特色社会主义共同理想,在全社会大力弘扬社会主义核心价值观,积极倡导富强民主文明和谐、自由平等公正法治、爱国敬业诚信友善,全面推进社会公德、职业道德、家庭美德、个人品德建设,持续强化教育引导、实践养成、制度保障,不断提升公民道德素质,促进人的全面发展,培养和造就担当民族复兴大任的时代新人。

公民道德建设是理论性和实践性都很强的社会主义精神文明创建活动,它不仅强调加强公民道德基本理论研究,而且十分重视在科学理论原则指导下不断完善相应的社会主义道德规范体系,以便帮助人们通过原则规范的形式去认识社会现实,调节各式各样的复杂社会关系,并以此要求重塑和检验社会成员的道德行为。马克思主义认为,道德是服务于人的一种社会形式,作为社会标准要求社会成员遵守的准则必须是科学的、现实的,必须从马克思主义人民群众的立场、观点、方法出发建构公民道德建设的基本原则。

第一节 坚持阶级性原则

坚持马克思主义道德观、社会主义道德观,倡导共产主义道德,以为人民服务为核心,以集体主义为原则,以爱祖国、爱人民、爱劳动、爱科学、爱社会主义为基本要求,始终保持公民道德建设的社会主义方向。

马克思主义认为,道德是一种社会意识形态,它是人们共同生活及其行为的准则和规范。不同的时代、不同的阶级有不同的道德观念,没有任何一种道德是永恒不变的。新时代背景下的中国仍旧确立和坚持马克思主义在意识形态领域的指导地位,坚持中国特色社会主义制度,结合中国具体实际,创立了新时代中国特色社会主义思想。因而,在中华大地上建设公民道德,要坚持中国特色社会主义思想,更要体现出鲜明的阶级属性,要以马克思主义道德观念为指导,与中国公民道德的具体情况相结合,建立健全具有中国特色的新时代公民道德体系。

19 世纪的工业革命,将世界划分为资产阶级与无产阶级两大社会阶级,资产阶级带领社会生产力快速发展,促进生产力与生产关系的重大变革,为社会与人类带来物质财富,但同时,资产阶级掌握了更多政权,资本家为了谋取利益而对殖民地区的人民展开掠夺,手无寸铁的人民受到了剥削与压迫,加大了贫富差距,使资产阶级与无产阶级矛盾加剧,将工人阶级的劳动换为自己口袋中的财富,虽然资本主义者宣扬自由、平等与博爱的思想,却也无法掩藏它的真实面目。因而,马克思认为资产阶级的道德观是虚有其表的,资产阶级的道德观念是自私的,其以金钱为向导,使社会道德沦为腐朽。由此,马克思倡导要建立一个不能被金钱所控制的、没有阶级压迫的和谐社会,只有消灭资产阶级、消除压迫才能实现共产主义道德。

马克思认为,共产主义社会下的道德观念是为人民而服务的,共产主义道德观应当是为全体人民谋利益的,追求全人类的幸福。这样无私大爱的道德观指导着我们建设新时代公民道德观,以此带动社会主义社会的进步,更加热爱生活,爱国爱民,成为合格的社会主义社会公民。

一、坚持遵循马克思主义道德观

第一,只有确立科学完善的马克思主义道德规范体系,才能保护人的需要和促进人的发展。人类是按照自身需要,从促进人的全面、自由、发展的角度呼唤道德的。然而,从道德的发展史来看,不同的伦理学派对道德的探寻却得出了不同的答案。元伦理学派只限于对伦理语言进行逻辑或语义学的分析,不能给解决现实的道德问题提供确切的依据。人本主义、存在主义等过分强调个人的价值和自由,而把一切理性的原则置于人的对立面,导致道德上的虚无主义和非道德主义,认为真正的道德只以自己的"良心"为内心法则。道德的相对主义更是否认道德,断定一切都是没有客观根据的,道德只是随着个人意志、情感、欲望、利益、兴趣的变化而变化。人们迫切要求重新审视社会规范道德体系,寻找一种普遍适用的道德理性法则去矫正和指导人类的行为,使人类的行为达到一种和谐的秩序。再者,道德既然是应社会的需要而产生的,它就必然具有时代性、社会性的特征。社会主义国家必须建立符合马克思主义的道德原则,才能在真正意义上实现人的自由而全面地发展。在社会主义发展到市场经济阶段,如何立足于我们社会现实的需要,如何使个人的身心在社会道德的保护下获得最大的自由和解放,如何使个人获得自由而全面的发展,都是社会主义的道德规则和道德规范必须保护和解决的重大问题。因此,立足于社会主义初级阶段的社会现实和发展商品经济的客观需要,去建立科学的符合马克思主义的道德规范体系是社会主义公民道德建设的必然途径。

第二,准确把握并完善社会主义公民道德规范体系的原则性方面的核心结构。马克思主义伦理学认为,要从广泛的道德现象中构建公民道德规范体系,必须从道德生活的实际出发,必须从现实的人际关系和利益关系中提炼,同时应该具有时代性和阶级性的特征。道德是社会关系的产物,社会生活是复杂的、多种多样的,包括政治关系、经济关系、人际关系、血缘联系、业缘联系、人缘联系等等。每一种关系都反映着社会生活的侧面,社会关系的稳定决定着社会生活的稳定、有序。为了解决社会关系背后的利益问题需要产生不同的道德要求。道德原则就是道德在社会生活层面的总体性要求,反映了社会道德的总体性规范。道德原则与道德规范、道德范畴相比较,处于主导地位且具有广泛的指导性和约束力,是整个道德规范体系的灵魂,是不同道德类型相互区别的根本标志。社会主义公民道德规范体系的原则性结构至今还是一个不断发展完善的过程,在社会主义初级阶段,社会主义公民道德的规范体系只能根据社会主义的社会性质,人们的社会生活实践和道德实践,市场经济条件下的社会状况和道德状况,概括出解决现实道德问题的原则。概括起来,社会主义公民道德建设最根本的原则,就是社会主义的集体主义原则,这一原则的具体表现形式和实践要求必然随着人们认识的发展而不断完善。

二、坚持遵循集体主义

第一,集体主义根植于生产资料公有制基础之上,反映了公有制经济关系的根本要求。马克思主义认为,一定的道德总是反映一定的经济关系,并服务于这种经济关系。社会主义公有制是社会无产者为了利益最大化而建立的联合体,是社会成员赖以生存和发展的前提和依靠。集体主义就是生产资料公有制的经济关系在思想意识上的集中反映,它是为巩固和发展公有制的经济关系服务的。集体主义的道德原则就是在道德方面保护无产阶级和劳动人民的共有利益和公有利益得以顺利实现。这就必然要求全社会的公民都来关心集体的事业,爱护集体,树立主人翁意识和责任感。集体的事业就是个人的事业,集体的总目标建设有中国特色的社会主义和实现共产主义必然是个人终生奋斗的目标。

第二,集体主义更加强调团体的共同利益,这在共产主义中得到强调,集体主义体现了无产阶级和劳动人民的根本利益。道德作为意识形态,是统治阶级利益的集中反映。社会主义阶段,无产阶级和劳动人民成了社会的主人。社会主义阶段道德的根本原则——集体主义当然集中体现和维护无产阶级和劳动人民的根本利益。集体主义最大限度地成为个人利益的真实代表,并成为社会整体利益和长远利益的根本代表。它最终实现劳动人民的个人利益乃至全人类的共同利益,促进社会和平稳定地向前发展。

第三,集体主义原则体现了社会主义道德的最高境界,在社会主义公民道德建设中居于主导地位,并发挥引领性、方向性的作用。集体主义原则是反映集体利益和个人利益之间关系的一个方向性原则,由于它体现了社会主义的本质,反映和调节社会主义阶段特别是初级阶段的道德关系,它理所当然成为社会主义道德规范体系中的一个基本原则。我们考察一下,在社会主义道德规范体系之中,确实再也找不出一个层次上高于集体主义的原则,没有也不可能有其他原则能够规定和界说集体主义的更高原则和规范。相反,集体主义的精神在道德行上却高于其他任何一个道德原则和规范,倘若把集体主义精神融入其他原则规范及其他道德要求之中,它却起着统帅的作用。只有融入了集体主义精神,把为祖国做贡献看成义不容辞的天职,才能发扬热爱科学的精神,坚持真理的精神,才能树立共产主义的劳动态度,才能真正了解义务、幸福的含义。而且,唯有把集体主义原则贯彻到其中,其他的原则和规范才具有社会主义性质。如果在社会主义道德体系中抽掉了集体主义原则,其他所有的规范和范畴都将失去其本质含义,成了其他阶级也能阐释的道德。

第四,集体主义是社会主义和共产主义道德区别于其他道德的根本标志,是人类自身解放的思想武器。任何道德原则,归根结底是为了调节个人利益与社会整体利益的关系。集体主义原则认为，集体利益是个人利益的基础，个人利益是集体利益的一部分，集体利益实现了，就保障了个人利益，实现个人利益正是集体主义所要实现的最终目标。而一切剥削阶级的道德，都是从剥削阶级的阶级利益引申出来的，是为剥削阶级服务的，而剥削阶级的利益是建立在剥夺他人利益的基础上的。因此，剥削阶级的道德原则只能是利益至上、利己主义的。历史上其他劳动阶级的道德原则，虽然与剥削阶级的道德原则不同，但是由于其阶级的局限性，也不可能把社会的利益放在首位，不可能实行集体主义原则，只有社会主义才能把集体主义当作道德的最高原则，只有社会主义乃至共产主义才能真正实现集体主义。因此，集体主义原则就同历史上的一切道德类型的基本原则划清了界限，成为区别于其他一切道德类型的基本标志。

第二节　坚持价值引领性原则

坚持以社会主义核心价值观为引领，将国家、社会、个人层面的价值要求贯穿到道德建设各方面，以主流价值建构道德规范、强化道德认同、指引道德实践，引导人们明大德、守公德、严私德。

党的二十大报告中指出，我们要广泛践行社会主义核心价值观，社会主义核心价值观是凝聚人心、汇聚民力的强大力量。社会主义核心价值观以马克思主义理论为指导，以习近平新时代中国特色社会主义思想为引领，树立共产主义伟大理想和中国特色社会主义共同理想，为人民生活提供精神指引的思想观念。它汲取了中华传统文化中的养分，将传统的价值观结合了新时代的发展要求，也是传统价值观在新时代下的继承与发展。

将社会主义核心价值观融入《新时代公民道德建设纲要》中，极大地丰富了新时代公民道德建设的内涵，统领了各种社会思潮。社会主义核心价值观的主要内容包括国家、社会与个人层面，反映了三维主体价值目标的一致性，为处理国家、社会与个人三个层面关系提供了基本遵循，为公民道德建设提供了价值标准。

以社会主义核心价值观为引领，一是立足于经济建设的发展需要，我国将社会主义制度与市场经济相结合，体现了中国特色，是符合中国国情的社会主义市场经济体制，中国的经济体制发生深刻变革，改变了过去的计划经济，人们开始向往和追求物质生活,个体需求多样化,道德观念发生改变,很难形成社会主义共识,对共产主义理想的追求逐渐弱化,需要主流价值观引领全体人民,物质充足的同时也不能使文明落后;二是抵御西方不良思潮的需要,我国进入社会主义新时代,改革开放和市场经济的发展使各国之间发生经济、科技、文化等交流,各国的思想文化发生碰撞,而各国文化内容良莠不齐,不良思潮趁机涌入,如历史虚无主义、拜金主义、享乐主义等,这些文化侵蚀着中华传统文化,使公民对道德观念产生怀疑,且文化同质现象极易发生,我们必须以社会主义核心价值观作为价值导向,指引全体公民向着健康、积极的方向前进,共同建设美好的精神文明家园。

一、国家层面

从国家层面的价值目标来看,我们要向着建设一个富强、民主、文明、和谐的社会主义现代化国家的目标奋进。国家的富强是人民物质生活与精神生活最基本的保障,将"富强"放在国家价值目标的首位,体现出全体中华儿女共同的美好夙愿和共同奋斗目标,是公民道德建设的基本要求。自古以来,中华民族就崇尚强国富民,将"富强"视为民族繁荣昌盛的根本。如今,将"富强"放在国家价值目标的首位,既是全体中华儿女共同的美好夙愿,也是我们共同的奋斗目标。在这个基础上,公民道德建设显得尤为重要,它旨在培养一代又一代具有高尚道德品质的公民,为实现国家富强提供强大的精神动力。公民道德建设应当贯穿于社会生活的方方面面。此外,在公共生活中,我们应积极参与社会公益事业,关爱弱势群体,树立公共道德意识。公共道德是一个国家文明程度的重要标志,也是国家富强的重要支撑。同时,在网络空间,我们要践行网络道德,弘扬正能量,抵制不良信息,共同营造健康向上的网络环境。网络空间是现实生活的延伸,网络安全与现实社会安全息息相关。公民道德建设是实现国家富强的重要途径。全体中华儿女都应肩负起道德建设的使命,从自身做起,从家庭、职场、公共生活、网络空间等各个方面,弘扬传统美德,践行社会主义核心价值观,为实现中华民族伟大复兴的中国梦共同努力。在道德的照耀下,我国必将走向更加繁荣富强的明天。

二、社会层面

"自由、平等、公正、法治"正是社会集体价值取向的高度总结,反映了公民对社会秩序的期待与愿望,以期营造良好的社会氛围。社会的稳定发展,才能促进国家的繁荣昌盛,实现中华民族伟大复兴的共同愿望,同时,有了良好的社会生活环境,公民生活更安全、更幸福,才能保障公民的个体价值实现,有更崇高的理想追求。然而,在现代社会中,我们面临着各种问题和挑战。如社会的复杂性、人际关系的疏离、资源分配的不公等,都在一定程度上影响了社会集体价值取向的实现。因此,我们需要深入探讨这些问题,寻找解决方案,以推动社会朝着自由、平等、公正、法治的方向发展。自由是每个人的基本权利,也是社会进步的动力源泉。平等是社会公正的基础,也是社会和谐的关键。公正是社会秩序的保障,也是社会信任的基石。法治是社会秩序的体现,也是公民权益的保障。自由、平等、公正、法治的社会集体价值取向,是我们共同努力的目标。我们需要通过改革和创新,不断推动社会朝着这个方向发展,以实现公民的个体价值,保障人民幸福生活,推动国家繁荣昌盛,实现中华民族伟大复兴的中国梦。在这个过程中,每一个公民都有责任和义务参与到这个伟大的事业中来,为构建美好社会贡献自己的力量。

三、个人层面

"爱国、敬业、诚信、友善"反映了对公民的基本价值追求和道德建设的自我要求,是对自我意识和自我行为的道德规范,以此为方向确立个人的理想追求与处事态度。小到为人友善,和善待人,讲究诚实守信,要回报社会,热爱自己的职业,要有良好的职业道德操守,更好地奉献社会,大到热爱祖国,忠于祖国。

"爱国、敬业、诚信、友善"不仅是公民的基本价值追求,也是我国道德建设的自我要求。它们作为一种道德规范,引导着每一个公民自我意识的形成和自我行为的选择。无论是在日常生活中,还是在面对重大决策时,都以此价值判断为指南,确立个人的理想追求和处事态度。为人友善,和善待人,是我们在社交场合中的基本素养。这不仅体现了个人的道德品质,也反映了一个国家的文明程度。友善待人,可以让我们的人际关系更加和谐,社会氛围更加温馨。诚实守信,是我们在经济活动中必须遵循的原则。讲究诚信,不仅是对他人的尊重,也是对自己的尊重。诚信经营,诚信待人,是我们应该树立的正确价值观。只有这样,才能在社会中取得长久的成功。回报社会,热爱自己的职业,是有责任感的公民应有的态度。每个人都有自己的社会责任,只有热爱自己的职业,才能更好地履行这份责任。有良好的职业道德操守,不仅是对自己的尊重,也是对社会的尊重。热爱祖国,忠于祖国,是每个公民的基本义务。祖国是我们的根,是我们的源。只有热爱祖国,才能更好地发展自己,实现自我价值。

"爱国、敬业、诚信、友善"是对每个公民的基本要求。社会主义核心价值观的基本内涵与社会公民道德建设内容相契合,社会主义核心价值观推动公民道德建设更具时代精神,充分展现出社会主义社会的性质,体现了良好的社会风貌。首先,社会主义核心价值观渗透到精神文明的各个领域中,渗透到个人的道德实践活动中,成为个体落实道德行为的行动指南;其次,社会主义核心价值观的具体内容涉及三个层面,承载着相应的道德要求,有利于引领道德风尚,使道德观念深入人心。社会主义核心价值观凝练起来的 24 字标语,承载着公民道德建设的落实方向,引领落实道德实践活动,以此严格要求自身,促进公民道德的总体落实与发展。

第三节　坚持传承性原则

坚持在继承传统中创新发展,自觉传承中华传统美德,继承我们党领导人民在长期实践中形成的优良传统和革命道德,适应新时代改革开放和社会主义市场经济发展要求,积极推动创造性转化、创新性发展,不断增强道德建设的时代性、实效性。任何文化思想都是在特定的历史条件、历史背景下形成的产物,用过去的思想统治现代社会的发展,我们需要批判性地继承与发展,我们要传承过去优秀的文化思想,使之与现实社会发展相适应,将过去的理论思想用现代方法加以结合转化,符合时代发展的需求,能与党和国家的路线方针保持一致。在进行公民道德建设的同时,要吸收与传承过去优秀的文化思想,同时结合时代性的特点,对内容加以创新性的改造,处理好传承与发展的关系,使公民道德建设更具时代意义和现实意义。

一、自觉传承中华传统文化和中华传统美德

文化是任何社会不可或缺的重要组成部分,是一个民族的思想根基和精神旗帜。

(一) 自觉传承中华传统文化

中华民族五千多年悠久的历史文化积淀,构成了中华民族精神家园的文化

根基,是中华民族和中国人民精神世界的独特写照,承载了中国人的精神生活和价值理念。党的二十大报告中指出,我们要推进文化自信自强,铸就社会主义文化新辉煌,就要提高全社会的文明程度,实施公民道德建设工程,弘扬中华传统美德,加强家庭家教家风建设,加强和改进未成年人思想道德建设,推动明大德、守公德、严私德,提高人民道德水准和文明素养。可见,建设文明社会离不开对中华传统美德的传承与发展。

中华优秀传统文化为社会主义核心价值观提供了优秀的文化涵养,其中蕴含的哲理更是形成社会主义核心价值观的根本源头。而传统文化中既包含了精华,又含有糟粕,我们需要加以分辨,挖掘并追求其中有益的传统文化,对糟粕的、封建的文化加以抛弃,实现文化的创造性转化和创新性发展。同时,在新时代背景下,我们还要赋予传统文化新的时代内容,增加民族文化自信,通过各种方式对文化加以宣传,做好对民众的文化普及工作,让更多的国人了解中华文化,用文化滋养大众的心灵,使民众得到文化的熏陶,还要让中华优秀传统文化走出国门,走向世界,让更多的国家了解我们的文化,增加文化自信心。让传统文化中蕴含的优秀道德理念为公民的道德情操培养、加强公民道德建设提供思想资源和思想启迪。

我们要重视中华传统文化和道德理念的代际传承,这是中华传统美德和社会道德精神长盛不衰的重要原因。中华民族是世界上为数不多的长盛不衰、历久弥新的民族,其中,中华文化是维系民族生存、发展以及团结、统一的内在精神因素。中华文化展现了蓬勃的生命力和旺盛的生长力,在世界民族文化百花园中展现出独特的魅力,形成了举世公认的中华文化圈和汉字文化圈。中华民族在世界的东方繁衍生息,黄河、长江孕育了黄皮肤的中国人,创造了独特的汉字,积淀了深厚的文化资源,诗词曲赋、雕刻艺术、中医医学、四大发明等一大批璀璨夺目的宝贵文明财富。在代与代之间的更替之间,注重教育下一代掌握上一代的技艺和道德,传承文化知识、弘扬道德精神,是中国传统文化中关于人的社会化的重要内容。在代级教化的过程中,中华文化历来主张以德为先、以德润才、德才兼备、德艺双馨、学富五车、才高八斗等等,这些基本要求是中华文化的重要价值主张。近代以来,特别是中国共产党成立以来,实现传统文化的现代转型,建设新民主主义文化、社会主义文化逐步成为文化发展的重要理念,在这一过程中,以"取其精华、去其糟粕"的态度对待传统文化,在改革开放的时代大潮中,汲取优秀传统文化的价值理念是新形势下传承优秀传统文化、加强公民道德建设的重要原则。

（二）自觉传承中华传统美德

中华传统文化中蕴含着深刻的中华传统美德，中华传统美德是中华传统文化的思想精髓，是形成社会主义核心价值观的基础，也是落实立德树人根本任务的宝贵文化资源。在新时代背景下，要继承和发展中华传统美德，就必须坚持马克思主义道德观、社会主义道德观。中华美德是中华民族在中华大地上不断形成与凝结成的良好的道德观念、道德规范，它以美好的价值追求倡导人们的价值取向，是中华民族优良的道德传统和中华文化的精华所在。中华传统美德不仅规范着中华民族的道德观，更是在国际上受到认可与推崇。

中华传统美德有着丰富的精神内涵，是公民道德建设的重要思想根基。概括来说，其主要内涵有"修身""齐家""治国"三个方面。随着时代的发展，中华美德延伸的意义，还应当涉及社会发展。

第一，在国家层面，中华传统美德追求"治国""平天下"的理想境界，契合了社会主义核心价值观在国家层面的理念。在政治经济层面，中国古代的政治家历来追求实现富国强兵、中华一统的良好治理局面。从上古时代的"大禹治水"实现天下风调雨顺的美好局面，到秦国商鞅变法，特别是秦始皇平定天下纷争、统一六国、统一度量衡；从三国两晋南北朝时人们对分裂局面的痛心疾首，到隋唐中华重归一统，创造了盛唐盛世。从五代十国的流年战乱，到宋元明清四个朝代的一时市井繁华和中兴盛世。可以说，中国古代朝代更替的历史的接续发展，见证了历朝历代追求国家统一、民富国强、英雄逐鹿中原的璀璨历史进程。在文化层面，中华优秀文化宝库中文学作品璀璨夺目，诸如先秦文学中的《诗经》《尚书》《礼记》等，特别是唐诗、宋词、元曲，其中有众多作品，反映了国人对国家美好局面的向往，也就是渴望没有战乱、人民安定生活、追求富足生活的基本价值追求。在国家基本建设方面，中国古代在水利建设方面有著名的都江堰，在桥梁建筑方面有著名的赵州桥，在宫殿建设方面当属故宫。这些成就的取得，充分体现了中国古代先贤的智慧和治理国家的基本理念，构成了中华民族国家观念的基本内容，赋予了英雄豪杰"治国""平天下"的理想精神追求，公民自觉传承"家国情怀""家国意识"这些理念对于加强道德世界建设具有重要意义。

第二，在社会层面，中华传统美德追求"和而不同""礼仪之邦""道并行而不相悖""德"与"法"并举的社会治理理念。中国古代先哲们的思想内涵观念深邃,体现了古代圣贤较高的思维水平和杰出的智慧之光。"和为贵"的文化观念是古代中国传统美德的重要价值观念,渗透在社会生活的方方面面,经商兴业追求的是和气生财,处世之道是和睦相处、和平相处。实现"和为贵"有着现实的社会生活准则路径,对礼仪的设定与遵行是维系社会生活和谐有序的重要社会准则,所以有着"礼之用,和为贵"的传统经典名句,"礼"的社会仪式和生活礼节构成了中国人社会化的主要内容之一,从日常问候、群体生活乃至教书育人到婚丧嫁娶,都有着一套成熟的礼仪模式。此外,中华优秀传统文化还倡导尊重事物的多样性,古人深刻认识到了包括不同民族、不同地域、不同身份的人在内的世间万物是不尽相同的,提出了"万物并育而不相害"的重要价值理念,主张世界万事万物的存在是多样性的,主张和谐共处、和睦共生,不以自己的存在侵害其他事物的存在,其蕴含着深刻的和谐理念以及和平相处的价值追求,体现了尊重事物发展规律的理性思维因素。在社会治理层面,主张修德、以德立世,"道之以德,齐之以礼,有耻且格",大力倡导道德教化、文化熏陶,养成"君子"人格,同时主张社会治理的法律秩序,主张"道之以政,齐之以刑",古代先哲深刻认识到,"徒善不足以为政,徒法不足以自行",必须在社会层面大力倡导文明、和谐、法治理念,实现社会有序运行。以上这些思想,对于公民加强道德建设、提升个人境界具有重要的时代价值。

第三,在家庭层面,中华传统美德追求"齐家",倡导家和万事兴的伦理价值,但不囿于对家庭提出要求,还有尊老爱幼、男女平等、仁爱孝悌、勤俭持家、兄友弟恭、邻里和谐等思想。家庭美德是规范家庭生活、调节好家庭关系的重要传统美德,社会和谐、国家兴盛,要先从小家的和谐开始。例如,仁爱孝悌思想要求我们要孝顺父母,这是一个家庭最基本的行为规范,《管子·五辅》有"为人父者,慈惠以教;为人子者,孝悌以肃",教导我们,作为子女要尊敬老人,懂得父母及老一辈人的养育之恩,使自己的行为成为下一代的学习典范,作为父辈,我们要有责任感,爱护孩童,生而养之,教育好下一代年轻人;男女平等则要求我们要抛弃过去的"男尊女卑"思想,尊重女性地位;勤俭持家要求我们积极劳动,不要过度消费,反对铺张浪费,合理地分配好家庭的财产,经营好家庭开支;邻里和谐,就是让我们注重邻里之间的关系,俗语说:"远亲不如近邻",要与邻居互相帮助、互相照顾、互相包容,成就和谐的社会关系。

第四,在个人层面,中华传统美德追求个人"修身",主张秉承"家国情怀"

的爱国意识、"业精于勤荒于嬉"的敬业精神、"与人为善"的友善观念、"童叟无欺"的诚信理念。在中华传统美德中，认为人是世界万物中宝贵的能动性力量，加强自我修养是人作为生命个体在社会生活中融入社会、被社会认可和接纳的重要因素，是完善个人品德、塑造生命价值的重要途径，是实现自我与他人、个体与群体、个人与社会和睦相处、和谐发展的基本条件。人类社会自国家意识诞生以来，任何民族都强调对自己的祖国要坚持爱国主义的基本价值立场，爱国思想是中华传统文化的核心价值理念。关于爱国主义，古代典籍记载颇多，比如，《晏子春秋》有云"利于国者爱之，害于国者恶之"；三国时期的曹植在《白马篇》中提出"捐躯赴国难，视死忽如归"；唐代的著名诗人岑参有诗《关人赴安西》中说"小来思报国，不是爱封侯"；宋代的苏轼主张"报国之心，死而后已"；明朝顾宪成的名句是"风声雨声读书声，声声入耳；家事国事天下事，事事关心"；明朝的吕坤在《呻吟语·卷上》中说"有益国家之事虽死弗避"；而顾炎武则提出"天下兴亡，匹夫有责"的精神诉求。这些爱国主义精神彰显了对国家、民族的责任意识、使命意识。此外还有，人际交往方面，主张"君子莫大乎与人为善"；学业方面，主张学思结合的"学而不思则罔，思而不学则殆"，主张认真、勤奋地治学，"书山有路勤为径，学海无涯苦作舟""差之毫厘，谬以千里"；道德修养方面，主张"见贤思齐焉，见不贤而内自省也""人而无信不知其可"的诚信精神等等，这些对当代中国公民的道德建设具有永不磨灭的价值意义。

二、坚持传承党的优良传统和革命道德

作为新时代的领导干部和公职人员，要赓续好中国共产党的红色血脉，传承好党遗留下的优良传统，发挥革命道德精神，牢记中国共产党的初心使命，坚定理想信念，彰显党的根本宗旨、光荣传统和优良作风。

中国共产党员和领导干部的表率作用，是加强党对公民道德建设领导力的重要方面。《纲要》中指出："加强公民道德建设，共产党员和领导干部的模范带头作用十分重要。广大党员特别是各级领导干部要讲学习、讲政治、讲正气，牢记党的根本宗旨，努力改造主观世界，加强道德修养，自重、自省、自警、自励。要严格遵守党员领导干部廉洁从政的有关规定，清正廉洁，勤政为民，要求群众做到的事情自己首先要做到，要求群众不做的事情自己坚决不做。要教育好自己的配偶和子女，管好身边的工作人员，自觉接受党组织和群众的监督，用良好的道德形象取信于民，带动广大人民群众进一步做好工作。"以习近平同志为核

心的党中央深思熟虑、高瞻远瞩，根据我们党所面临的新形势、新任务和领导干部队伍的实际状况，做出了深入开展以"不忘初心、牢记使命"为主题的党性党风教育的重大决策。实践表明，党中央的决策是完全正确、十分必要的，党性党风教育的指导原则、基本要求、方法步骤是符合实际、行之有效的。通过主题教育，党员干部在思想、政治、作风、纪律上都取得明显的进步，各级领导班子、领导干部的精神面貌焕然一新。

我们党历来是重视学习的。这也是我们党的一个优良传统，我们党的一个优良作风。在中国共产党的发展历史上，学习是始终强调的，党的事业取得进步和胜利都离不开党的不断学习，这是每一个党员干部应当具备的基本能力，这关系到社会的发展与进步、民族的兴衰，更关系国家的前途命运，这也是党员干部提高自身能力的重要手段，而在新的形势和任务下，要求每一位党员学习的内容更多。党员需要学习多种学科的内容，提高认知水平，还要了解当下时事热点，跟随社会发展的脚步。提高党员干部素质，最重要的是提高其马克思主义思想政治素质。通过学习才能更好地改变自己的主观认识，才能更好地促进政治成熟，学习是工作的前提，只有通过深入学习和刻苦钻研，才能积累丰富的理论知识，形成正确的思维方式，提高政治觉悟、政治水平和理论水平，塑造共产党人的世界观、人生观和价值观，提高全心全意为人民服务的本领。

讲政治，是马克思主义的应有之义，是讲学习的必然要求，是党的建设和党的一切活动的基本准则。政党是阶级的政治组织，政党的一切活动都是政治活动。中国共产党是工人阶级的政党，是工人阶级的先锋队。党的最终目标是实现共产主义的社会制度。党的这种性质和目标，要求党的每个组织和党员，尤其是党的领导干部在党的整个活动和发展过程中，都必须讲政治，坚持党的理想信念和价值观念，坚定地站在党的立场上，也就是无产阶级和人民大众的立场上，为实现党的路线方针政策和最终目标而不懈奋斗。讲政治，关键是坚持正确的政治立场、政治方向。这个政治立场，就是坚持马克思主义理论和党的基本路线不动摇；这个政治方向，就是建设中国特色社会主义和最终实现共产主义的远大目标。领导干部在政治方向、政治立场这样的原则问题上，必须旗帜鲜明，在任何情况下都不能含糊和动摇。

讲正气，是各级领导干部为"官"之本、为政之要。讲正气，即指为人处世要光明正大，要大公无私，处理事务更要公平正义，是一种优秀的品格和端正的做事态度。共产党人讲正气，就是按照党的原则和党的规矩办事，就是要按照中华民族的优良传统和我们党的优良作风,塑造广大党员特别是领导干部的道德品质和理想信念。有了这种正气,才能全心全意为人民服务,才能抵制拜金主义、享乐主义、极端个人主义等歪风邪气,同一切腐败现象做斗争。我们党是一个具有优良传统的无产阶级政党。在长期的革命斗争中,我们党把马克思主义的普遍真理和中国革命的具体实践相结合,在中国共产党中形成了三大优良作风,就是理论联系实际、密切联系群众、批评与自我批评的作风。三大作风正确科学地解决了怎样对待革命理论,怎样对待群众,怎样对待工作中的缺点和错误的问题,集中反映了党的世界观和价值观,反映了为人民服务的工作宗旨。优良的党风是我们党区别于其他任何政党的显著标志。

党的作风是在深刻理解社会发展、革命建设规律以及党内建设规律的基础上,通过长期领导革命和建设过程中形成的,反映了党的核心特征和内在品格的精神样貌。党风是党的世界观、党性原则在党的工作与活动中的体现和反映,是党的整体形象的体现。我们党提倡的讲正气,就是对新形势下党风建设的新要求、新概括。在改革开放和社会主义现代化建设过程中,共产党员和领导干部必须传承和发扬我们党在长期革命和建设中形成的好传统、好作风,坚持党要管党的原则和从严治党、从严治政的方针,在党内生活中讲党性、讲原则,严格按照党章和党的各项规章制度办事,开展积极的思想斗争,弘扬正气,反对一切歪风邪气和各种腐败现象,永葆共产党人的无产阶级政治本色。

共产党员和领导干部要自觉遵守自律,执政清正廉洁,继承和发扬党的优良传统和作风。我们党在长期奋斗发展过程中,形成了艰苦奋斗、勤俭节约的优良传统美德,在艰苦的环境下坚守本心,不拿群众一针一线,这也是我们应当传承的优良传统美德。改革开放推动了生产力的发展,人民生活水平较过去有了很大的提高,这是我们党的伟大成绩。但是,我国毕竟是一个发展中国家,与发达国家相比还有很大的差距。在这种情况下,艰苦奋斗、勤俭节约仍然是我们的"传家宝"。这些优良传统更是值得全体党员学习宣传,更好地发扬光大,无论时代的变革与发展,这都是每一位党员应当具备的最优秀的品质,也是领导干部发挥带头作用的基础。反对奢侈浪费是一项首要的政治任务,党和国家的各级领导干部,牢固树立艰苦奋斗的思想意识,自觉坚持勤俭建国、勤俭办事业的方针,坚决杜绝贪图享乐、奢侈腐败之风。领导干部廉洁自律,以身作则,对于端正党风、遏制腐败,具有十分积极重要的价值和意义。

党员干部要以身作则,率先垂范,严格要求自己。对于普通群众而言,共产党员和领导干部的一言一行都有很强的示范效应。共产党员、领导干部要起到先锋带头的模范作用,在作风上要严于律己、清洁廉政,成为一名两袖清风的好官员,为人民办实事,这样才是人民心中的好党员、好领导,才能更好地得民心、顺民意,自觉地接受人民群众的监督,自觉地遵纪守法,更要时刻反省自己的作为,解决好现实问题。近年来,党中央和有关部门对领导干部廉洁自律做了许多新规定。例如,领导干部收入申报制度、重大事项报告制度、礼品收受登记制度以及关于若干"不准"的规定等等。这些制度和规定,具有很强的可操作性,各级领导干部都应当认真地贯彻和执行。领导干部还要对自己身边的人负责,经历了长达几千年封建统治的中国社会,封建宗法观念、人身依附行为和裙带关系都有根深蒂固的影响。在这种传统影响之下,领导干部作为一名个体,也会受到身边人的影响,因而,要及时进行是非判断,能够对身边出现错误思想的人加以更正和劝导,同时也避免自己受到影响犯下错误,或者被他人利用,走上违法犯罪道路,要提高警惕性,严格要求自己、反省自己。作为政府官员,更要充分认识自己是在为人民掌管权力,而不能把权力看作是私有财产。要教育自己的亲属和身边工作人员遵纪守法,对他们利用职权和地位谋私利的企图及时予以制止和纠正。特别是要在他们的行为触犯法律时秉公办事,严格执法,切不可包庇纵容,姑息养奸。对自己严格、对身边的人员加以正确引导,才能更有威信力,成为人民值得依赖的好官员。

第四节　坚持主体性原则

坚持提升道德认知与推动道德实践相结合,尊重人民群众的主体地位,激发人们形成善良的道德意愿、道德情感,培育正确的道德判断和道德责任,提高道德实践能力尤其是自觉实践能力,引导人们向往和追求讲道德、尊道德、守道德的生活。

主体性是指"在一定的社会历史条件下,基于社会实践活动的人的自主性、积极性和创造性"。我们所习得的道德观念等思想文化不能自己转化为一种社会道德行为,需要"人"的载体将这种观念转化为道德行为。不论是实现公民道德的内化,还是将之外化于行,都离不开主体的"加工"和"搬运"。

党的二十大报告中指出,要发展全过程人民民主,保障人民当家做主。作为人民民主专政的社会主义国家,国家的一切权力属于人民,人民民主是社会主义的生命,是全面建设社会主义现代化国家的应有之义。作为社会主义国家,我们坚持人民群众当家做主的性质决定了人民群众是公民道德建设的主体,同时是实现公民道德的基本要求,公民道德建设需要公民的积极参与,《纲要》中充分尊重人民的主体地位,让公民积极参与,就要调动人民群众的积极性、创造性、主动性,让道德不仅是说说而已,更要让公民在实践活动中落实道德行为,进行自我反思、自我教育,形成正确的道德判断标准。换句话说,如果公民道德建设离开了公民的参与,失去主体性的发挥,那么很难将道德准则和道德规范内化成自己的行为准则。发挥人民的主体性,需要社会与人民共同努力、发挥作用,形成道德建设的合力。

坚持人民的主体地位是发展社会主义市场经济的要求。自从我国打破了计划经济体制,步入社会市场经济,人民的需求多元化,主体地位逐渐提高,个体意识逐步加强,个性色彩更加强烈,突出了个人需求。公民道德建设要适应个体多变的需求,过去的灌输式教育已经不能对个体道德发展起到更好的作用,要采取更为灵活的方式激发公民对道德观念的认同;此外,公民道德建设过程中要尊重公民的选择与公民的权利,尊重公民的民主性,让公民在享受民主权利的同时自愿发挥主动性,让人民群众成为主人翁,自觉参与到实践活动中去,激发群众道德本能,共同促成有大爱的和谐社会。

坚持人民主体地位是公民道德建设最终目标。公民道德建设需要公民发挥主体性作用,利用好公民这个"载体",将公民道德思想转化为道德行为,使公民呈现良好的道德素质,达成公民道德建设目标。同时,公民道德建设又反作用于个体本身,建设公民道德,就是为了主体本身的进步与发展,人民既是主体,也是承载公民道德建设的客体,通过引导,使人民有更良好的道德认知与道德行为,有更崇高的理想追求,这样才会更好地达成公民道德建设目标。

一、增强公民的道德实践能力

人并非天生就具备辨别是非善恶的能力,也并非天生就拥有道德,道德能力的形成依靠后天的教育与自我学习,提高公民道德实践能力,让公民形成良好的道德认知,从而言化于行,将道德认知转化为道德行为。相应地,如果一个人的行动落后于认知,言行不一致,这又与虚假的道德观有何异同呢? 亚里士多德将道德与技能学成相联系,认为他们都通过实践活动才能完成。黑格尔则认为,一个人的德行养成不能仅仅依靠做了一两件事情,而是将道德行为转化为自己的日常行为习惯。可见,人只有在不停地、反复地进行实践活动,才能使自己拥有良好的德行,发展成更好的个体。

增强公民的道德实践能力,首先,要提升公民的个人品德,对个体本身行为有辨别能力,通过学校教育、家庭教育、社会教育等方式的教育合力,提升公民的道德认知水平,掌握辨别善恶的基本能力,有良好的控制力,对于好的方面要坚持学习,对于不好的方面,应坚决杜绝,对个人与他人行为有正确的判断能力;其次,通过国家立法保障公民参与道德实践的公平性,让人们遇到问题时敢于做出行动,让"老人过马路该不该扶"等道德失落现象淡出大众视野,让更多公民敢于"伸手",乐于"伸手",让良好的道德实践行为成为人人崇尚的典范;最后,通过社会的调控作用,增加志愿者服务活动等,让更多的人奉献自己的力量,真切感受到个人的社会价值,通过参与社会道德实践,让个人更幸福,让社会更温暖。

二、调动公民的主动性

人民作为公民道德建设的主体,更是公民道德建设的发起者、承担者和促进者,公民要适应好角色的转换,需要通过道德行为完成道德的内化,反之,也要将道德认知转化为道德行为。公民作为道德建设的履行者,可以通过制定政策、设置各种活动等方式激发公民道德参与的主动性,例如设置奖励政策,通过一定的标准对公民施以物质或精神奖励,让公民在履行道德行为的过程中感受到真、善、美的肯定,找到个体的自我价值,实现道德认同感,更愿意主动参加到道德建设中来;通过设置各种活动,鼓励人民主动参与到活动中来,增加实施道德行为的趣味性,让人民认为其是有价值有意义的,使公民产生共情;通过大众媒体等渠道对美好善良的道德行为进行宣传,通过潜移默化的方式使其融入公民的内心,令公民自觉形成道德观念,辨别是非黑白,遇到道德问题时主动参与解决。

人民通过各种各样的方式参与到公民道德建设中,人民作为一个又一个活生生的个体,不是没有感情的机器,在道德建设过程中,不同个体的力量增加了主体性的鲜明特征,不同个体的实践行为给道德体系增添了更温暖的色彩,让无情变有情,这便是发挥主体性作用的魅力所在。

第五节　坚持法治保障原则

坚持发挥社会主义法治的促进和保障作用,以法治承载道德理念、鲜明道德导向、弘扬美德义行,把社会主义道德要求体现到立法、执法、司法、守法之中,以法治的力量引导人们向上向善。

一、统筹价值引领与法治保障

经济、政治、文化的快速发展给公民的道德治理带来挑战,我们要用正确的价值观引导社会思潮与社会公民道德实践,《纲要》中明确了我们必须遵循马克思主义道德观,遵循社会主义核心价值观,以其作为道德建设的引领风尚,为社会的道德治理提供了判断标准,也为道德治理提供了更具实践性的标准。

国家通过出台与道德建设的相关政策法规,使公民道德在社会中的重要性进一步提升,保障了公民道德建设的扎实推进,还巩固了阶级属性在公民道德建设中的主导地位。强化法律法规的保障作用,突出相关政策法规的价值导向作用,用法治约束道德失范行为,同时为道德实践提供了保障。

二、坚持"德治"与"法治"相结合

党的二十大报告中指出,我们要坚持将依法治国和以德治国相结合,把法治与德治结合起来,把握好法治与德治的关系,实现法律与道德相辅相成、相得益彰,共同促进国家治理体系和治理能力现代化。

让法治有更鲜明的道德导向,让道德中渗透着法治的威严。道德与法律,"德治"与"法治"是规范人类行为,调节社会关系的基本方式,道德和法律共同指引人们走向正确道路。二者在起源、价值、规范及维护社会秩序方面的本质联系,是公民道德教育与法制教育相结合的理论前提与思想基础。道德与法律,"德治"与"法治"具有本质联系,各有所长,同时又具有各自功能上的局限性,只有将两者结合起来,相互补充,相互协调才能发挥最大的功能。

发挥教育功能实现德治与法治的结合。两者结合发挥最大价值与功能必然离不开文化教育的支持,必须依靠社会主体——公民对道德与法律的需要与价值认同。人们只有认识到道德与法律的价值,并且把讲道德、守法律作为自己的生存方式时,道德与法律才能发挥出对人类社会的价值与作用。公民道德素质与法律素质的提高,不可能自发实现,它需要文化与教育作为基础和支撑。教育是一切文化与文明的基础,它是培养人的各方面素质与能力,传承人类文明的社会实践活动。公民道德教育与法制教育的结合是实现公民道德自觉与自愿守法的前提,也是实现"依法治国"与"以德治国"相结合治国方略的现实需要。

公民道德教育与法制教育的并重、结合是实施"依法治国"与"以德治国"相结合的治国方略对公民教育提出的时代新要求。任何社会都有其独特的道德与法律。传统中国社会由于经济基础是自然经济,文化基础是宗法与人伦社会,所以是"德主法辅"的社会治理模式。现代中国社会通过改革开放的持续深入推进,建设和发展社会主义市场经济已经走上了经济全球化的发展轨道。社会的开放性、复杂性、综合性,要求必须实行"依法治国"与"以德治国"并重、结合的治国方略。"法治"与"德治"同等重要,不可偏废,决定了公民道德教育与法制教育的同等重要,不可顾此失彼,不能相互替代。

对于"渗透式"中的"德治"与"法治"融合,理论上存在两种截然不同的看法。一些学者认为二者是彼此相融,是彼此的前提和基础,即"渗透式",认为德治与法治二者不可分割。而一些学者提出了"板块式"的观点,认为这二者有各自的领域,所针对的治理问题是不同的,德治更针对思想问题,而法治则是政治问题,二者所面向的人群也不同,法治更偏向于大众的治理,而德治是针对个人的道德问题,所以二者并无相交之处,只能以"板块"的形式存在着,彼此独立。其实不然,二者并非互相对立,它们有着相同的目的,都是为了建立起良好的社会秩序,使社会发展更加公正有序。二者之间也没有矛盾,都是为了维护和促进社会的公平正义,为公民提供良好的社会环境,提高人类文明,由提升个人的道德规范程度,以达到整个社会乃至全人类和谐共处的境界。法治与德治面向不同的领域,同时,法治与德治之间相互补充,所以要在板块型结合的基础上相互渗透,共同达成一致的目标。

德治与法治相结合,对于现实具有丰富的实践意义。德治与法治相结合有利于促进社会的发展,还有助于提高治理效率。随着社会关系的变化,德治与法治的结合成为一种必然趋势。我国由计划经济转变为市场经济体制,中国走上法治道路。而经济的快速发展并不能解决社会中存在的其他问题,物质世界丰富,但精神世界空虚,要提高精神领域的治理能力,依旧要选择合适的治理方式,德治与法治的结合更能以合乎精神需求的方式进行治理,提高人的精神追求。

第六节　坚持倡导与治理相结合的原则

坚持积极倡导与有效治理并举,遵循道德建设规律,把先进性要求与广泛性要求结合起来,坚持重在建设、立破并举,发挥榜样示范引领作用,加大突出问题整治力度,树立新风正气、祛除歪风邪气。

新时代背景下的中国,随着社会发展进步,人们更向往追求美好的物质生活,实现人的全面发展成为必然要求。所以,我们要实现这些宏伟目标,必须积极倡导公民道德建设,提高社会公德,继承传统道德中的优良部分,树立优秀的道德观念,保持道德建设的先进性,落实道德建设的广泛性,树立道德模范标杆,对社会中突出的道德问题加以整治,在倡导建设公民道德的同时,进行有效的社会治理,通过各种方式打击违反道德的问题,以此对社会中的道德问题加以整治,提高公民道德建设水平。

一、坚持先进性与广泛性相结合

道德建设要坚持遵循道德建设规律,将先进性与广泛性相结合。公民道德建设的先进性即实现社会主义和共产主义道德,在先进性的基础上,使之成为更广泛的人民大众所接受、所实践的公民道德。先进性与广泛性之间有着不可分割的联系,坚持先进性是实现广泛性的目标与方向,广泛性是实现先进性的范围与基础,二者是深度与广度的结合,也是根据我国国情建设公民道德的基本要求,更是我国经济、政治、文化发展的产物。

发展公民道德的先进性与广泛性相结合非常必要,这是由我国的社会性质所决定的,是保障人民当家做主的前提,是发展社会主义市场经济的需要,是发展主流道德观念的需要,也是坚定文化自信的需要。

先进性要求我们继续坚持和发展道德中的先进思想,对于社会中存在的不良道德思想要加以克服。例如中国共产党的优良作用是在社会的进步与发展中形成的先进道德思想,这是值得我们学习的,在传承与发扬的同时,通过宣传教育等方式,使这些优秀的道德思想走入寻常百姓家,这既加深了道德发展的深度,又拓宽了道德建设的广度,使之互相渗透、互相补充,更好地为建设公民道德服务。

二、发挥道德引领示范作用

榜样的示范作用有利于形成良好的社会道德氛围,改善社会风气,引得人们纷纷效仿,强化公民的道德问题意识。然而,发挥榜样的先锋示范作用离不开党的带头作用。

党员领导干部要坚持引领民风建设,肃清党风建设。党员有着治理国家、管理社会、服务人民的领导职能,党员的行为对民众起着重要的示范作用,党员怎么做、民众就会怎么做。党风清正廉洁是社会向上向善的重要价值导向,对于领导干部中出现的贪污腐败、脱离群众等腐朽党风问题,离不开党内自治,更离不开民众的监督,要发挥群众的道德治理作用,营造良好的社会道德风气。

另外,对于社会中存在的向好向善的道德行为要提倡与鼓励,不能让好人寒了心,要让他们成为群众中的模范代表,成为社会风尚的指向标。社会中美好的道德行为一直存在着,这些行为触及群众的内心,无不让人感动和赞扬,对于这样的行为,要加大宣传和奖励,引导正能量,对社会的道德治理产生积极的引领作用。

三、以综合手段治理道德突出问题

道德治理是国家治理和社会治理的重要内容,道德中的突出问题应当采用合理的方式加以治理,依照法律对失德行为进行处理。处理好德治与法治之间的辩证关系,既要注重德治对法治的滋养作用,也要注意法治对德治的保障作用,以法律的约束力对失德行为进行惩戒,以此起到警示作用,完善的法律制度能够有效地阻止道德沉沦行为,促进道德情感的有效提升。例如,出卖国家利益、用激烈的言语污蔑自己的国家,还有历史虚无主义思潮使得一部分人扭曲历史事实,诋毁英雄等等,这样的行为伤害了国家尊严、伤害了民族感情,应当加大惩治力度,严肃惩戒,以起到警示教育的作用;对于出售制假商品、侵占他人知识产权等行为,要加大执法,对受害人提供赔偿等;对于欠债不还、拖欠工资等失信行为,要建立全面覆盖的征信系统,对守信失信行为加以褒奖或惩戒;对于通过网络出售他人信息、散播谣言、传播不良信息的行为,应当建立健全网络道德专治办法,让受害的人得到精神抚慰,不能让隐形的网络传播者逍遥法外等等。社会的发展、人们个体性的突出让精神世界越来越多元化,道德问题也越来越多样,结合法律手段进行治理,给社会向好发展提供更安全的保障。

第六章　新时代公民道德建设的主要内容

公民道德建设在中华人民共和国的发展历程中,不断适应社会主义社会的需要而演变和提升。公民道德建设在新中国成立初期,主要是为了确立新的社会主义道德原则,取代旧有的封建道德观念,并以此来巩固新生政权、推动社会主义建设。新中国成立初期,以爱国、敬业、诚实、友善为基本内容的社会主义道德建设,通过"学雷锋、树新风"等活动开始深入人心。改革开放以后,中国社会经历了深刻的变革,市场经济的快速发展和对外开放为道德建设提出了新的挑战。商品经济带来的利益诱惑以及与世界的广泛联系,使得道德建设面临多元价值观的冲击,诸如个人主义、金钱至上等思潮影响着公民道德风貌。在这一背景下,中央政府明确提出要加强和改进公民道德建设,贯彻社会主义荣辱观,倡导诚信、友爱、互助等社会主义核心价值观。各地也纷纷出台相关政策及实施细则,推动公民道德规范与市场经济的同步发展。进入 21 世纪,特别是中国社会进入新时代,公民道德建设也被提高到了一个新的历史位置。习近平总书记提出的社会主义核心价值观,即"富强、民主、文明、和谐;自由、平等、公正、法治;爱国、敬业、诚信、友善",作为道德建设的指导方针,要求全社会特别是年轻一代要内化于心、外化于行。公民道德建设开始注重道德与法治相结合,通过法律来规范行为的底线,同时通过道德教育来提升公民自我约束力和道德修养。影视作品、公共媒体平台和教育机构等成为弘扬社会主义核心价值观的重要阵地。同时,在新媒体时代到来之时,公民道德建设也呈现新的特点和趋势。网络文化因其快速广泛地传播效应,成为影响公民道德的新型力量。网络道德、信息道德成为公民道德建设的重要方面,国家和社会对于正能量的传播、网络谣言的打击、信息真实性的要求越来越高。

在全球化和信息化深入发展的今天,公民道德建设面临诸多挑战。经济利益的诱导、西方价值观的冲击、网络空间的虚拟性等,都可能导致一些公民道德底线的失守。针对这些挑战,国家不断加大公民道德建设的力度,一方面加强道德规范的制定和道德教育的普及,另一方面通过法律手段来修正和矫正公民行为。

总体看,我国公民道德建设随着社会的发展不断深化,逐步形成了一套相对完善的道德体系和教育机制。未来的道德建设需要继续适应社会主义现代化建设的新要求,强化国家意识、时代意识、社会意识,促进个人道德与社会道德、传统道德与现代道德融合发展。公民道德建设不应仅仅停留在规范制定与宣传教育上,更应通过制度设计和科技手段,落到实处,注重细节,实现全民道德素养的提升和社会文明程度的提高。公民道德是一个国家软实力的重要体现,只有道德与法治并重,才能构建和谐、文明、进步的社会。

第 一 节　社 会 公 德

"社会公德"脱胎于"公德",是在"公德"的基础上发展而来,想要更进一步了解社会公德的内涵需要先厘清公德的内涵。

一、社会公德的概念

"社会公德"这里的"德"通常指一个人所具有的道德、品德,"公德"即公共道德简称,通常指在政治和非政治生活中社会成员应该遵守的道德规范,"社会公德"是"公德"内涵的内化和延伸。社会公德的概念随着时代的发展和社会的进步而变化,可谓是一个具有时代特色和中国特色的专有概念,在新时代社会公德也被赋予新的内涵、新的特征、新的内容和新的价值功能。

社会公德,亦称公共道德,指的是人们在社会公共生活中应当遵守的行为准则和道德规范。这些准则和规范主要基于广泛的社会共识,并且反映了一个社会的价值观和文化传统,旨在维持公共生活秩序,促进人际关系的和谐,改善社会环境。社会公德涉及的领域广泛,包括但不限于以下几个方面:尊重他人、诚实守信、遵守秩序、勤俭节约、爱护公物、环境保护、乐于助人、尊重多样性。社会公德的实践,并非固定不变,它随着社会的发展和文化的变迁而演化。社会公德的核心目的是维护良好的社会秩序和提升公共生活质量,它通过推崇某些行为,引导社会成员促进共同利益,构建更美好的社会环境。

二、社会公德的主要特征

社会公德属于道德范畴,除了具备道德规范所具有的特征外,还具有自身的一些特征,主要有:全民性、基础性、继承性、时代性、差异性。

(一)全民性

社会公德的出现,是为了更好地保障全体社会成员在公共生活中社会交往的和谐、社会生活的稳定,是全体社会成员遵守的基本行为准则。其中,社会公德所适用的范围主要在公共场所和公共生活,其具有公共性、广泛性及普遍性。所以不难解释社会公德涉及的对象主要是全体社会成员,不同阶级、不同阶层、不同民族、各宗教团体和民主党派都应当遵守相应社会公德。具体来说,就是无论是儿童、青少年、青年、老年人;无论是教师、医生、企业家、自由职业;不关乎年龄、不关乎职业都要无条件遵守的相应道德规范。社会公德无时不有,无处不在,渗透在生活的方方面面。

(二)基础性

列宁在《国家与革命》中认为社会公德是"人类一切公共生活的简单的基本规则"。社会公德作为社会生活中最低、最基础的道德层次要求,首先它的内容是最贴近日常生活的、最通俗易懂的、最容易践行的。例如:主动向长辈问好、向他人伸出援助之手、不随意践踏小草,遵守交通规则等等,社会公德的基础性使文化和职业背景不同的人都能接受和遵守。其次社会公德这一要求的提出和实行,就社会而言,有利于推动整个社会的文明程度向前发展;就个人而言,有利于提升个人思想道德修养和道德人格。因此,社会公德是社会的底线道德,在社会主义道德体系中,社会公德属于最基本、最初级的层次,社会公德的基础性也是公民道德素质的综合体现,同时也是国家国民素质的真实写照。

(三)继承性

根据历史唯物主义的观点,在人类历史发展进程中,社会意识由社会存在决定,但它又拥有自身的特点和规律,具有一定的相对独立性和历史继承性。社会意识一旦形成,就会以其自身的内在逻辑和动力影响人们的行为和社会存在。社会公德作为一种社会意识,同样也具有历史继承性,每一个社会形态中的社会公德都会在很大程度上传承上一个社会形态的社会公德,这就是社会公德的继承性。从古代中华优秀传统道德人格思想中提出的"修身、齐家、治国、平天下"到今天习近平总书记给青年人寄语中强调"立大志、明大德、成大才、担大任",从古至今,总有一些优秀的、美好的道德品质流传下来。可见,无论是过去还是处在当今社会,且不管社会如何变化发展,社会公德都一直存在,不可或缺。当我们把目光聚焦到今天的生活,不难发现,生活中许多社会公德现象都是对传统文化的"取其精华,去其糟粕",因此,人类会代代传承,良好的道德规范也会流传下来,这就是社会公德具有的继承性。

（四）时代性

经济基础决定上层建筑,社会公德作为思想上层建筑,是由当时所处经济水平所决定的。因此,它是特定时代和社会发展的产物,其内容会随时代的进步、社会经济关系发展、社会历史条件不断变化而变化。追溯回古代社会,人类没有提出相关的道德规范要求,基本不注重环境卫生、爱护公物等,随着时代的进步,在今天手机、电脑、网络信息、无人机等科学技术不断普及与发展,加之微博、抖音、微信等软件交流与传播,社会公德也随之改变,提出了新的行为规范。因此,社会公德具有时代性,其基本内容也在不断完善、丰富和深化。

（五）差异性

社会公德的内容受不同历史文化传统的影响,在不同的国家和民族之间存在差异性,例如,法国的"法式之吻",新西兰岛上居民见面时互相碰擦鼻子及我国在遇见朋友时伸手相握,其代表的大多都是友好、热情、赞赏的意思,是各个国家文明礼仪的象征。不同的国家之间社会公德具有差异性。

三、社会公德的主要内容

社会公德是全体社会成员在公共生活中应当遵守的行为准则和道德规范。它具有全民性、基础性、继承性、时代性和差异性等特点。通过践行社会公德,可以维护良好的社会秩序,提升公共生活质量,构建和谐社会。在新时代背景下,我们应继续弘扬社会公德,努力提升个人道德修养,为实现中华民族伟大复兴的中国梦贡献力量。社会公德的主要内容包括以下几个方面。

(一)人与人交往间的社会公德

人与人之间的关系是一种最基本的社会关系,社会活动大量地表现为人际交往活动,社会公德对于人际交往的规范内容主要体现为文明礼貌、助人为乐。

1.文明礼貌

中华民族历史悠久、文化灿烂,拥有着上下五千年的历史,且中国一直以来都有"礼仪之邦"的美誉。自古以来,中华儿女一直将文明礼貌放在相当重要的位置,文明礼貌就是对中华民族传统美德的一脉相承最好的见证。"文明"一词一般指个人的言语、行为是否符合人类精神追求和公序良俗,"礼貌"一词指在人与人交往过程中,所表现出的礼仪态度和处事方式,是一个人道德素质、基本素养、文化修养的体现。"文明礼貌"在社会公德规范中,要求人与人在公共交往过程中,都应该做到相互尊重、以礼相待、文明用语、宽以待人。文明礼貌待人打破人与人之间交往隔阂,成为人与人之间心灵沟通的桥梁,有利于新型人际关系构成。同时,文明礼貌也是一个人道德水平高低和言行举止是否得体的重要体现,它是建设美丽中国的重要标志。

文明礼貌主要包含三方面的内容:

第一,仪表文明。仪表是指人的穿着打扮,虽属于人的外在部分,却是一个人内在素质的反映。仪表文明要求一个人穿着打扮得体,符合相应的身份、年龄和场合特点,既不穿奇装异服,也不随随便便、邋里邋遢。仪表整洁不仅关乎文明公民的外在形象,也是对他人的基本尊重。仪表整洁、仪容大方,使人赏心悦目,也反映了一个人较好的精神风貌和内在气质。相反,有的人以自然朴素为名,公共场所随随便便、衣帽不整,这不仅是缺乏仪表文明意识的表现,也反映出个人的修养不够。

第二,谈吐文明。语言是人们交往的工具,也是交往的形式和基本手段。与人相处在语言方面应注意表达的方式、对象、场所。俗话说"良言美语三冬暖,恶语伤人六月寒。"一个人的谈吐体现着其道德修养和文化素养,与人相处注意谈吐文明,还应包含谦逊,这表明对他人的尊重,切忌肆无忌惮、目无尊长。中国有一个几乎人人皆知的故事,说有一个骑马匆匆赶路的年轻人黄昏时要找旅店投宿,便问路边一位老者:"老头子,前面有旅店吗?"老者不高兴地答道:"失礼。"年轻人认为还有"十里",但跑了很长的一段路也不见旅店的影子,自知失礼,便返身回来,翻身下马,向老者赔不是。老者笑了,说前面根本没有旅店,还留年轻人住了一夜。这个故事的旨意就是人际交往中要注意谦逊,尊重对方。

第三,举止文明。俗话说"站要有站相""坐要有坐相""走要有走相",这就要求人们在公共场所要举止得体。有些恋爱中的大学生在教室、食堂、校园等公共场所旁若无人地拥抱接吻,这不能不说是忽视了举止文明。公共场所举止文明要求必须注意公共卫生,不随地吐痰、不乱扔垃圾、不吸烟、不大声喧哗,在车站、码头、商场、公园等公共场所,要自觉遵守公共规则,维护公共秩序。

2. 助人为乐

助人为乐,这是一个蕴含着深刻哲理和丰富人文情怀的词语,指的是因帮助别人而感到幸福和满足。这不仅仅是一种道德规范,更是社会和谐与进步的重要体现。在每一个文明社会中,助人为乐都是人与人之间相互关爱、相互帮助的美好写照。

助人为乐是一种积极的人生态度。面对困境和他人的需求,一个选择闭目塞听,只顾个人的安逸;另一个选择伸出援手,不仅解决了他人的困难,更为自己的人生增加了宝贵的经历。这种态度的内核是一种无私,是对自身能力的肯定,也是对社会责任的担当。一个乐于助人的社会,是充满爱心和正能量的社会,可以激发更多人性中的善举。助人为乐也是道德修养的体现。中国古代的儒家思想中就有"己欲立而立人,己欲达而达人"的理念。帮助他人,在某种程度上也是对自己道德品质的升华。在当下社会,人们时常被物质追求所束缚,乐于助人的品质可以平衡人性中的贪婪与自私,让我们的内心获得平静和满足。助人为乐还能构建和谐的社会关系。伸出援手帮助他人可以缓解社会矛盾,增进人际的互信与和谐。尤其是在面对自然灾害、社会危机等公共事件时,助人为乐所展现的集体主义精神,是社会团结一致、共克时艰的重要力量来源。

然而,助人为乐并非一味地付出,它更应建立在保护自身利益的基础之上。真正的助人为乐不应该导致自身的利益受损,或者被别有用心的人所利用。它应该是一种健康、理智的行为,既要考虑他人,也要尊重自己。值得一提的是,助人为乐还有助于个人的成长与发展。在帮助别人的过程中,我们可能会遇到新的挑战,学习新的技能,这种经历可以增强我们的适应能力和解决问题的能力,从而在我们未来的生活和工作中发挥重要作用。

所以,助人为乐是一个包含多重价值的行为准则。它不但能够丰富我们的情感体验,提升我们的社会责任感,还能够促进个人的成长和社会的和谐。在当前快速发展的社会中,提倡助人为乐的精神,对于建设一个更为文明、友爱的社会环境具有重要的意义。

(二)人与社会间的社会公德

社会公德对人与社会关系的规范内容主要体现为爱护公物、遵纪守法。

1. 爱护公物

公物是指属于国家、社会或集体的财物,包括资金财物、公用设施、文物古迹等,是全体社会成员的共同劳动成果,是社会生产生活的必要物质基础和条件,是保障公共生活正常进行的物质设施。爱护公物就是对国家、社会、集体的财物采取保护的态度和行为。进入新时代,在物质文明不断提高和充裕的同时,国家更加注重精神文明建设的发展,强调人的德智体美劳全面发展,为此,国家不断完善基础设施建设,并在《中华人民共和国文物保护法》第二十条提出:"国家保护名胜古迹、珍贵文物和其他重要历史文化遗产。"《中华人民共和国宪法》第十二条明确规定:"社会主义的公共财产神圣不可侵犯。"这为爱护公物的道德规范提供了法律支撑,也为惩罚破坏公物的行为提供了法律依据。

在社会公共生活中爱护公物具体包含三方面内容:

第一,爱护公物的意识。培养主人翁意识,以主人翁的态度对待公共设施,能将爱护公物付诸行动之上。良好的公共秩序是我们生活、学习、工作正常运行的基本保障,因此,我们要爱护公共财产,保护我们的财产不受危害。

第二,从点滴小事做起。"勿以恶小而为之,勿以善小而不为",对于一草一木,我们都应该倍加爱惜。公物在我们日常生活中随处可见,比如放置在公园的运动器材、供人休息的长椅、马路两旁摆放的垃圾桶、公共卫生间、大街上来来往往的公交车、路边的果皮箱及路灯、井盖、花坛、护栏、草坪等,如果损坏了不仅给他人生活造成不便,也会给自己生活造成困难。

第三,敢于同损坏、损害和侵吞公共财物的行为做斗争。要爱护公共设施,不私自侵占,不恶意破坏,且要同破坏社会共同利益的不良行为做斗争。积极向同学、身边人宣传爱护公物的法律法规,带动公民爱护公物。

2. 遵纪守法

我们所处的时代是循法而治、依法而行的时代,2035 年我国将实现法治现代化,2050 年我国将变成法治强国,因此,全体社会成员能否做到"知法、懂法、守法、用法"是社会一直关注的热点问题。道德与法治相互渗透、相互依赖,法治是良法之治,是提高道德水平的首要方式。因此,社会成员身处社会公共领域,应自觉遵守其法律法规和规章制度,例如,在公共场所不大声喧哗、过马路要自觉遵守交通规则,去医院看病要先挂号等等,只有大家共同遵守国家的法律法规,才能为全社会营造一个良好的社会环境,实现人民美好生活的愿望。一些公民缺乏对法律的了解和认知,以至于做出违法乱纪之事,还有些公民在受到伤害后,不懂得拿起法律武器维护自己的合法权益,使自己合法权益受到侵害。因而,加强法治宣传,树立法治观念变得尤为重要。

"纪"即纪律,"法"即法律。纪律和法律都是靠外在的强制力来发挥其社会作用,纪律靠行政手段和措施,法律靠国家的强制力。道德发挥其社会作用是靠内在的非强制力,靠社会舆论、传统习惯以及人民内心的信念等来引导、约束人们的行为。虽然纪律和法律本不属于道德的范畴,但其关注的是人们行为的后果,以维护正常的社会生活秩序,所以遵纪守法也成为社会公德的一项基本要求,是社会发展的基本保证。遵纪守法在社会公德体系中居于特殊地位,发挥着特殊作用。

遵纪守法具体包含三方面内容:

第一,认真学习法律法规,增强法制观念和尊法守法意识。随着国家全面依法治国进程的推进,每位公民都应了解与自己生活工作密切相关的法律法规,避免因不懂法而触及法律底线,酿成大祸。

第二,严格遵守法律法规。每位公民都应做到知法、懂法、尊法、守法,用法律法规来约束自己的行为,不仅要遵守国家颁布的法律法规,还要遵守公共场所及相关单位制定的规定规范。

第三,勇于同违法乱纪行为做斗争。每位公民在做到知法、懂法、尊法、守法的同时,还应会用法以及依法维权,对于生活中的违背法律以及以言代法、以权压法、徇私枉法的行为要予以举报和揭露,敢于扶正祛邪,同违法违纪行为做斗争,努力维护良好的社会秩序,创造和谐的社会环境。

(三)人与自然间的社会公德

社会公德对人与自然关系的规范内容主要体现为保护环境。人与环境的关系是一个人类生存和发展的永恒话题,人与环境关系的和谐可为人类提供良好的生存生活环境。今天面对人们向自然的过度索取,致使生态平衡遭到破坏,人类赖以生存的环境趋于恶化的现状,保护环境的意义尤其重要。

保护环境具体包含三方面内容：

1. 保护环境必须学法懂法

《中华人民共和国宪法》第二十六条规定："国家保护和改善生活环境和生态环境，防止污染和其他公害。国家组织和鼓励植树造林，保护林木。"1989 年我国颁布了《中华人民共和国环境保护法》，在《中华人民共和国野生动物保护法》《中华人民共和国野生植物保护条例》《中华人民共和国海洋环境保护法》《中华人民共和国水污染防治法》《中华人民共和国大气污染防治法》《中华人民共和国自然保护区条例》《中华人民共和国矿产资源法》《中华人民共和国水土保持法》《中华人民共和国森林法》《中华人民共和国草原法》等法律法规中都体现了环境保护的思想意识。在我国，保护环境是有法可依、有章可循的。每一位公民都应熟悉这些法律法规，依法办事，保护环境。

2. 保护环境必须尊重自然

保护环境首先要求我们尊重自然，这意味着我们对自然力量和生态系统的复杂性要有深刻认识，并对自然持有敬畏之心。自然是一个精密复杂的体系，各种生物和非生物元素相互依存，形成了地球上的生态平衡。尊重自然要求我们认识到人类并非自然界的主宰，而是众多生物种群中的一员。在具体行动上，尊重自然体现为持续推进环境保护的法律法规建设，遏制那些会导致自然环境受到破坏的活动。同时，鼓励社会大众和企业采取环保措施，如减少碳排放、节约资源利用、减少对自然资源的不当开采以及保护野生动植物等。环境教育亦是尊重自然不可或缺的组成部分，要增强人们的环保意识，使得环保成为社会行为的常态。通过尊重自然的原则引导我们的行为，可以有效减轻对环境的负面影响，维护地球生态平衡，促进人类与自然和谐共生。

3. 保护环境必须从"有所守"和"有所为"两方面入手，形成全面的保护策略

"有所守"意味着坚守底线，保护现有自然资源不受侵害，确保生态系统的完整和持续性。包括制定严格的环境保护法律法规，设立自然保护区，保持生物多样性；限制过度开发，防止污染和保持自然资源得以恢复和更新。而"有所为"意味着要积极采取新的生态友好措施和环境改善行动，例如发展绿色能源，推行环境教育，增强公众环保意识，鼓励可持续的生活方式和生产方式，进行生态修复等。

两者结合，既能够保护现有的自然资产，又能够积极为环境质量的提升贡

献力量。通过"有所守"的策略防止环境退化,通过"有所为"的措施致力于实现环境的可持续发展。双管齐下,可以更有效地维护地球生态平衡,为当代及子孙后代营造一个更加宜居和繁荣的地球家园。

第二节 职 业 道 德

职业道德是维持职业秩序、保证职业活动公正、提升职业品质、促进个人与行业发展的重要保障。

一、职业道德的概念

职业道德是指在职业生活中应遵循的一种道德规范,它体现了职业人员在工作过程中应具备的品质和行为准则。职业道德不仅关系到个人声誉和企业形象,还影响到整个社会的和谐稳定。在当今社会,职业道德在各行各业中都显得尤为重要。职业道德涵盖了各个行业和职业的诸多方面,其中包括但不限于以下核心内容:责任心、专业能力、诚信、公正、合法、礼貌、合作、持续发展。

不同职业有其特定的职业道德要求。例如,医生应该遵循"不伤害"原则,保护病人隐私;记者应坚守新闻真实性,公正报道;教师应具备良好的模范作用,关爱学生等。职业道德不仅是个人层面的修为要求,还涉及整个职业群体的形象和信任度。良好的职业道德可以提高行业标准,增强社会对该职业的信赖,并最终带来更大的社会和经济价值。反之,职业道德的缺失可能导致个人的职业生涯受损,更可能对整个行业甚至社会造成不良影响。因此,维护职业道德是从业人员的基本要求,也是社会文明发展的重要组成部分。

二、职业道德的主要特征

职业道德,作为一种社会现象,贯穿于人们的工作和生活之中。它是一种道德规范,体现了从事某一职业的人在道德品质、职业行为和职业素养等方面的特点。在新时代的中国,弘扬职业道德,强化职业道德教育,对于提升从业人员素质、促进社会和谐具有重要意义。学界将职业道德特征概括为专业性、规范性、内在性、稳定性、发展性、约束性与激励性以及传导性等。具体而言,职业道德呈现以下特征:

（一）多样性和具体性

职业道德的多样性体现在不同文化、行业和组织场景中对道德准则的独特诠释与应用。全球化背景和多元价值观影响着不同地区与行业的职业道德建构，使其各具特色。比如，不同国家对于企业商业秘密的保护和员工个人隐私的权衡可能各有侧重，医疗行业的隐私保障与金融行业的透明要求也各异。具体性则是指职业道德规范针对职业特定情境的明确指导，职业道德不仅表达普遍价值观，更能提供具体行动准则，指引专业人士在日常工作中如何体现诚信、责任感等核心价值。具体性使职业道德不再是空泛的理念，而是实际工作中可操作、可执行的实践标准。多样性与具体性共同确保职业道德既符合广泛的文化和社会需求，又能指导实际行为，保障专业服务的质量和公信力。

（二）稳定性和连续性

职业在不断发展的过程中，不仅其技术具有延续性的特征，其管理员工的方法、与服务对象打交道的方法，也有一定历史继承性，从而形成每一职业特有的道德传统和道德习惯。例如，古人认为："师者，所以传道授业解惑也"，到今天教书育人、为人师表成为教师职业道德的主要要求，其是一脉相承的。

（三）适应性和实用性

职业道德的适应性是其在多变的工作环境和条件下所显现的灵活性与调整能力。随着社会的发展、技术的进步以及文化交流的加深，职业道德必须适应新的工作条件、职业角色以及公众期待，确保其准则和行为标准仍然相关和有效。适应性强调职业道德须与时俱进，能在新情境下保持其指导作用。

实用性则关乎职业道德准则的可操作性和对专业实践的具体指导。职业道德不应仅仅停留在理论层面，而应转化为可以衡量、观察和执行的实际行为。实用性要求职业道德必须明确、具体，能够为专业人员在面对日常工作中的道德困境和决策提供实质帮助。

简言之，职业道德的适应性使其能在不断变化的环境中保持其指导性，而实用性确保了职业道德规范可以被从业者清晰理解并付诸行动，两者共同为职业实践提供了既符合时代发展又具备明确行动指南的道德框架。

三、职业道德的主要内容

职业道德的主要内容作为伦理道德的一种，存在于各行各业中，是人们在职业活动中应遵循的道德规范和行为准则，具有重要的现实意义。

(一)爱岗敬业

爱岗指的是一种对所从事职业充满热爱、尊重和忠诚的态度和行为，涵盖了对工作的热情、职责意识、敬业精神和积极贡献的愿望。敬业是一种职业道德观念，表现为个体对待工作的认真、专注和负责任的态度。它包括了尊重自己的工作职责、坚定地履行职业角色、追求工作质量和表现的愿望以及在职业生涯中不断学习和自我提升的动力。

爱岗敬业的基本要求包含以下三个方面的内容：一是要刻苦钻研业务，掌握所需的本职工作知识和技能，能胜任本职工作；二是要脚踏实地，认真负责，对工作一丝不苟，精益求精，并能勇于面对困难，克服困难，不断提升自己的工作能力，争取成为本职岗位的专家；三是要善于团结和协作，从业人员之间的团结协作能超越个人的局限，发挥集体或团队的协作作用，最大限度地提高工作绩效。

(二)诚实守信

诚实守信是指个人或组织在行为和交往中遵守诚实的原则和信用的承诺，是一种道德品质和社会美德。诚实是指说话和行为真诚、不欺骗、不隐瞒，即说到做到，言行一致。守信则是指遵守承诺，履行约定，尤其在面对诱惑和压力时依旧能够坚守信用，不食言，不违背协议。讲诚信就是要内诚于己，不自欺，外信于人，不欺人。不管是在职业生活中，还是在社会生活中，诚实守信都是做人的基本原则。

人无信无以立，企业无信也不能立。诚实守信不仅是个人立业的基础，也是企业生存和发展的基础。职业生活领域存在的劳动怠工、推诿、偷工减料、以次充好、假冒伪劣、不守信誉、欺诈等不道德现象，给人们生活和国家社会带来了严重危害，基于此，在职业生活中尤其在商业领域，诚实守信要求劳动者诚实劳动、合法经营、严格履行合同、不偷工减料、不以次充好、不搞欺诈行为、信守承诺、讲求信誉。《中华人民共和国价格法》《中华人民共和国消费者权益保护法》《中华人民共和国合同法》等法律法规从不同的角度对职业生活中的欺诈失信行为做出惩罚性规定。近年来,一些"窗口"行业和行政机关实行的社会服务承诺机制,也是诚实守信的一种形式,赢得了广大人民群众的拥护和支持。

(三)办事公道

办事公道是指每个行业的劳动者在本职工作中,坚持公平、公正、公开的原则,遵守本行业的行为规范,处理问题出于公心,合乎政策,结果公允,不以权谋私,不以私害公。办事公道是对所有职业的普遍要求,但对国家工作人员的要求更为严格。办事公道要求所有行业工作人员秉公办事,国家行政机关工作人员只有确立秉公办事的思想,才不会为一己或小团体的利益而损害公众利益,才不会把权力变成资本、把责任变成交易、以权谋私、收受贿赂,才能做到不徇私情、廉洁奉公。

办事公道要求从业人员对人对己都要出于公心,遵循道德和法律规范来办事;要求从业人员自觉向群众公开办事制度和办事结果,从而在制度上保证办事的公平性和公开性;还要求从业人员自觉接受人民群众的监督。

(四)服务群众

职业道德中的"服务群众"强调以公众或顾客的利益为先导,着力于提供高质量、专业化和无私的服务,体现了以人为本和社会责任感。在不同的行业与职业中,服务群众的具体表现可能各异,但核心理念一致,那就是坚守为人民服务的根本宗旨。实践中,要求职业从业者在工作时展示出高度的责任感和奉献精神,倾听和理解群众的需求,以此为导向为群众解决问题、提供帮助。

服务群众不单是口号,而是通过每一次的接触和每一项的服务实实在在地体现。从诚实守信、公平对待,到追求工作效率、保证服务质量,每一点都能凝聚群众对于服务者及其所在组织的信任。因此,把这一职业道德规范内化为自觉行为,是每一个切实履行职责、赢得公众尊重的职业从业者的必备素质。

(五)奉献社会

职业道德中的"奉献社会"是指个体在其职业活动中主动承担起对社会的责任和贡献,不仅追求个人发展,而且致力于推动社会进步和福祉的提升。这一概念鼓励从业者超越纯粹的经济利益,体现了对公共利益的深度关怀和对职业使命的高尚诠释。

在日常工作中,拥有奉献社会精神的职业人不仅完全履行职位所赋予的义务,还会主动寻找机会为社会增值。这可能表现为在提供服务或产品时考虑其对环境的影响,工作中尽可能采取可持续的做法,或者是积极参与社会公益活动,贡献自己的时间和技能去帮助那些需要帮助的人。奉献社会也意味着职业人在工作中展示出来的诚信、公正和道德勇气,它要求从业者在面对职业道德困境时做出正确的选择,哪怕可能会牺牲短期的个人利益。它要求从业者关注自己的行为对社会的长远影响,并采取行动促成积极的社会变化。一个具备奉献社会精神的职业从业者,会以更宽广的视角审视个人职责,认识到自己工作的社会意义以及通过工作为社会做出的贡献,并以此为动力,持续提升个人职业素质和能力,以便更好地服务于社会。

总之,奉献社会在职业道德中占有重要位置,它不仅体现个人对职业的责任感,也反映出对社会的关怀和贡献。通过这样的职业实践,不仅能够提升个人的道德水平,还能推动社会整体向更加和谐、公正的方向发展。

第三节　家庭美德

新时代家庭美德建设是我国社会发展的重要组成部分。在新时代背景下,家庭美德不仅关系到家庭的幸福和谐,还关乎国家的繁荣昌盛。为了适应新时代的发展需求,我们需要培育和弘扬新时代家庭美德,因为新时代家庭美德建设是构建和谐家庭、和谐社会的重要支柱。培育和弘扬家庭美德,有助于培养有道德、有文化、有担当的新时代公民。

一、家庭美德的概念

家庭的概念广泛而复杂,因文化、地理、法律和个人观念的不同而有所差异。在最广泛的意义上,家庭是由血缘、婚姻、收养或其他社会承认的关系构成的社会单位。在法律上,家庭的定义可能依据不同的法律体系和家庭法而异。文化观念对家庭的定义也有深远的影响,比如在一些文化中,家庭更强调传统的血缘关系和社会角色,而在其他文化中,家庭的定义可能更加宽泛和包容。无论其具体形式如何,家庭通常是个人社会化的首要场所,是提供情感支持、物质照顾和社会身份的主要源泉。家庭成员之间的关系基于法律、社会和情感的联系,并且这种联系对于个人和社会的福祉至关重要。

家庭美德是指在家庭生活中所表现的一系列正面的价值观和道德品质,这些美德对维护家庭关系和谐,培养健康家庭文化以及促进家庭成员个人成长和社会适应显得至关重要。家庭美德通常包括但不限于以下几个方面:爱与关怀、尊重与理解、沟通与倾听、责任与承诺、共享与合作、忠诚与信任、宽恕与和解。这些家庭美德一起构成了家庭生活的道德框架,对于培养负责任、有爱心和社会化的个体极为重要。通过在家庭内部不断实践这些美德,家庭成员可以建立起强有力的亲密联系,同时对社会传递出积极健康的生活模式。

二、家庭生活中的伦理关系

家庭伦理关系是指家庭成员之间以及家庭成员与其关系相近的非家庭成员之间,在共同生活的人际交往中形成的彼此相互对待的关系。具体来说,家庭伦理关系包括夫妻关系、亲子关系、兄弟姐妹关系、亲戚关系、邻里关系等。

(一)夫妻关系是家庭伦理关系的核心

夫妻关系是家庭结构的基石,被视为家庭伦理关系的核心,其健康与否直接影响整个家庭的和谐与幸福。在一个稳定和充满爱的夫妻关系中,夫妻双方不仅是生活伴侣,也是对方的支持者、朋友和信任的对象。夫妻间的相互尊重、理解和信任是建立良好家庭伦理和婚姻关系的重要因素。

夫妻关系的和谐为子女提供了一个积极的榜样。父母之间的相互尊重、温情和理解可以为孩子们提供一个安全稳定的成长环境,孩子们在这种环境下能学会正面的社交技能和情感管理技巧。这种模仿与学习对他们未来建立自己的人际关系和家庭生活是极其有益的。

夫妻间稳定和睦的关系有助于缓解生活压力,给予彼此情感上的支持。在一个健康的夫妻关系中,双方能够共同面对困难,相互扶持,在经济、职业乃至个人价值实现上形成合力。这种伴侣间的深刻联结是家庭稳定的保障,也为家庭其他成员提供了一个平和、有爱和有凝聚力的环境。

夫妻关系中各项美德的实践是对家庭伦理的持续投入。比如,夫妻之间的忠诚不仅体现在面对诱惑时坚守婚姻的承诺,也体现在共同面对生活挑战时的不离不弃;宽恕和耐心则表现在对伴侣的瑕疵和错误给予理解和接纳。通过这些行为,夫妻双方展现了健康家庭伦理关系的应有之义。在一个平等和谐的夫妻关系中,双方可以通过有效沟通达成共识,制定对全家最有益的决策。这一过程增强了家庭成员间的紧密联系,提升了家庭作为整体的幸福感和满意度。

总之,健康的夫妻关系是维持家庭和谐、稳定和幸福的基础。夫妻双方应该致力于在关系中实践家庭美德,培养相互尊重、爱护和支持的伦理,以强化家庭的核心,从而带动整个家庭伦理结构的良性运作。在诸多社会关系中,夫妻关系起着至关重要的作用,它是家庭社会功能和情感满足得以实现的基本前提。

(二) 亲子关系是家庭伦理关系的主要内容

亲子关系是家庭伦理的重要组成部分,对家庭的稳定、亲子个体的成长和社会的发展有着深远的影响。它不仅是基于血缘的自然连接,更是涵盖教育、情感交流、权利和责任等多个方面的社会联系。

从教育的角度来看,亲子关系直接涉及下一代的价值观形成和行为模式培养。家庭是孩子获得初步社会经验的第一课堂,在这里,父母亲对孩子的言传身教具有决定性的作用。父母怎样对待他们的孩子,孩子就会学习怎样对待自己和他人,从而影响其终身的行为和心理发展。亲子关系中的情感交流也是其主要内容之一。孩子需要从父母那里获得充分的爱、关注和心理安全感,这是确保他们健康成长的基础。一个温馨的亲子环境可以使孩子感受到被接纳、被理解,进而培养积极的自我形象和社会适应力。

在权利和责任上,亲子关系同样发挥关键作用。父母对子女拥有特定的责任,如教育、保护和抚养权利,同时,子女也有遵守家规、尊重父母等义务。这种权利和责任的平衡对家庭成员相互间的期望、行为和决策产生重大影响。良好的亲子关系中,父母和孩子之间通过沟通与理解共同维护这种平衡。更深层次地,亲子关系对社会化个体有重要作用。通过与父母的互动,孩子不仅学习家庭规则,也融入社会准则。在家庭中获得的经验、技能和价值观将影响孩子日后的教育水平、职业选择和社会行为。

然而,一个健康的亲子关系不是自然而然形成的,它需要父母的自觉营造和持续投入。在现代社会中,由于工作压力大、生活节奏加快等原因,亲子关系面临种种挑战。父母需要不断调整自己的角色和教育方法,以适应子女成长过程中的需要变化,并不断加强与子女之间的沟通和交流。

总结来说,亲子关系作为家庭伦理关系的主要内容,对培养健全的个体和构建和谐的家庭具有基础性作用。通过履行相应的责任、权利与义务以及情感上的相互支持,亲子之间的关系可成为推动家庭和社会向前发展的重要力量。父母的角色不仅仅是抚养者,更是教师、导师和孩子的终生伙伴。通过亲子关系的培育,家庭伦理得以传承,社会的连续性和稳定性得以保持。

(三)兄弟姐妹关系是家庭伦理关系的重要内容

兄弟姐妹关系,作为家庭伦理体系中的一个独特而重要的部分,对个体的社会性发展和家庭的整体和谐起着不可忽视的作用。这种关系通常是个人最早期的水平社会关系,是亲子关系之外的又一种核心亲情联系。兄弟姐妹间的交往经历贯穿一个人的一生,涵盖了从童年的相互玩耍到成年的相互支持等各个阶段。

在早期的童年和青少年时期,兄弟姐妹间的互动对社会技能、情感认知和冲突解决能力的发展至关重要。彼此之间的游戏和交流是学习合作和分享的起点,也是培养同情心和责任感的基础。通过对待兄弟姐妹的态度和行为,孩子们学会了如何与他人建立关系和处理人际问题。随着时间的推移,兄弟姐妹之间的关系成为被支持和安全感的重要来源。在经历人生挑战和变动时,即使父母和其他亲戚无法提供足够支持,兄弟姐妹往往能够理解并援助彼此。从这个意义上讲,维系良好的兄弟姐妹关系有助于增强家庭成员间的联系,增进家庭的整体福祉。

兄弟姐妹关系包含了平等与尊重的家庭价值。不同于亲子关系中天然存在的权威和依赖性,兄弟姐妹之间天然形成一种横向的、相互协商的关系。在这种关系中,家庭成员学习如何尊重个体差异、协商共同利益,并处理可能的竞争和嫉妒等消极情感。兄弟姐妹的相互角色也经历着不断地演变。随着家庭结构的变化,比如父母的离婚或长辈的去世,原来的兄弟姐妹关系可能需要适应新的家庭情境。在这个过程中,姐妹或兄弟之间的相互支撑和心理安慰显得尤为宝贵。

尽管有时候兄弟姐妹之间可能会出现冲突和误解,但这些磨合过程同样是家庭伦理建设的一部分。通过解决这些冲突,家庭成员间可以增进理解,培养宽容和抗压能力,这对家庭生活以及社会生活中应对挑战都有积极意义。

总之,兄弟姐妹关系在家庭伦理关系当中占据重要地位,它揭示了家庭内部共处的平等性、支持性和适应性,对于维护家庭结构的稳固和促进成员间的健康互动具有不可替代的作用。兄弟姐妹之间的亲密与和谐不仅增强了家庭的内聚力,也构筑了社会道德和人际交往的重要基石。

(四)亲戚关系和邻里关系是家庭伦理关系的延伸

亲戚原意是指内外亲属,亲指族内亲属,戚指族外亲属,后来人们所说的亲戚通常是指族外亲属。我们在这里所说的亲戚是指与自己家庭有血缘或姻亲关系的亲属。邻里关系是一种地缘关系,是指由于居住地临近而形成的关系。一个家庭和外界的交往不外乎两个方面:一是与亲戚之间的交往,二是与非亲戚关系的熟人之间的交往,如邻居、同学、同事、朋友等。今天由于生活节奏的加快、生活半径的扩大、居住地的分散等原因,亲戚之间的交往呈下降趋势,而熟人之间的交往成为家庭交往的主要形式。邻里关系由于地缘关系的优势,成为家庭之间交往的非常重要的一部分。

中国有句俗话"远亲不如近邻",其强调了处理好邻里之间关系的重要性。由于居住地的临近,邻里之间彼此熟识,有了一种亲切感。但毕竟邻里关系已经脱离了私人领域,面向公共生活,所以又体现了家庭与其邻居在交往亲密性上的相对疏离的特征,邻里关系要以尊重彼此的隐私为前提。在现代社会中邻里之间的交往相对减少,但邻里之间的和谐友爱关系还是非常重要的。

三、家庭美德的主要内容

家庭美德是指在家庭生活中应当遵守的道德准则和表现出来的良好品质。它们是社会伦理的一部分,能够增进家庭成员的互相理解和支持,巩固家庭关系,提升家庭生活质量,同时对社会的和谐发展也起到基础性作用。《新时代公民道德建设实施纲要》指出,我国家庭美德的主要内容为"尊老爱幼、男女平等、夫妻和睦、勤俭持家、邻里团结",这是作为新时代家庭成员有责任、有义务去努力践行的家庭道德规范。

(一)尊老爱幼:家庭美德的首要规范

"尊老爱幼"在许多文化中都是深深植根于家庭与社会的重要美德。这个原则代表着对年长者的尊敬和对年幼者的照顾,它不仅仅是一种简单的道德法则,更是维系家庭结构和谐与社会稳定的核心价值观。

尊老,是对年长者的敬意和尊重。这种尊重不只是形式上的礼节,还包括对长者经验和智慧的认可以及对他们所做贡献的肯定。在家庭内部,尊老意味着要听取长辈的意见,在做出重要家庭决策时给予他们发言的权利,并在日常生活中为他们提供适当的照顾和帮助。随着年纪增长,老年人可能会遭遇身体能力的减退和社会角色的转变,这时,家庭成员的支持和尊重对于他们的自尊心和幸福感尤为重要。尊重老人不仅体现了家庭成员之间的和谐,更彰显了社会的文明与进步。

爱幼,则是对年幼者的呵护和爱护。孩子是家庭的未来和希望,为他们提供一个有爱的成长环境是家庭的职责所在。家庭美德认为,对孩子的爱应当是无条件且具有指导性的,父母和其他家庭成员需要通过正确的教育和良好的榜样来影响孩子,使他们成长为有责任心、有同情心、有道德观念的人。爱护幼小不仅要满足他们的物质需求,更要关注他们的情感和心理发展,为他们提供一个充满爱、安全感和稳定性的家。

尊老爱幼作为家庭美德的首要规范,它的核心在于强调家庭成员之间的互相照顾和支持。它促进了跨代沟通,有助于年轻一代学习尊重和同情,同时让年长一代感受到家庭的温暖和社会的尊重。这一美德有助于形成积极向上的家庭文化,其中成员互相学习、互相帮助,并且共同应对生命中的各种挑战。

在现实生活中,尊老爱幼的实施也促进了家庭功能的发挥,比如在教育儿童、照顾老人和疾病者等方面。这一价值观的践行不仅为年长者提供了生理上的需要,也满足了他们的情感需求;对于儿童,则确保了他们的安全感和自我价值感,这对他们未来的心理发展有着深远的影响。通过老人和孩子,队伍的其他成员也能够学习到责任、耐心和同情等重要的人生课程。进一步来说,尊老爱幼实际上为社会整体树立了一个模范,它涵盖了人类的基本道德和伦理准则。作为首要家庭美德,它所传递的价值观不仅仅局限于家庭成员之间的相处,还扩展到个人与社会的交往中。一个将尊老爱幼作为核心家庭价值观的社会,往往更富同情心、更和谐、更有利于各种年龄段的人的福祉。

所以,尊老爱幼作为家庭美德的首要规范,其深远的意义体现在构建健全的家庭结构、培养社会责任感以及推动社会精神文明建设等方面。促进个人的全面发展,同时助力社会的连续性与稳定性。在这个意义上,尊老爱幼不仅是家庭的美德,也是社会的富贵。

(二)男女平等:家庭美德的前提基础

男女平等是现代社会普遍倡导的基本原则,它认为无关性别如何,所有人都应该享有相同的尊重、机会和权利。在家庭层面,男女平等被视为构建和谐家庭关系和提升家庭幸福感的根本基础,同时也是实现社会全面发展和进步的先决条件。家庭作为社会的基本细胞,家庭成员间的互动反映了社会的基本态度和价值观。传统的性别角色分配已经不再适应现代社会的发展需求,坚持男尊女卑的思想对家庭成员的个人发展、家庭关系和整个社会带来诸多负面影响。男女平等的推行,是对传统性别角色的重要反思和现代社会发展的必然要求。

首先,男女平等能够确保家庭成员根据个人能力和兴趣发展自我,而不是仅仅基于性别角色被迫承担某些责任。这样不仅有利于个人能力的最大限度发挥,也有助于提高家庭整体的幸福感和生活质量。例如,若父母平等分担家务和育儿责任,将更加有利于孩子的全面发展和父母个人的职业发展,既减轻了母亲的双重负担,也增强了父亲与孩子的亲子关系。

其次,确立男女平等有助于消除性别歧视和性别暴力。家庭内部的男女平等是消除家庭暴力的有效途径之一,当家庭内部建立起一种相互尊重的环境时,每个人都能在没有恐惧的环境中成长和发展。男女平等的家庭环境能教育孩子尊重他人,无关性别,并将这种尊重带入其社交生活。此外,男女平等还能够促进婚姻关系的健康发展。当夫妻之间能够平等交流,共同决策时,他们之间的关系往往更加稳固和谐。互相理解与尊重是婚姻中不可或缺的要素,男女平等能够提升双方的满意度并预防冲突的产生。

再者,男女平等在家庭中的落实对社会也有着深远的影响。家庭作为孩子性格形成和价值观建立的第一课堂,通过执行家庭中的男女平等,能够培养出更多认同平等价值观的新一代,减少未来社会中的性别偏见,推动性别平等在更广阔领域的实现。

值得注意的是,实现家庭中的男女平等需要家庭内外多方面的努力。在家庭内部,这需要家庭成员之间的相互理解、尊重和支持,以及为支持家庭平等而设定的相应规则和制度;在家庭以外,则需要整个社会提供必要的政策支持和文化支持,例如提供平等的工作机会、鼓励男性参与家务和育儿,以及消除性别歧视的法律和教育。

所以,男女平等是家庭美德的前提基础,它关系到家庭成员的幸福感和个体的发展,影响着孩子的成长环境和社会未来的发展趋势。家庭是社会变革的起点,推行家庭内的男女平等有助于打破传统性别刻板印象,构建更加公平、和谐、幸福的家庭及社会环境。

(三)夫妻和睦:家庭美德的核心内容

夫妻和睦,被普遍认为是维系家庭幸福的关键要素,是家庭美德的核心内容。一个和睦的夫妻关系为家庭成员提供了一个安稳、安全的港湾,对孩子的健康成长和整个家庭的和谐起着至关重要的作用。夫妻关系的和睦不仅是两人相互理解、尊重和支持的关系,也是两个独立个体共同生活、协调差异、共同成长的过程。和睦的夫妻关系能够促进夫妻双方情感的稳定和个性的完善,因为在健康的关系中,个体能够在相互尊重的基础上发展自己的兴趣和能力,同时享受到来自家庭生活的支持与温暖。

和睦的夫妻关系为家庭成员营造了一个和谐的生活环境。家庭是个体在面对外界压力时能够得到慰藉和恢复能量的场所,而夫妻之间的相互理解和沟通是创造这一环境的基础。当夫妻彼此和谐相处时,家庭中的其他成员,尤其是孩子,就能在一个充满爱和支持的环境中成长,学习建立健康人际关系的模式。此外,夫妻和睦也有助于缓解工作和社会生活中的压力。在忙碌的现代生活中,工作和社交责任常常让人感到压力重大。一个温馨的家庭氛围能够成为个体缓解压力、获得心灵慰藉的避风港。相反,如果夫妻关系紧张,家庭就会成为增加压力和紧张感的又一源泉,而不是减压的场所。

在家庭教育方面,夫妻和睦是为孩子树立良好榜样的重要方面。孩子会模仿他们所见到的行为模式,夫妻间的互动方式直接影响到孩子对待他人的方式。一个充满争吵的家庭会给孩子带来负面影响,而一个和睦的家庭环境则能够教育孩子如何以平和的方式解决冲突,如何建立起健康的人际关系。夫妻和睦不仅意味着少有争吵,更重要的是能够有效地沟通和解决问题。沟通是夫妻关系中不可或缺的元素,它有助于促进理解、表达需求、解决分歧,并加深彼此的感情。一个能够开放沟通的夫妻关系能够有效地防止误会和矛盾的积累,从而保持长久的和谐。

然而,实现夫妻关系的和谐并非易事,它需要双方共同的努力和承诺。这包括将对方的幸福和需求置于高于或与自己的需求同等的重要位置,共同解决生活中的困难和挑战以及在面对分歧时采取合作和妥协的态度。保持夫妻和睦也需要夫妻双方具备一定的情绪智能和自我调节能力,能够处理并表达自己的情感,而不是压抑或让情绪失控。在维护夫妻和睦的过程中,外部的支持与理解同样重要。社会应提供必要的心理健康资源,帮助夫妻在遭遇挑战时能够寻求专业的协助。此外,良好的政策支持,例如家庭友好的工作制度,也有助于减少家庭压力,为维持和睦的夫妻关系提供外部条件。

总之,夫妻和睦是家庭美德中的核心内容,它对家庭成员的幸福和个体成长起到了决定性的作用。通过相互尊重、有效沟通、共同努力,夫妻之间可以建立起坚实而和谐的关系。一个和睦的夫妻关系能够赋予家庭成员信心和力量去应对生活中的种种挑战,并为社会的稳定和进步做出贡献。

(四)勤俭持家:家庭美德的永恒底色

勤俭持家是一种源远流长的传统价值观,也是现代家庭稳定与发展的重要保障。勤俭,即勤勉和节俭,勤勉意味着家庭成员不断努力、积极进取,节俭则是指量入为出、合理消费。勤俭持家不仅反映在日常生活的细微之处,更是一种家庭经营哲学和生活态度。

勤俭持家强调的是家庭资源的合理管理和有效利用。在物质并不丰裕的年代,勤俭持家是抵御贫困、保障生存的必要手段;而在当下物质较为丰富的社会,勤俭持家变成了抵制消费主义诱惑、确保家庭长远福祉的现实选择。通过规划预算、减少不必要的支出,家庭能够实现财务的稳定与积累。勤俭持家的美德对于培养个体的品格也有极其重要的作用。勤勉教导我们应对生活要积极有为,不畏艰难,不懈怠;节俭则教育我们在生活中要知足常乐,避免铺张浪费。这种美德的持有,对于一个人能否形成良好的工作习惯、合理的消费观念有着深远的影响。

在家庭教育方面,勤俭持家亦是教育子女的重要内容。家长在生活中的勤俭行为能够为孩子树立切实可行的榜样,孩子通过观察和模仿家长的行为,潜移默化地学习怎样合理规划财务,怎样珍惜每一份资源,从而形成理性消费和勤劳致富的观念,这对于孩子未来的发展是有益的,有助于孩子们在成长过程中建立自律自强的精神。此外,勤俭持家在社会层面上也具有积极的作用。一个讲究勤俭的家庭,会促进资源的合理流动和利用,对于社会资源的可持续发展至关重要。家庭的勤俭习惯也会传导至社会,形成持家之德推动社会之进步的积极局面,促进以节约资源和环境保护为核心的社会文化建设。

然而,勤俭持家绝不意味着吝啬或过度的节约,从而导致生活品质的降低。真正的勤俭持家是对财务与生活品质的平衡艺术,它要求我们在确保家庭需要的同时,通过明智的消费来提高生活的整体质量。这代表了一种对于现实的明智识别,对可能到来的未知挑战的预见能力以及对家庭成员未来福祉的责任感。在全球化和网络化的当代社会,勤俭持家的美德也需要与时俱进。家庭需要学习如何在消费主义文化盛行的情况下坚守勤俭理念,同时利用现代科技的便利,如利用互联网工具进行财务管理和预算规划,教导子女如何在数字时代中保持理性消费,如何识别并抵制不实广告和虚假营销的诱惑。

总之,勤俭持家是一种智慧,一种使家庭在不断变化的外部环境中稳健前行的内在动力,是培养责任感、自律性、预见性和化简为繁的生存智慧。这种家庭美德的传承对于家庭的幸福和社会的发展都具有不可估量的价值。通过实践勤俭持家的美德,家庭可以在现代社会中稳健地向前发展,确保每一份资源的合理利用,为未来世代营造一个更加繁荣安稳的家庭和社会环境。

(五)邻里团结:家庭美德的崇高境界

邻里团结是家庭美德的崇高境界,它关系到社区的和谐与整个社会的文明进步。家庭不仅仅是社会的基本单元,也是社会关系网的重要组成部分。邻里之间的互帮互助、和睦相处是社区稳定和社会安宁的重要保障。

首先,邻里团结反映出一种"以家庭为出发点,以邻为伴"的价值观。家庭与邻里之间的和谐关系,不仅使得每个小家庭可以在相互尊重和友好的氛围中成长,也让更大的社区环境如一棵棵紧密联结的树木,共同构建起稳固的森林。这种关系的建立不是孤立的,它需要每个家庭成员的参与和努力。通过家庭成员之间的相互教育,从小就培养对邻里的关心和尊重以及在社区中积极参与和贡献的意识。

邻里团结的家庭美德还表现在对周围环境的共同维护上。邻居之间共享着居住的环境,因此,一个良好的邻里关系可以显著提高居住环境质量,形成共治共享的生活空间。家庭的每个成员都负有保持周围环境干净整洁、安全宜居的共同责任。在困难时刻,比如疾病、灾害或其他紧急情况,如果邻里之间能够相互支持和帮助,就能极大增强社区抵御风险的能力,增进社区凝聚力。

此外,邻里团结能够促进多样性和包容性文化的建立。在全球化和文化多元化日益增强的今天,邻里之间的合作和理解对于文化交流、社会融合意义重大。家庭通过教育和实践,应当倡导开放与包容的态度,尊重彼此的文化差异,通过交流和分享促进邻里之间的相互理解。

总的来说,邻里团结是家庭与社会相互影响、相互依存关系中的一项崇高美德。家庭通过实践这一美德,不仅能为自身创造一个更美好的生活环境,还能把这种和谐与善意传递到更广泛的社会空间,为构建和谐社会奠定坚实的基础。当每个家庭都秉持着邻里团结的原则,我们的社会自然会更加和谐进步,每个人的生活也会更加幸福安宁。

第四节　个人品德

新时代公民个人品德的提升,不仅关乎个人的成长,更是国家和民族繁荣昌盛的重要基石。在新时代背景下,公民个人品德的内涵和外延不断丰富和发展,成为国家和社会发展的重要推动力。

一、个人品德的概念

个人品德是指一个人在思考、情感和行为上展现出来的道德品质和性格特征的总和。它由一系列道德规范、价值观和美德组成,反映了个体在日常生活中的道德判断、道德情感和道德行为。品德好的人通常被认为是诚实、公正、慷慨、同情、负责任和尊重他人等优良品质的具体体现。

在道德哲学中,品德是用来评估一个人品性好坏的关键因素。它不仅关乎个体的内在道德素养,也涉及其对社会规范和价值观的认同与实践。个人品德并非一成不变,而是在不断的社会互动和个人反思中形成的。随着生活经历的丰富、教育水平的提高以及社会环境的影响,一个人的品德可以得到提升或者变得退化。个人的品德通常以个体的道德判断力、道德责任感和道德操守作为衡量标准。判断力涉及对正确与错误的辨识以及在道德困境中做出恰当选择的能力;责任感体现为对自己行为后果的承担和对社会义务的履行;操守则是指在日常行为中遵守道德规范和承诺的一致性和坚持性。

在社会生活中,个人品德对于构建和谐社会、维持良好的人际关系,并实现个体的社会融入和职业成功至关重要。例如,工作场合中的职业道德要求诚信、责任、公正和尊重;而家庭和朋友间则更加强调忠诚、关怀和宽容等品质。教育被认为是培养和提升个人品德的主要途径之一。通过家庭教育、学校教育以及终身学习,个人可以学会如何做出道德决策,如何举止得体以及如何以身作则在社会中起到积极作用。此外,个人反省也是提升品德的重要方法,它让人回顾自己的行为和决策,从经验中学习,不断调整自己的行为以更好地符合道德规范。

总之,个人品德是人格发展的重要组成部分,涉及一系列关于道德价值观和行为规范的内在与外化特征。通过个人和社会的共同努力,个人品德的培育与提升将有益于个人的整体发展,并对社会的道德进步与和谐有着深远的影响。

二、个人品德的主要特征

个人品德的特征主要有实践性、综合性、稳定性和自觉性。

(一) 实践性

个人品德的实践性是指品德并非仅停留在理念或道德准则上的概念,而需通过个体在日常生活中的具体行为和做法来体现。这种实践性体现在以下几个方面:

个人品德实践性的一个主要特征是具体性。个人品德不是抽象的高谈阔论,而是在个体的具体行动中显现。比如,正直不仅仅是主张诚实,而是在面临真实考验时,仍旧能够坚持不作弊、不欺骗、不撒谎的原则。

个人品德的实践性要求持续性与一贯性。品德的养成和维持不是一朝一夕之事,而是需要在个人生活的各个阶段和各种场合中保持一致。一个人在工作上表现出责任感,同样也须在家庭和社会生活中展现出对责任的尊重和承担。个人品德的实践性表现在对外部挑战的适应性上。当面对压力、诱惑或困难时,个人品德要能够引导行为做出正确的选择。例如在社会变迁、道德困境等情形下,品德的指导作用显得尤为重要,其使个体能坚守基本的道德原则和价值观。

个人品德实践性的一个显著特点是社会性。品德不是孤立存在的,而是与社会环境和人际关系紧密相连。比如勤劳和责任感不仅影响个人的工作成效,也影响整个团队的运作和社会的进步。同样,宽容、尊重和同情心等品德在处理人际关系时显得尤为重要,它们有助于建立稳固和谐的社会联系。

个人品德的实践性体现在其变革性。品德不仅指导个体适应社会,还能引发个人改变环境或影响他人的动力。通过行动传达的正面道德价值可以激励他人也遵循相同的品德标准,从而在一定程度上推动社会文化的进步。

所以,个人品德的实践性是它作为行为准则的本质特征,这要求个体将品德内化于心并外化于行,以实际行动连贯地展现其道德信念和价值主张。通过日常生活中不断地实践和体现,个人品德成为引领个体向善、维护社会秩序和增进人际和谐的重要力量。

(二)综合性

个人品德的综合性特征表明,品德不是孤立的单一品质,而是由多种道德品质交织形成的复杂结构。这种综合体现在以下几个方面:

个人品德综合性的一个关键特征是多维性。一个具有良好品德的人往往会在多个方面体现出优秀的品质,如诚实、责任、同情、勤奋等。这些品质相互支持,彼此补充,共同构成一个人全面的品德形象。例如,一个人在面对困难时,勇气能促使他站出来面对挑战,而责任感又驱使他承担后果,同情心则会让他帮助其他处于相同境遇的人。

个人品德的综合性在于其协调性。不同的道德品质需要在实际生活中合理搭配使用。例如,严厉的公正可能需要通过宽容和同情心来软化,保证在对待他人时既公平又不失人情味。这种平衡和谐的品德体系能更好地指导个体在复杂社会中的行为和决策。

个人品德的综合性体现在其内在的动态发展过程。个体的品德不是一成不变的,而是随着经验的累积、认知的提升和社会的交往不断发展和完善。在实际生活的每一个环节,个体都可能学习新的道德理念,加深对现有品德的理解,从而使得品德体系日趋成熟和丰富。

个人品德的综合性还在于其与社会文化和价值观的关联性。个人品德不仅反映了个体的道德选择和生活方式,还是社会文化背景和时代精神的产物。不同文化和社会背景中的价值观念会影响个人品德构成要素的重视程度和表现形式。

个人品德的综合性还体现在个人与社会之间的互动关系。优秀的个人品德能够对社会产生正向影响,推动社会道德水平的提升,而健全的社会环境又能提供个体品德成长和练习的土壤。因此,促进个人品德发展的过程,也是在不断优化整个社会的道德环境。

所以,个人品德的综合性表现为个体多种道德品质的有机整合、协调发展和动态演进以及个人与社会文化互动的双向塑形。这种综合性使得个人品德不是简单的、线性的品格叠加,而是个体在社会中维持道德秩序和增进共同福祉的重要基石。

(三)稳定性

个人品德的稳定性是指一个人的道德品质在不同情境下能够显示出一致性和持久性。这种稳定性体现在多个层面:

个人品德的稳定性意味着在时间上的持久。一个人的品德不应随意更改,应当在长时间内稳定。这要求个体在不同的时间段维护相同的道德标准,确保长期内的言行举止都能反映相同的道德原则。比如,一个始终展现出诚实的人,在无论多么吸引人的欺诈机会面前也会保持诚实,这种持久性建立了他人对该个体的信任。

个人品德的稳定性体现在跨情境的一致性。一个人的品德发挥作用不仅是在特定的、舒适的情境下,也包括在面临压力、挑战和诱惑时。稳定的个人品德要求一个人在公共生活与私人生活中、在患难与顺境时都能体现出同样的道德质地。例如,即使在没有监督或不能得到立即回报的情况下,该个体也会坚守公正和正义。

个人品德的稳定性要求内在价值观与外在行为之间的匹配。即一个人的内心信仰和对社会的道德承诺要通过其实际行为体现出来。换言之,真正的品德要求内外合一,而非仅在表面行为上遵守规则。这样的稳定性使得个体在没有外部监督的情况下也能自律。

个人品德的稳定性也体现在对环境变化的抗逆力。即使在道德规范不明确或被低估的社会环境中,个体也能坚持其品德标准,不随波逐流。这种抗逆力体现了个体对自己价值观念的承诺和对道德的坚守。

个人品德的稳定性中隐含一个成熟的自我觉知。个体需对自己的品德有清晰地认识,明白自己为何要坚守这些道德准则以及这些准则对自己和他人生活的重要性。通过这样的自我反思与确认,一个人能够在遇到挑战时坚持其道德信仰,展现出品德的稳定性。

所以，个人品德的稳定性是一种跨时空和情境的一致性，要求个体在各种环境中坚持同一套价值观，并且在行为上表现出持久一致的道德态度和行为准则。这种稳定性是构建信任、维护社会秩序、规范人际交往的关键因素，并为个体赢得道德尊重和社会认可提供了基础。

（四）自觉性

个人品德的自觉性是指个体在认识和实践道德规范时的主动性和自主性，即一个人在没有外部压力或监督下，能够自行识别和遵循道德准则的能力。这种自觉性的特征有几个重要方面：

个人品德的自觉性体现了主动性。当一个人拥有高度的道德自觉性时，他不仅在外部有道德要求的情况下行为得体，更会在日常生活的各个层面，主动遵守和执行自己的道德准则。这种主动性使得个体内在动机与外在行为保持一致，进而形成稳定的道德品格。

个人品德的自觉性反映了自律性。具备自觉性的个人能够自我管理和控制自己的行为，抵制诱惑和冲动，即使在缺乏外界监督或检查的环境下，也能够保持自己的道德底线。例如，即使在能够秘密获利而不承担后果的情境下，他也会因为内在的道德约束而拒绝不正当的利益。

个人品德的自觉性涉及个体对道德价值的深刻理解和内化。一个有自觉性的人不是盲目遵循道德规范，而是经过深思熟虑，将道德原则融入他的价值观中，并在实际生活中不断体现和践行这些原则。这样的内化过程使得道德不单是外部的要求，而成为个人内心的需求。

个人品德的自觉性还意味着负责任的态度。自觉性使得个体在做出决定时会考虑其对他人和社会的影响，并且愿意为自己的行为承担相应的后果。个人品德的自觉性让人们在面对选择时可以从众多选项中识别并执行那些符合道德原则的行为。

个人品德的自觉性也关联着持续的自我提升。具有自觉性的个体会不断反思自己的行为，学习新的道德理念，不断改善自己的品行。这种不断地自我完善驱使个体在道德实践中不断进步，提高自己的道德标准。

所以，个人品德的自觉性特点包括高度的主动性、自律性、对道德价值的深刻理解和内化、负责任的态度以及持续的自我提升。这种自觉性是个体道德成长和品格形成的关键因素，使道德行为成为自然的、内在驱动的，并帮助个体在没有外部监督的情况下维持和提升其道德水准。

三、个人品德的主要内容

个人品德的主要内容通常可以从多个方面考察,它们共同构成了一个人在社会生活中的道德面貌。以下是个人品德的一些主要内容:诚实与真实、正直与公正、慈善与同情心、宽容与感恩。这些内容通过具体行为表现出来,形成在社交、工作和生活中识别个人品德的依据。虽然不同文化和社会背景可能会影响到对这些品德特征的认可和重视程度,但它们构成了全球绝大多数文明社会所推崇的核心道德价值。

(一)诚实与真实

诚实与真实是个人品德中最为重要的两个方面,它们构成了一个人社交、职业和生活的道德基础。诚实指的是一种对事实的忠实和对真相的尊重,意味着一个人在与他人交往时始终保持坦率,不说谎言,不隐瞒事实,不进行欺骗或诈骗。真实性是诚实的内在体现,指的是个体在表达观点、情感和意图时的真诚,没有表里不一。在社会交往中,诚实与真实建立了人与人间的信任关系。当一个人表现出诚实行为时,就能获得他人的信任和尊重,因为别人相信他会按照事实而行,不会故意误导。例如,在商业交易中,诚实是建立长期合作关系的基石,一个诚实的商人会吸引更多的顾客与合作伙伴,因为他们相信这位商人不会利用信息不对称或欺诈来实现个人利益。同样,在学术界、法律和医疗等领域,诚实与真实是职业道德的核心。研究者应诚实地报告实验结果,不篡改数据;律师应诚实地代表客户,不隐瞒关键信息;医生应诚实地向病人说明治疗方案的利弊,不夸大医疗效果。这些职业实践的诚实原则,保护了行业的诚信和个体的利益。

然而,诚实与真实并非不受挑战。现代社会信息的复杂性,以及个体利益的多样性,经常使人们面临道德困境。有时,诚实可能导致短期的不利后果,如坦白错误可能会面临惩罚,或者坦诚个人观点可能会引发冲突。在这些情况下,保持诚实与真实的品德,需要个人有强大的自我控制力和高尚的道德勇气。诚实与真实还关乎个体的自我认知,并影响心理健康。如果一个人经常说谎或者在生活中扮演不真实的角色,那么他可能会面临内心的矛盾甚至焦虑与压力。内外不一的状态不仅损害他人对自己的信任,也可能导致自我价值感的丧失。

综上所述,诚实与真实在个人品德发展中占据了核心位置,它们不仅影响人际关系的建立和维护,还关系到社会的整体道德氛围和公正。教育孩子要从小培养其诚实的习惯,鼓励成人在生活中实践真诚与诚实,这是提高个体品质,打造诚信社会的重要途径。

(二) 正直与公正

正直与公正是个人品格的重要组成部分,它们强调个体在思考和行动中始终遵循正义原则,旨在保持道德行为和社会秩序的稳定。正直是一种坚持真理、诚实和正义的个人特质,指的是即使在面临个人利益可能遭受损害的情况下,一个人依然会选择正确的行为方式。而公正则是指在对待他人和处理事务时做出无偏见、公平的判断和行动,确保每个人都得到公平对待。正直的人不会因为外部压力或诱惑而放弃他们的原则,他们会根据自身的道德指南和信念做出决策,即使这可能导致物质损失或社会地位的下降。这种特质在困难和挑战面前展示了一种难能可贵的道德勇气,使个体能够维护正确的事物并为他人树立榜样。进一步说,公正意味着在给予报酬、惩罚、机遇或资源时考虑到所有人的权利和需求。公正的行为可以体现在不同的社会角色上,比如法官必须在审判时保持中立,老师分配学生成绩时必须公平无私,雇主在招聘员工时不能带有性别、种族或宗教歧视。在日常生活中,正直与公正也同样重要。它涵盖了家庭成员之间的互相尊重,朋友之间的坦诚互助以及邻里之间的和谐相处。保持公正能够减少冲突,增进理解,而正直的行为则能够树立信任,稳固关系。

不过,实践正直与公正并非易事,尤其是在亲情、友情与职务之间可能存在的利益冲突。面对这样的挑战,该如何做出公正的选择,如何不违背内心的正直,是对个人道德力量的考验。正直与公正要求个人有意识地进行自我反省,时刻警醒自己不被私欲所蒙蔽。此外,公正不只是在具体行为上的公平,还应体现在思考过程中,这要求个人拥有批判性思维和同理心,了解和考量他人的情况,尝试从公正的角度思考问题,能够帮助个体做出更加客观和公平的判断。

综上所述,正直与公正不只是个人品德的标志,也是构建和谐社会的关键。个人应该培养自己的正直与公正特质,懂得在复杂的社会关系中找到平衡点,即便是在面对利益的诱惑和道德的挑战时,也能坚守原则,促进社会公平与正义的实现。

（三）慈善与同情心

慈善与同情心是构成人类社会精神支柱的重要道德品质，它们源于人类对弱势群体的关注和对他人痛苦的感知能力。慈善体现为一种愿意帮助他人、为公共福利做出贡献的行为，而同情心则是对他人遭遇的理解和感同身受的情感反应。

在慈善的领域里，人们通过捐款、志愿服务、提供援助和资源等多种形式支持那些需要帮助的个体或团体。这种利他主义行为不仅可以缓解社会问题，还能够增强社会的凝聚力。慈善的实践不限于经济上的贡献，它同样可以是传播知识、教育、艺术或其他形式的服务。同情心，则让个体有能力站在他人的视角思考问题，体验他人的情感和经历。一个充满同情心的人能够在他人遇到挫折、痛苦或困境时，给予理解、安慰和支持。这种情感的共鸣不仅能够帮助受困者减轻负担，也能促进社会成员之间的情感联系，增强人际关系的深度和宽度。

然而，慈善与同情心并非天生就具备，它们需要在个人成长的过程中不断学习和锤炼。社会化过程中，家庭、学校和媒体等社会机构应该鼓励这些精神品质的发展，通过故事、角色模范和社会实践等方式培育儿童及青少年的慈善情怀和同情心。慈善与同情心的激发与培养也是社会进步的一个标志。在一个充满慈善精神与同情心的社会中，人们将更加重视社会责任和公民道德，使助人为乐成为一种普遍的社会风尚。这不仅有益于社会的和谐稳定，而且能提升每一个个体的精神境界和生活满意度。实际上，慈善与同情心对于个体自身的内在成长具有十分积极的作用。在帮助他人的过程中，个体能发现自己的价值和潜能，了解到幸福与快乐可以通过与他人的互动和帮助他人的行为中体现。这种品质的实践还能够促进个体的自我反思和心理健康，因为它使个体感到自己是社会中有用和重要的一部分。

综上所述，慈善与同情心是人与人之间相互理解和支持的桥梁，是社会正义发展和进步的动力。在不断变化和充满挑战的现代社会中，培养并实践这些品质至关重要，它们能够帮助我们构建一个更为包容、互助和共生的社区。

（四）宽容与感恩

宽容与感恩是人类社会中两种重要的美德，它们对于个人的心理健康、人际关系的和谐以及社会文明的进步具有深远的意义。宽容是指在认识到他人缺点和错误时,仍然能够给予理解和原谅,不以偏见对待,也不采取报复行为。它涉及对差异的接纳和对失误的宽恕。在宽容的氛围中,个体能够自由地表达自己的观点和信仰,同时尊重他人做出不同选择的权利。宽容鼓励我们在面对他人言行上的不足时展示出大度和理解,为人际交往营造一种平和与尊重的环境。感恩则是对他人善举的积极回应,是认识和赞赏他人给予帮助、支持和爱护的心态。感恩让人们意识到自己并非孤立无援,而是生活在一个相互扶持的社区中。表达感恩可以增进人与人之间的情感联系,加强社会的凝聚力。一个具有感恩心态的人通常更加乐观、快乐,并且能够更好地抵御压力和逆境。

宽容和感恩相辅相成。宽容让我们不因他人的错误和不足而断裂关系,而感恩则帮助我们认识到即便在困难和不确定性中,也有值得珍惜和感激的人和事。这两种态度能够教会人们在挑战和磨难中寻求积极的力量,促进内心的平静与和解。在宽容的过程中,我们学会放下成见和怨恨,选择以同理心和善意对待他人,我们认识到,每个人都会犯错,每个人都在不同程度上需要宽容和理解。因此,宽容不仅涉及对他人的接纳,也关乎对自我不断成长和进步的认可,它能够减少敌对和冲突,使得个体和群体能够在更加包容的环境中共存。而感恩则是一种积极的生活态度,它让我们感受到幸福和满足,同时鼓励我们慷慨地回馈他人。通过感恩,人们学会了赏识生活中的美好身影,而不仅仅专注于负面的情绪和体验。感恩的实践有益于心理健康,可以提升个体的自尊和自信,同时建立个体更积极、健康的心理状态。

综上所述,宽容与感恩在加强人际互动、建立积极人格和推进社会和谐中发挥着重要作用。它们提醒我们,在复杂多变的现实生活中,通过理解、原谅、感激和回报来培养和维护与他人的关系。通过宽容,我们化解了分歧和矛盾;通过感恩,我们连接了心灵和情感,共同构建了一个更温馨和睦的社会环境。

第五节　网　络　道　德

新时代公民网络道德建设旨在引导广大网民树立正确的价值观,规范网络行为,营造健康、文明、和谐的网络空间。

一、网络道德的概念

网络道德是指人们在网络空间中进行交流、学习、工作和娱乐等活动时应当遵循的道德准则和行为规范。随着互联网技术的飞速发展和网络社会的不断扩张,网络道德已经成为维护网络秩序、促进网络文明的重要方面。网络道德涵盖众多方面,包括但不限于:尊重他人、诚实守信、信息传播责任、知识产权尊重、网络公德、网络安全。随着网络行为的多样化和网络环境的复杂化,网络道德的内容和要求也在不断地演进和细化。维护良好的网络道德不仅需要个人的自觉遵守,还需要法律法规和社会共识的共同维护。

二、网络道德的主要特征

网络道德的主要特征包括自主性、开放性和多元性。

(一)自主性

网络道德的自主性特征在当代社会变得尤为重要,由于互联网是一个开放而自由的环境,用户不受传统监管机构的严格约束,往往需要依赖自我调节来维持道德标准。自主性指的是网络用户在遵循道德准则和法律法规的过程中,具有的自我管理和自我控制能力。这种自主性是网络道德的核心特征,对建立健康网络环境至关重要。

互联网的匿名性和虚拟性为用户提供了伪装身份、隐藏真实面目的空间。在这样一个去中心化和去身份化的空间内,传统的社会监管体系难以发挥作用,用户的行为监管更多地依赖于个人自我约束。网络道德自主性要求每个用户在缺乏外部约束和监督的情况下,自己承担起维护网络秩序和道德底线的责任。这包括但不限于保护隐私、尊重版权、避免人身攻击、不发布虚假信息等互联网行为规范。

网络自主性的实现取决于多方面因素。首先是个人素质。一个高度自律的个体能够主动地辨别正确与错误,并按照这些标准指导自己的行为。家庭教育和学校教育在这里发挥关键作用,它们通过培养个体的道德意识以及网络素养,提升个人在网络环境中做出道德决策的能力。其次,网络自主性还需要一个健全的社会文化氛围的维护。社会对于网络行为的公共议论和舆论导向会对个体产生影响。一个正面的、鼓励良好网络行为的社会文化更容易推动用户做出符合道德规范的选择。这就需要媒体、教育机构以及公众人物等传递正面的信息,弘扬网络礼仪,同时鄙视和遏制不道德的网络行为。

网络技术的发展也是实现网络道德自主性的重要因素。例如,社交媒体平台的算法需要优先考虑推广真实和有建设性的内容,而不是仅仅基于用户的点击率或是互动次数。同时,技术手段可以辅助监控和预防违反网络道德的行为,比如通过自然语言处理技术识别和屏蔽网络暴力、诽谤和其他不良信息。

然而,网络自主性并非易事,因为网络用户的多样性和行为的复杂性常常冲击着网络道德的标准。网络空间的广阔和信息的海量特性使得个人行为的后果似乎显得微不足道,从而可能削弱了某些用户遵守道德规范的决心。此外,社交网络上盛行的"回音室效应"(echo chamber effect)可能使个人只接收到与自己观点一致的信息,这在一定程度上也可能加剧了网络空间的道德分化和极端化。

总结来说,网络道德特征的自主性是网络世界中不可或缺的,它要求用户在没有外部强制力的情况下自律自控,遵循道德和法律规范。强化网络道德自主性需要全社会的共同努力,包括个人素质的提高、社会文化氛围的构建、技术工具的辅助等等。在不断推动科技发展和信息交流的今天,培养和提升网络道德自主性对于构建和维护一个健康、积极、安全的网络环境具有十分重要的意义。

(二) 开放性

网络道德的开放性是指互联网作为一个信息共享平台,促进了道德规范和价值观念的多样性与包容性。在全球化的背景下,网络将不同文化、社会和地区的人"聚集"在一起,这些用户持有各种观点、信仰和价值观,从而创造了一个多元化的道德环境。

首先,互联网突破了传统信息传播的界限,宣告了传播内容的无国界时代。人们不再仅仅受限于地域或物理空间,而是能够接触到来自全球各地的信息。网络用户在这个开放的平台上分享自己的理解、观点和判断,与不同文化和背景的人进行交流与碰撞。这种交流增进了文化的相互理解和尊重,推动了更加广泛的道德对话和协商,也让网络道德感受到了前所未有的开放性影响。网络道德的开放性还显现在其对于新兴道德观点的包容性。与传统社会相比,网络为新的道德思想提供了实验和传播的空间。在网络上,任何个体都可能成为道德讨论的参与者和引导者。对于各种社会议题,如环保、人权、性别平等,网络为人们提供了一个平等的讨论平台,个体的声音能够被其他成千上万的用户所听见,从而有可能对传统的道德理解产生改变或创新。

此外,网络的匿名性和伪装性给了用户探索和表达不同的道德观念的自由。在这种情况下,一些用户可能会更加坦率地分享他们的看法,包括那些可能在现实生活中不能公然讨论的敏感或争议性话题。这种开放性有时也带来了道德困境和冲突,这要求社会协商,以达成新的道德共识或多样性容忍的共处方式。网络道德的开放性亦带来了一系列挑战,包括网络暴力、虚假信息传播和隐私侵犯等问题。这要求网络社会发展相对应的道德规范,因为网络环境的复杂性和流动性,传统的道德准则可能需要被重新审视和调整。公众参与、政策制定和教育普及在形成这些新准则中起着重要作用。

总之,网络道德的开放性展现了现代技术如何使得道德讨论变得更加广泛与多元。网络不仅革新了道德的交流方式,也拓宽了道德观念的边界。在数字时代,推动开放性同时维护网络伦理,成为平衡不同文化价值、促进相互尊重与理解的关键。网络社会的发展离不开对网络道德开放性的深入理解与正确引导,从而确保网络空间成为建设性对话与共建共享的健康平台。

(三) 多元性

随着互联网的普及和发展,世界变成了一个"地球村"。人们越来越容易跨越地理和文化障碍,与全球各地的人进行互动和交流。这种交流导致了信息、价值观、习俗和道德标准的大规模融合。在这个环境中,网络道德的多元性变得尤为显著。

互联网用户构成极其广泛,包括了不同年龄、性别、教育背景、文化和社会阶层的人。每个用户都带着自己的价值观进入网络空间,反映了多样化的世界观、道德观和行为准则。个体的相互作用及其信息分享和反馈过程中,形成了复杂多样的道德观念体系。网络技术本身的开放性和去中心化特点也为道德多元性提供了土壤。不同于传统媒介,网络平台少有过滤机制,用户可以自由地发表意见和想法。虽然这样的自由度促进了知识和思想的迅速传播,但也给道德规范带来了挑战,例如:信息真伪难辨、网络欺凌以及侵犯隐私等道德问题。此外,网络的匿名性允许用户在虚拟世界中探索不同的身份和行为,这可能导致个体在网络上的行为与现实世界中的行为有所不同。某些情况下,网络匿名性能够激发用户积极地探索和自我表达,但另一方面,这种匿名性也可能促成负面行为,如网络霸凌、言论仇恨等。

网络的全球性和互动性促成了一场全新的道德对话。不同文化和社会背景的网民对于诸如言论自由、隐私权、知识产权等问题持有不同的观点和态度。一些国家和地区对于网络言论的管制较为严格,而其他一些地方则相对自由,这在全球范围内形成了不同的道德实践和标准。由于网络空间的虚拟性,在线行为的后果不总是立即显现,这可能导致一些网络用户忽视网络行为对他人的潜在影响,例如在线欺凌、虚假信息的散布等。在这样的多元化环境中,确定普遍适用的网络道德规范变得复杂。

因此,网络环境下的道德规范不断演化,需要新的理论和实践去适应这样的多元性。这包括但不限于跨文化沟通的理解、网络犯罪的预防以及个人隐私和网络安全的保护。同时,对青少年等易受影响群体的网络道德教育尤其重要,以培养其正确的网络行为和责任感。网络道德的多元性还体现在政策和管理层面。全球不同国家和地区根据自己的文化、法律和价值观制定相应的网络管理政策和法规。这就形成了一个多层次、多维度的网络治理结构,旨在维系不同政治体、文化界的共存及协调。

总体来说,网络道德的多元性强调了在全球化互联网环境下存在的道德观念、行为规范的多样性和动态变化性。这要求人们在网络互动中展现出更高的文化敏感性和伦理意识,共同构建和维护一个健康、积极、安全的网络空间。教育、立法和自我规制等多种机制的协同运作,对于引导网络道德的发展方向至关重要,以确保多样性中的秩序和谐。

三、网络道德的主要内容

网络道德主要内容包含了一系列在数字世界中应当遵守的行为规范和道德原则,用以指导互联网用户的网上行为。这些内容影响人们在线交互的正当性和合理性,主要可概括为以下几点:诚实与信用、尊重版权与知识产权、保护隐私权、言论自由与责任。网络道德不光是虚拟世界中的伦理规范,它通常也反映了现实社会中的道德标准,因此对互联网用户的道德素养和法律意识有着直接和间接的影响。随着网络技术的发展和应用范围的扩大,网络道德的遵守与推广愈发重要。

(一)诚实与信用

诚实与信用是网络道德的核心原则之一,其在数字世界中的意义与现实世界相同,即要求人们在在线互动和交易中保持诚实,维护个人和机构的信誉。

在网络环境中,由于其物理隔离和相对匿名的特性,确保这一原则得到遵守成为挑战。

诚实是在线信息交换的基石。随着假新闻、虚假广告和误导性内容的激增,诚实的沟通成为抑制这些消极现象的关键。若网络内容制作者和分享者不能坚守诚实原则,将导致虚假信息的泛滥,从而干扰公众的判断能力,可能引发社会恐慌、误解甚至带来实际的伤害。

信用是网络交易能否顺利进行的基础。在线购物、网络银行业务和其他电子商务活动的繁荣建立在消费者对商家和平台信任的基础之上。若商家提供虚假信息或不履行承诺,久而久之会损害其自身的信用,并可能对整个行业的声誉造成负面影响。

此外,对于个人用户而言,网络信用的建立也关系到其在线身份和社交互动的质量。个人诚信的缺失,比如网络诈骗、身份盗窃等不诚实行为,不仅侵害了他人的权益,而且对个人声誉造成极大损害。一旦用户在网络上失去信用,其后果远比现实世界更加严重且难以挽回,因为网络的记忆几乎是永久性的。在诚实与信用方面,网络平台和服务提供商扮演着重要角色。他们需要通过建立透明的政策、确保数据安全和施行有效的用户身份验证措施来促进网络环境的诚信文化。同时,加强用户教育,使其明白在网络世界中保持诚实与信用的重要性,这也是维护网络道德的关键途径。

实现网络诚实与信用,需要多方面共同努力。一方面,法律法规应提供清晰指导,处罚网络不诚实行为。另一方面,社会公众也应自觉遵守道德规范,互相监督,推崇诚实交流。通过这些综合措施,可以逐渐构建一个安全、可靠、诚信的网络环境,促进真实信息的传播和健康的在线文化。

(二) 尊重版权与知识产权

尊重版权与知识产权是网络道德的重要组成部分,这一原则体现了对创意工作的公平尊重以及维护创作者合法权益的意识。由于互联网提供了复制和传播内容的便捷途径,版权侵犯行为变得相对容易,因此,强化版权和知识产权的保护,对于促进知识经济的发展和创新环境的建立意义重大。

在网络环境中尊重版权意味着用户在下载、分享或使用网络上的音乐、视频、软件、文学作品等受版权保护的内容时,必须遵守版权法规定,得到版权持有者的授权。这也涵盖了学术作品、图像和其他在线出版物。不经授权擅自复制和传播他人作品,即使是在社交媒体上的非商业性分享,也可能构成侵权。尊重知识产权不仅是道德要求,也是法律义务。版权保护为创作者提供了利用其智力成果的独占权,从而能够通过其劳动成果获得合理的经济回报。如果这种权利被忽视,创作者将失去动力和资源来进行更多的创造性劳动,整体的创新生态和文化多样性将受到影响。

随着数字技术的不断发展,尊重版权与知识产权也面临新的挑战。例如,对于数字作品的非法复制及快速地在线分发、软件和媒体的非法下载,以及数字内容的非法流通等。这些侵权行为不仅造成了经济损失,也降低了整个社会对知识产权重要性的认识。平台和服务提供商在版权保护中起着核心作用。他们需要通过技术手段如数字版权管理(DRM)和内容识别系统来防止侵权内容的上传和分发。同时,要通过用户协议和教育活动增强用户对版权法规的意识,鼓励用户尊重和保护知识产权。

用户、内容创作者、服务提供商及相关法律机构的共同合作对于建立一个健康的网络版权文化至关重要。只有营造尊重知识产权的网络环境,才能确保知识和文化进步的成果被妥善保护,并持续激发更多创新活动的发生,进而推动社会进步和文化繁荣。

·(三)保护隐私权

保护隐私权在当今的数字时代至关重要。随着互联网技术的快速发展,个人信息的采集、使用和传播变得前所未有地容易,因此,隐私保护已经成为全球的热点问题。无论是个人、企业还是政府,都必须意识到保护线上隐私的必要性,并采取相应的措施。

首先,隐私权是人的基本权利之一。它涉及个人信息的保密性、个人的自主权和与之相关的尊严。在网络中,这包括但不限于个人的身份详情、位置信息、通信内容、购买行为等敏感信息。隐私权的侵犯不仅会导致个人信息泄露,还可能引发诈骗、骚扰甚至重大的金融损失。其次,网络隐私保护对信任和安全的重要性不言而喻。用户对于网络服务的信任建立在对其隐私保护能力的信赖上。如果用户认为自己的个人信息会被滥用或泄漏,他们可能会停止使用某些在线服务,这对于依赖用户参与度的互联网企业来说,可能导致重大的经济损失。

此外,隐私保护对于促进自由表达和创意思维也非常关键。担心个人信息泄露的用户可能会回避在网络上分享他们的意见和创意。长远来看,这种自我审查会削弱网络作为社会话题讨论和意见交流平台的功能,妨碍社会创新和进步。

为了有效地保护隐私权,多方面的努力是必要的。法律局面,实施和执行数据保护法律和规章,确保个人信息被合理收集、处理和存储,并为用户提供救济途径,以应对隐私侵犯的问题。技术层面,通过加密、匿名化处理和访问控制等技术手段可以提高数据安全性,防止数据泄露和滥用。同时,用户自身也应采取措施保护个人隐私。这包括了解和运用隐私设置,谨慎分享个人信息以及对于各项服务的隐私政策保持关注和理解。互联网企业也有责任制定清晰的隐私政策,提升用户对信息收集和使用的透明度,赋予用户对自己的个人信息进行控制的能力。

综合来看,保护隐私权是网络社会构建互信和可持续发展的基石。通过法律、技术和教育的结合,可以实现个人信息的合理保护,从而在不断变化的数字世界中平衡隐私权和信息共享的需求。

(四)言论自由与责任

言论自由是民主社会的基石之一,体现了个体表达思想、信仰和意见的能力,无论这些表达是口头的、书面的还是通过其他媒介传播的。这一权利是被多数国家的宪法和国际法律文书,如《世界人权宣言》和《公民权利和政治权利国际公约》,广泛认可与保护的。然而,与任何自由一样,言论自由是伴随着责任的,它要求个体在行使自己的权利时要顾及他人的权利和社会的共同利益。

言论自由的责任包括多个方面。首先,个体应当避免传播虚假信息,特别是那些可能造成公共恐慌、损害他人名誉或煽动暴力的言论。在当前的信息时代,错误信息和假新闻可以在互联网上迅速传播,这会对个人和社会产生严重的负面影响。因此,个体有责任确保自己分享的信息是经过核实的,并且是基于真实和客观的事实。其次,尽管言论自由包括提出批评和异议的权利,但言论不应该滥用为侮辱、歧视或侵犯他人权利的工具。这意味着在发表意见时,应当尊重他人的尊严和权利,避免使用侮辱性、诽谤性和仇恨性的言论。一些国家的法律明确规定了对于煽动仇恨和暴力言论的禁止,体现了言论自由与社会责任之间必须进行的平衡。同时,媒体和网络平台在促进言论自由和承担责任方面扮演着关键角色。媒体机构应当在传播信息时坚持新闻伦理,展示充分的责任感,防止误导公众。同样,互联网平台和社交媒体公司也需要对在线内容进行适当的监管,既要保护用户表达自由,同时也要防止有害内容的传播。

总而言之,言论自由与责任是相互依存的。为了维护一个健康的公共讨论环境和稳定的社会秩序,个体、媒体和平台需要在享有言论自由的同时,也认识到与之伴随的责任和边界。通过教育和自律以及适当的法律框架的支持,可以在保护表达自由的同时,促进对他人权利的尊重和社会整体利益的维护。

第六节　生 态 道 德

生态道德是一个在环境伦理学领域中的概念,其着眼点在于建立人与自然环境相互关系的道德准则。这种道德观念强调人类在利用自然资源和进行经济活动时,应对生态系统承担责任,尊重生命的多样性,并维护地球的生态平衡。

一、生态道德的概念

生态道德,作为一种伦理观念,旨在强调人类与自然环境之间的和谐共生。它要求我们在经济、社会、科技发展的同时,充分认识到保护生态环境、珍惜自然资源的重要性。

人类并不是孤立存在的,而是自然界中众多生命共同体中的一员,因此需要从整个生态系统的健康与稳定来重新审视人类活动。传统的道德概念常常以人为中心,将道德考虑局限于人与人之间的关系,而忽略了人与自然的关系。与之相对的,生态道德主张扩展道德的边界,包括对非人类生命形式的道德关怀。这个概念基于对生物多样性的重视和对生态过程的理解,认识到人类的健康和福祉与其他生物种类及整个生态系统的健康密不可分。实际应用中,生态道德促使人类在采取任何可能影响环境的行动时进行深思,考量长远的生态影响,将追求可持续性作为决策的核心指标。比如,在工业生产中,采取减少污染、节约资源和循环使用的策略不仅是法律法规的要求,也是生态道德的体现。生态道德要求企业和个人在其经济活动中预防对生态系统可能造成的损害,并力求促进生态系统的恢复和保护。

随着全球气候变暖、生物多样性流失等问题的加剧,生态道德逐渐获得了全球性的关注。教育和公共政策在推广生态道德方面扮演着重要的角色。通过教育可以加强公众的环境意识,激发公众对生态保护的责任感。而公共政策,如环境保护法和气候变化协议,是落实生态道德准则的重要工具,旨在引导社会整体行动,以实现可持续发展的目标。

在我国,生态道德理念已经得到了广泛传播和深入实践。政府、企业和公民都应积极参与生态文明建设,落实生态道德观念,共同呵护地球家园。生态道德不仅是一种伦理观念,更是一种实际行动。只有当每个人都践行生态道德,才能实现人与自然的和谐共生,确保地球生态系统的健康稳定。

为了推进生态道德建设,我国采取了一系列政策措施,如实施绿色发展理念、推进生态文明建设、落实环境保护法等。在全社会共同努力下,我国的生态道德观念不断深入人心,绿色发展取得了显著成果。然而,面对日益严重的生态环境问题,我们仍需不断加强生态道德教育,增强全民环保意识,倡导绿色生活方式,为实现可持续发展贡献力量。

简而言之,生态道德体现了一种新的伦理观,将道德关怀从人际延伸至人与自然的关系,这为人类提供了指引,从而更加和谐地与自然共处,维护地球家园的健康与持续性。这是一种全面的、系统的伦理理念,要求我们在个人、社会乃至全球层面重新定义其与自然世界的关系,以及基于此关系所必须承担的责任和义务。

二、生态道德的主要特征

(一) 全球性

生态道德的全球性特征主要体现在其普遍适用的道德原则,这不仅关乎个体或国家层面,更是人类共同面对的全球性议题。地球是一个紧密相连的生态系统,人类活动的影响超越了国界和地域限制,具有普遍性和全球影响力。以下几个关键点阐述了生态道德全球性的特征。

首先,生态问题的全球性。环境问题如气候变化、生物多样性的丧失、海洋污染和森林砍伐等,均无国界之分,它们的影响和后果是全人类共同面对的挑战。这些全球性的生态挑战要求有全球视野的道德原则去指导人类的行动,从而有效地解决或缓解环境问题。

其次,道德责任的普适性。生态道德强调的是一个普遍适用的道德责任,这意味着每一个个体、社会、国家都承担着保护环境、维持生态平衡的责任。不管是发达国家还是发展中国家,都需要在能力范围内采取行动,共同努力减少环境破坏,实现可持续发展的目标。

再次,共同但有区别的责任原则。在全球生态道德框架下,不同国家和地区的历史发展阶段、财富水平和技术能力不同,因此,面对共同的环境问题,不同的国家和地区应承担不同的责任。这是在全球性生态道德中被广泛认可的原则,既体现公平也强调效率。生态道德的全球性还表现在强调国际合作与全球治理。环境问题的复杂性和全球性要求国家间加强合作,通过共享知识、技术转移和金融援助等方式,共同应对环境挑战。国际组织和多边环境协议如联合国气候变化框架公约(UNFCCC)、巴黎协定等,都是生态道德全球性实施的具体体现。

最后,全球公民意识的培育。面对全球性的生态问题,个体和社群需要树立全球公民的意识,每个人都要意识到自己的行为会对远在他国的人们和环境造成影响。生态道德的全球性在于提升这种跨文化、跨地域的道德认同感,鼓励人们采取有利于全球福祉的行为。

综上所述,生态道德的全球性特征包括面对共同的环境问题、普适的道德责任、共同但有区别的责任原则、国际合作与全球治理的需求以及全球公民意识的培育。在全球化和生态危机紧迫的背景下,生态道德的全球性为人类指明了一个共同向前的道路,要求每个人都成为对地球这个共同家园负责任的一员。

(二)全民性

生态道德的全民性是指生态道德原则和价值观不仅仅局限于特定的社群或个体,而是需要被每一位社会成员所认识、接受和实践。这种全民性特征强调人人都有保护环境、维护生态平衡的义务,体现了从个人到整个社会层面对生态问题的普遍关注和行动的必要性。

首先,生态道德的全民性体现在其普及教育中。为了实现真正的全民性,环境教育和生态道德的观念必须融入学校的教育体系、社区活动和媒体宣传中。通过教育人们环境知识和生态道德理念,有利于培育公民的环境意识,使其成为每个人日常生活和决策中的一个重要部分。

其次,生态道德的全民性表现在其包容性。生态道德不区分年龄、性别、职业、社会经济地位,它主张无论个人背景如何,都应当在自身的能力和位置上为环境保护贡献力量。这意味着生态道德的实践是社会每一位成员共同的责任,包括家庭、学校、企业、政府机构等各个层面。

再次,生态道德的全民性还要求整个社会的结构和制度支持环境保护的理念。这包括法律法规的制定、经济激励和惩罚机制,都应当促进和鼓励环境友好的行为。制度的支持能够使生态道德的实践变得更加广泛和有效,成为社会运作的一个内在部分。全民性也体现在生态道德实践的动员和参与中。政府和非政府组织应携手工作,通过各种宣传活动和社区参与计划,鼓励个人和集体采取实际行动,如回收再利用、节能减排、保护野生动植物等,从而实现生态道德在民众中的广泛传播和扎根。

最后,生态道德全民性的实现还需要文化和价值观的支持。传统文化中有许多关于尊重自然和和谐共处的智慧,这些价值观的传承和创新发展,对于生态道德观念的内化具有重要意义。社会应该尊重并鼓励多元文化中生态智慧的流传,使其融入现代生活,形成普遍的生态道德价值观。

综上所述,生态道德的全民性是通过教育普及、社会包容、制度支持、广泛参与和文化传承等方式实现的,它要求生态道德成为每一个人日常行为的自觉指南和社会行动的共同标准,最终实现人与自然的和谐共生。

三、生态道德的主要内容

生态道德是指在人类活动与自然环境的交互作用中所形成的一系列道德准则和伦理观念。它们旨在引导人类正确处理与环境的关系,促进生态平衡和可持续发展。生态道德的主要内容包括以下几个方面:尊重生命的价值、环境正义与环境教育、兼顾经济发展与保护环境。总的来说,生态道德的主要内容涉及个人行为、社会文化、经济发展、法律制度等多个方面,需要不断演进以适应新的环境挑战和社会发展需要。实践生态道德,意味着人类必须以更加负责任和可持续的方式与自然环境相互作用。

(一)尊重生命的价值

尊重生命的价值是生态道德核心内容之一,它深刻影响着人与自然和谐共生的理念与实践。在生态伦理学中,这一原则呼吁人类要认识到除了自己以外,其他生物和生态系统也拥有自己的价值和尊严,这是所有生态道德行为和决策的基本出发点。

尊重生命的价值首先要求我们认同生物多样性的重要性。地球上的每一个物种,无论是最小的微生物还是最大的陆地哺乳动物,都是生态系统中不可或缺的组成部分。这些物种间复杂的相互作用构建了地球的生命网络,维护了环境稳定性和人类福祉。因此,人们有义务保护这种多样性,防止物种的灭绝和生态系统的退化。进一步而言,尊重生命的价值还包含对非人类生命体的感知和利益的重视。这一点体现在当代生态伦理的各种流派,如深层生态学、生物中心主义和生态女性主义等中。这些思想倾向于主张人类应以更为谦逊和节制的姿态面对自然,承认并维护其他生命体的利益和权利,而不仅仅是基于人类对自然资源利用的考量。

此外,尊重生命的价值还体现在对未来代际权利的关注。当代人享有的是从先辈手中接过来的自然环境,同样也有责任将一个健康生态留给子孙后代。这种跨代际的生态正义观,要求我们的环境行为不仅要考虑当下的需求,而且不能损害未来人类的生存和发展条件。尊重生命的价值也要求我们反省传统的人类优越论。多年来,人类因技术的优势而漠视自然,导致环境破坏和生态危机。生态道德敦促我们跳出人类中心主义的思维限制,承认人类仅是大自然众多物种中的一员,其有责任维护整体生态秩序,而不是单方面的统治者。最终,尊重生命的价值促进了一种全新的环境伦理观。在这种观念下,人类行为将充分考虑对所有生命体和自然环境的长远影响,倡导可持续的生活方式和发展策略,促使人类发展与自然保护相辅相成。

所以,尊重生命的价值不仅是生态伦理学的一个理论概念,更是一种实践原则和行动指南,它要求全人类以负责任的态度面对自然,以和谐相处和共同繁荣的目标指导我们的每一个决策和行动。

(二) 环境正义与环境教育

环境正义和环境教育是生态道德的两个重要组成部分,它们共同构建了一个更加平衡和公平的环境管理体系,并培养了公民对自然的责任感和行动力。

环境正义强调在环境管理和政策制定过程中应保障所有个体和群体,特别是最弱势群体,享有相同的环境权益,不受污染和其他无公正环境压力的影响。环境不正义现象包括贫困人口多承担环境污染的不利后果,缺乏参与环境决策过程的机会以及环境资源的不平等分配等。环境正义旨在消除这些不平等,确保每个人都能生活在一个健康、可持续的环境中,并有能力对其进行维护与保护。为了实现这一目标,需要通过立法、政策调整、社会运动等多种手段,促进公平和可持续发展。

环境教育则是指通过教育和宣传活动,提升社会公众的环境意识,促使人们理解环境保护的重要性以及自身的环境责任,同时传授保护环境的知识与技能。环境教育旨在形成一种积极的环境伦理观念,激发个人和集体保护和改善环境的内在动力。这种教育不限于学校教育,还包括社区教育、媒体宣传、工作场所培训等各种形态。

环境正义和环境教育是相辅相成的。只有当公众理解并认可环境正义的重要性时,他们才更可能投入到促进正义的活动中去。同样,如果没有广泛的环境教育作为基础,公众可能缺乏处理环境不公问题的必要知识和技能。在实现环境正义的过程中,教育可以为公众提供工具和策略,帮助人们学会识别不公现象,提倡变革,并参与到实际的环境保护行动中。有效的环境教育能够帮助公众认识到个体在生态系统中扮演的角色,了解自己的行为如何影响环境,从而培养出一种全球公民意识和行动力,这对于推动环境正义至关重要。当个体和社区能够从教育中获得赋权,他们就有能力呼吁变革,参与决策,并造成积极影响。

因此,在促进生态平衡和环境保护的过程中,环境正义提供了目标和原则,而环境教育则提供了达到这些目标的手段与路径。只有二者结合,通过促进知识与意识的提升以及不断奋斗争取每个人的环境权益,才能够创建一个持久和谐的人类与自然相处模式。

(三)兼顾经济发展与环境保护

兼顾经济发展与环境保护是21世纪最为迫切的全球性议题之一。随着人口增长、工业化进程加速与技术的发展,自然资源的大量开采和环境污染已经对生态系统和人类社会造成了严重的影响。因此,找到一种既能保障经济增长又能有效实施环境保护政策的发展策略成为世界各国共同面临的挑战。

经济发展是提升人类生活水平和社会进步的重要驱动力,而环境保护则是确保自然资源和地球生态平衡得以维持的必要条件。过去,人们往往认为经济发展与环境保护是对立的,即经济增长必然以牺牲环境为代价。然而,这一传统观点已经逐渐被一种更为包容和可持续的发展理念所替代,即通过绿色经济和可持续发展实现经济与环境的双赢。实现这一理念,首先需要在政策制定中燃起绿色和可持续发展思想,确保经济活动不会对环境造成不可挽回的损害。这可以通过制定和实施各种环境保护法律法规来完成,比如设立排放标准、制定资源税收政策以及通过提供财政刺激来鼓励清洁技术的研发和应用等。

企业和社会各界也需积极参与到可持续的经济活动中。企业可以采用更环境友好的生产流程,比如减少能源和材料的消耗、重用和循环利用资源、减少废物排放。而消费者也可以通过支持可持续的产品和服务,来进一步推动经济和环境目标的协同发展。技术创新是解决经济与环境冲突点的重要途径。通过研发能源效率更高、污染更少的新技术,可以使得生产更加节能减排,同时提升企业的市场竞争力。另外,投资清洁能源、智慧城市和绿色交通领域,不仅有助于降低对化石燃料的依赖,还能创造新的经济增长点。国际合作同样是实现经济发展与环境保护协调进步的重要方面。气候变化是一个全球性问题,需要全球共同努力来应对。通过国际协议以及国际组织的合作,世界各国可以共享环保技术,互帮互助以实现全球环境治理的目标,同时促进经济的共同增长。

总而言之,兼顾经济发展与环境保护需要高瞻远瞩的策略和多元化的方法,它要求政府、企业、个人和国际社会合作,通过绿色政策、可持续消费、技术创新及国际合作共同促进经济的增长的同时保护我们的环境,确保地球的可持续发展。

第七章 新时代公民道德建设的现实途径

随着社会的快速进步和科技的不断革新,人类的生产生活方式发生了深刻的变化。在这样的大背景下,公民道德建设显得尤为重要。因为道德不仅直接关系到人与人之间的相互理解与尊重,还关系到社会的和谐稳定与健康发展。公民道德是社会和谐稳定的基石。一个社会要想长期稳定发展,必须有一套被其成员普遍接受并遵守的行为规范和伦理标准。在快速发展的新时代,社会成员之间的交往变得更为频繁和复杂。公民之间如果缺乏相应的道德约束,会导致人际关系的紧张,甚至引发社会矛盾和冲突。因此,推进公民道德建设,不断加强社会成员对公共利益和社会责任的认识,是营造和谐社会的前提条件。公民道德对经济的健康发展具有至关重要的意义。市场经济作为资源配置的有效机制,其自身并不具有道德判断能力。在市场交易中,如果公民缺乏诚信、守法等基本道德素养,将会导致交易成本的上升,甚至引发经济秩序的混乱。因此,公民道德建设在确保市场经济有序运行、推动经济可持续健康发展方面具有不可替代的作用。

第一节 培根铸魂:三育结合与情感发展

随着科技进步和社会发展,如何在这个变化莫测的时代中坚守道德底线,提升公民道德素养,不仅成为社会发展的需要,更是实现社会和谐稳定的重要保障。新时代公民道德建设是一项长期而复杂的工作,它要求我们不断适应时代变化,更新道德观念,从而推动社会的整体进步和谐发展。

一、家庭教育

家庭教育是个体成长的第一课堂,对公民道德的形成起着至关重要的作用。在新时代的背景下,家庭教育不仅仅局限于传统的道德规范,还包括对科技的适应、对多元文化的包容以及对可持续环境的责任意识。以下是对通过家庭教育加强新时代公民道德建设的深入探讨。

(一)家庭教育是道德观形成的基石

在人的一生中,家庭作为最初社会化的场所,扮演着至关重要的角色,特别是在塑造个体的道德价值观方面。家庭教育的重要性不仅仅因为它是孩子接触的第一个教育环境,而且因为在家庭环境中,孩子是在与最亲近的人——其父母和兄弟姐妹的互动中学习和成长的。从出生的那一刻起,孩子就置身于家庭这个复杂而微妙的社会环境中。父母的一言一行,家庭成员的相互对待,以及父母对孩子行为的引导和回应,都是传递道德价值观的途径。孩子通过家庭生活中的互动经验来学习如何认知世界,构建道德行为,并对周遭的人和事件进行评价和反应。因此,家庭成为塑造孩子早期道德感、公平感、信任感及社会责任感等方面的第一课堂。

家庭教育提供了一系列行为模范,父母尤其是孩子模仿行为的首要对象。孩子从父母那里学习如何处理冲突,如何展示关怀,如何尊重他人及环境,并且观察到的这些模式最终内化成为他们自己的行为准则。当父母表达对道德标准的重视,如诚实和正义,并且在日常生活中体现这些价值时,孩子也有可能将它们融入自己的价值体系。

家庭中的对话和沟通是塑造孩子道德价值观的另一关键途径。当家长与孩子讨论各种话题时,不仅是在传授知识,同时也在传递底层的道德观念和生活观念。例如,在讨论日常新闻事件时,家长的评论和态度可以展示同情、公正或责任等价值观。这些讨论帮助孩子学会如何分析问题,如何表达自己的观点以及如何基于特定的道德标准判断行为的对错。家庭规则不仅设立了家庭生活的基本秩序,而且也是传递责任感、自律性和合作性这些关键道德属性的方式。例如,规定家务分担可以教会孩子们责任感,适时的奖励和惩罚可以使孩子们理解行为后果以及在家庭成员之间共享资源可以传授给孩子合作与公平性的概念。

在科技快速发展的现代社会中,家庭教育面临着前所未有的挑战。媒体和互联网可能以更广泛的影响力塑造孩子的价值观,但家庭教育在其中发挥着调节和指导的作用。父母需要成为数字时代的向导,帮助孩子在广阔而复杂的信息世界中筛选内容,发展批判性思考,并树立正面的网络行为准则。

家庭教育是孩子道德价值观形成的基石,它在孩子早期的人格发展与道德观念建立中起着决定性的作用。通过建立积极的家庭环境,维护良好的家庭关系,积极的语言交流以及明确的家规家教,父母能够深刻影响孩子的道德发展。尽管当今社会变幻莫测,家庭仍旧是教育和塑造下一代的坚实堡垒,通过家庭教育可以使孩子在未来的生活中成为具备良好道德价值观的人。尽管社会教育和个人经历对道德价值观的形成有着不可忽视的影响,但家庭教育提供的基础是其他任何教育方式无法替代的。因此,具有战略眼光的家庭教育对于培养健全人格的公民至关重要。

(二) 塑造积极向上的家庭文化

塑造积极向上的家庭文化是家庭美德建设的重中之重,它关系到家庭氛围的形成以及家庭成员的心理健康和行为习惯。此外,积极向上的家庭文化能够影响下一代的价值观念,对孩子们的成长产生深远的影响。

要塑造积极的家庭文化,家庭成员需要共同明确家庭的核心价值观,这包括诚实、尊重、爱心、责任感等。清晰的价值观指导家庭成员在日常生活中的决策和行为,帮助他们在面临道德问题时做出正确选择。一个积极向上的家庭文化离不开家庭成员间良好的沟通。家庭应是个人表达想法和感受的安全港湾,家庭成员相互间需要保持开放性和诚实性的沟通。建立召开家庭会议的习惯,定期讨论家庭事务和个人问题,这不仅能够增加家庭内亲密度,还能够促进问题的有效解决。

家长是家庭文化的第一任教师,父母的言行能够对孩子产生重要影响。家长需要通过一贯的言行来传递积极向上的价值观。比如,通过每天的乐观态度来传播积极的生活态度,通过对待别人的尊重和有礼貌的方式来教导孩子如何与人相处。家庭传统和仪式对加强家庭凝聚力和塑造家庭文化有显著作用。这可以是家庭庆祝节日的特殊方式,周末的家庭户外活动,或者是每晚的共同晚餐时间。这些固定的活动能够帮助家庭构建稳定的日常生活结构,同时也传递着爱和关心。

家庭环境不仅指物理空间,也包括家庭内的情感氛围。家庭中应充满温馨、鼓励和支持的氛围,让家庭成员在其中感到舒适与安全。例如,布置温馨的家居环境、鼓励成员之间的积极互动等。积极向上的家庭文化鼓励每个家庭成员追求个人梦想和自我成长。这意味着支持成员发展个人爱好,培养专业技能,追求学业和职业上的成功。这不仅能够增加每个成员的自信和满足感,还能够为其他家庭成员提供积极榜样。

积极向上的家庭文化需要不断适应时代的变化,鼓励终身学习的态度。家长应该积极更新自己的知识和技能,孩子们则需要在不断变化的世界中保持学习的好奇心和灵活性。这样的家庭文化助长了摒弃旧有的消极习惯,拥抱新知的积极态度。

总而言之,塑造一个积极向上的家庭文化需要通过以下几个方面来实现:明确共享的价值观,建立良好的沟通机制,言传身教,培养家庭仪式感,创造温馨的家庭环境以及鼓励个人发展与终身学习。通过这些方法,家庭将成为培养乐观、健康、有社会责任感个体的温床,从而对整个社会产生积极的影响。

国家和社会层面需要共同努力塑造积极向上的家庭文化。

第一,国家制定相关法律法规。在国家层面制定相关法规政策对于加强新时代公民道德建设是极其重要的。基于法规政策的指导和约束,家庭能在稳定有序的环境中愉悦、健康地成长。以下是对国家层面如何通过法规政策塑造积极向上家庭文化,从而加强新时代公民道德建设的展开论述。

国家必须在立法层面明确家庭美德的重要性。制定或修订法律,明确规定国家对于家庭美德建设的态度、家庭成员的基本责任和义务以及社会对家庭的支持措施。此类立法应当充分体现对家庭的尊重、保护与促进,强化社会文化的导向作用,培养积极向上的家庭文化。通过家庭教育法或相关政策,国家可以构建一个全面的家庭教育体系。鼓励并支持父母对子女进行德育、智育、体育等方面的教育,并为其提供必要的支持和资源。例如,提供家庭教育培训、在线教育资源和社区教育活动等。通过诸如税收减免、家庭福利补贴、优惠的住房政策等措施,减轻家庭经济压力,为家庭提供更多关注成员健康、教育和情感交流的空间。此类政策有助于增强家庭内的和谐与稳定性,是塑造积极向上的家庭文化的基础。

婚姻家庭是家庭美德的核心组成部分。法律应当保护婚姻关系的稳定性,如婚姻法规定双方的权利和义务,并严格处理家庭暴力、遗弃等行为,保障家庭成员的合法权益。如此,一个稳定的家庭环境会自然孕育出积极向上的家庭文化。儿童是家庭文化传承和创新的重要主体,国家需制定相关法律政策,确保儿童的合法权益,包括福利、保护、教育和发展的权利。如《儿童权利保护法》等法规,既可保护儿童免遭侵害,又为儿童创造了一个健康成长的积极环境。

在法律制定之后,还需要建立完善的执行机制和监督体系。如设立家庭事务调解组织、儿童保护机构等,可为家庭提供法律咨询,使争议调解及时得到解决,确保政策的有效执行。为了使家庭成员有更多时间和精力投入到家庭建设中,国家可以通过制定劳动法和社会保障法等,保障合理的工作时间、育儿假期、家庭紧急事务假等,使职场与家庭责任得以平衡,营造有利于家庭和谐的社会环境。

家庭服务业的发展可以有效地减轻家庭日常压力,提升生活品质。国家可制定政策鼓励家庭服务业的发展,如提供托儿、家政、养老等服务,为家庭提供必要的社会化支持。结合法规政策,通过公共教育和宣传活动,提升公民法律意识,推广和谐家庭理念,传播积极向上的家庭文化。同时,通过建立家庭荣誉制度,表彰典范家庭,树立正面典型,激励社会成员关注并营造积极的家庭文化。

综上所述,国家层面的相关法规政策塑造积极向上家庭文化涉及明确立法层面,支持家庭教育,强化家庭保护,保障儿童权益,创新法律执行机制,平衡家庭与工作以及鼓励发展家庭服务业等多个方面。立法不仅要确立家庭美德的重要地位,还要落实到监管机制和执行细节,以切实推动家庭文化的积极发展,构建和谐繁荣的社会。

第二,社会积极响应。民间团体在塑造积极向上的家庭文化中发挥着至关重要的作用。它们在政府政策制定和执行的间隙中起着桥梁和补充的作用,帮助社会各层面更有效地发挥作用。以下是对非政府机构和民间团体参与塑造积极向上家庭文化的展开论述。

非政府机构和民间团体可以针对家庭提供专业的教育和培训服务。通过组织研讨会、工作坊、讲座等形式,强化家庭成员尤其是父母的育儿技巧和家庭管理知识,帮助他们更好地应对家庭教育的挑战。同时,这些组织也可以为他们提供关于心理健康、压力管理和高效沟通的培训,促进家庭内部关系的和谐。许多家庭面临着社会压力、经济困难或家庭内部矛盾,非政府机构和民间团体可以为他们提供心理咨询和社会支持服务,还可以成立热线,为需要帮助的家庭成员提供专业咨询,并且链接各类社会资源,协助家庭获得医疗、法务和经济上的帮助。

民间团体可以成为家庭权益的倡导者。他们可以通过研究和收集数据,揭示家庭面临的问题和挑战,进而向政府和公众提出改进建议,推动相关政策的制定和完善。同时,它们也可以通过各种活动和媒介,提升公众对家庭问题的关注,并促进公众对健康家庭文化的认识。非政府机构和民间团体可以与政府、企业和其他组织合作,共同推动家庭友好政策的实施。例如,它们可以与企业合作,推动弹性工作制度,以帮助父母更好地平衡工作和家庭生活;也可以与学校合作,促进家校合作的教育模式,帮助儿童在学习和家庭生活中取得平衡。

民间团体在推广积极的家庭文化价值观方面起到模范作用。它们可以通过举办文化活动、节日庆典和社交活动来弘扬家庭的重要性,还可以分享和传播积极向上的家庭故事和案例。通过这些活动,可以使积极的家庭文化得到社会化的传播,并增强家庭成员间的情感联系。特殊家庭群体如残障家庭、单亲家庭、养老家庭等面临更多的挑战。非政府组织和民间团体可以关注这些群体,提供定制的支持项目,如专门的教育资源、心理辅导服务和社交活动。这些专项服务有助于特殊家庭更好地融入社会,增强家庭成员的自信和归属感。社区是家庭文化传播的重要平台。非政府组织和民间团体通过社区服务项目参与社区建设,比如建立亲子图书馆、社区花园、健身设施等,为居民提供一个相互交流、亲子互动和社区凝聚力培养的环境。通过这些项目和活动,可以促进邻里之间的相互支持和积极互动,为积极家庭文化的构建提供肥沃的土壤。

民间团体对于塑造积极向上的家庭文化起到不可或缺的作用。它们通过提供教育和支持服务,倡导家庭权益,加强社区参与以及关注特殊群体,补充和完善政府政策的执行,推动社会文化的发展。这些组织的多方面工作有助于打造一个更健康、更和谐的社会环境,并为每个家庭的繁荣做出贡献。

二、学校教育

学校教育作为国家和社会培养下一代的主阵地,在加强新时代公民道德建设中扮演着举足轻重的角色。下面从多方面探讨其重要性,并概述了相应的措施。

(一)学校教育是培养学生道德的主阵地

学校是传授基础知识和基本技能的场所,在此过程中也承载着灌输基本社会共识和道德规范的使命。通过课堂教学,强调诚信、尊重、负责等基本美德的重要性。通过日常行为规范的教育,学校为学生提供了一个学习和实践道德行为的平台,为学生未来成为社会有用的公民打下坚实的基础。在青少年时期,学生的价值观还在形成和发展的阶段,这时期的价值导向可能影响其一生。学校通过开展课程和活动,如思想政治教育、历史教育和文化传承活动,培养学生的爱国情怀,激发对社会和谐与进步的追求,从而理解并认同社会核心价值观。

学校教育并不仅仅是传递已有知识,更是通过教授学习方法和培养批判性思维能力,使得学生拥有终身学习的能力。在道德教育方面,学校通过讨论、反思等方式,培养学生的自我监督和道德自觉能力,进一步增强他们自我教育的能力。

学校教育通过持续的日常实践培养学生的良好行为习惯,配合学校的纪律规范和师生之间的互动,促进学生将道德知识转化为实际行动。比如,学校可以通过社团活动、志愿服务和社区参与等,让学生在实践中体验和理解公民道德的具体意义。除了知识和技能的教育,学校在促进学生心智发展与情感教育方面也扮演着重要角色。学校通过文学、艺术以及心理健康教育等课程,帮助学生理解复杂的情感体验,培养学生的同理心、尊重和责任感等重要的情感和态度。

学校是一个小型社会,学校所塑造的道德环境对学生的影响极大。一个德行崇高的教职员工,一个遵守规则的校园环境,一个充满正面激励的学校文化,都会构建起一个使学生在其中自然内化道德行为的社区。但学校教育在道德建设方面的作用并不是单向的,它需要国家、家庭和社会等多方的配合与支持。国家需提供政策支持和资源配备,家庭应承担起首要的教育职责并与学校形成教育合力,社会则需营造一个道德实践和学习的环境。只有这样,学校教育才能有效地加强新时代的公民道德建设,培育出既有道德感又有社会责任感的公民。在新时代背景下,这样的教育不仅是国家稳步发展的需要,也是每一个学生健康成长不可或缺的部分。

(二)加强学校教育的育德功能

学校教育在育人过程中的育德功能是构建和谐社会和培养全面发展的个体不可或缺的一环。在当代社会中,学校不仅仅是传授知识的场所,更是塑造道德品质、引导价值观念和行为规范的重要基地。学校教育是传承和弘扬社会主义核心价值观的有效途径。通过学校系统的教育活动,可以将国家和社会的核心价值观融入学生的学习和生活当中,如诚信、友善、公正等,帮助学生建立积极的人生观、价值观和世界观。在学校的教学过程中,学生通过学习历史、文学、哲学等学科,能够对善与恶、正义与不义有更深入的认知与理解。学校提供了一个多元文化的环境,学生可以通过课堂讨论、案例分析等方式,培养综合判断和道德决策的能力。学校教育通过创建正规的纪律体系和日常行为规范,有助于学生形成良好的个人品行。在遵守校规校纪的过程中,学生潜移默化地接受社会规范的影响,培养尊重他人、自律自约的行为习惯。

情感是道德形成和发展的重要组成部分。学校通过文学作品的阅读、艺术活动的参与、师生之间的互动等,涵养学生的道德情感,如同理心、仁爱心、责任心等,使学生能够在情感层面上对道德行为做出积极的响应。知行合一是学校教育中的一个重要理念。通过社会服务、志愿活动和校外实践等,学生将在实际行动中理解和形成社会责任感,将道德知识转化为社会实践的动力。在多元文化和价值观念交汇的时代背景下,学校教育应当培养学生的批判性思维,使其具备独立思考的能力,辨识不同道德观念和行为背后的利弊得失,能够在复杂的社会环境中做出理性的道德选择。学校教育的另一育德功能是帮助学生在不同的社会角色之间进行认同与适应,如学生、朋友、家庭成员等角色。在不同的社会群体中,个体需要扮演不同的角色,遵循相应的行为准则,学校提供了这种角色转换和适应的过程。

总体来说,学校教育的育德功能不可或缺,其对个人形成良好道德品质、理解与践行社会核心价值观具有重要意义。面对瞬息万变的现代社会挑战,学校教育需要不断创新和调整育德策略,确保育德功能的有效实施,让学生成长为对自己、对他人、对社会、对国家负责任的公民。

1.学校完善自身机制

加强学校教育对新时代公民道德建设的作用,关键在于学校本身要形成一套完整的教育机制和良好的教育环境。在这个过程中,学校需要从教育内容、教学方法、校园文化、教育评价和社会实践等多个方面着手,以确保道德教育的目标得以实现。

(1)学校要将公民道德建设纳入教育教学内容,确保公民道德建设渗透在各个学科。道德教育应与语文、历史、地理等学科融合,将道德观念和道德行为融入知识传授中。同时,思想政治课程的地位要进一步强化,课程内容也要与时俱进,贴近学生实际,关注社会热点,倡导正面价值。

(2)在教学方法上,学校须采用更为多元和互动的教学方式,比如案例教学、角色扮演、小组讨论等,以促进学生对道德知识的内化。教师应当成为引导者而非仅是知识的传递者,要鼓励学生培养批判性思考和自主探索能力。

(3)学校文化的建设至关重要。学校应当创建一个正面的育人环境,比如树立校园楷模、举行道德讲堂、开展志愿服务活动等,让学生在校园生活中感受到道德的力量。学校还应倡导尊敬师长、团结互助的校风以及勤奋学习、严于律己的学风,从而营造良好的育人氛围。

(4)评价体系的建立对于学校教育的导向作用非常关键。除了学业成绩以外,德育成效也应该作为评价学生的重要指标。学校可以通过建立道德档案、道德实践成果展示等方式,鼓励学生在日常生活中积极践行道德行为,并对之进行客观的评价反馈。

(5)学校教育应当鼓励学生走出课堂,参与社区服务、公益活动、社会调查等实践活动。这可以帮助学生将学到的道德理论知识与实践相结合,形成自己的道德观念和行为习惯,提升社会责任感和公共意识。

(6)教师是道德教育的关键人物。学校要注重师德建设,提升教师的道德水平和教书育人能力。教师既要在课堂上言传身教,又要在日常生活中以身作则,成为学生学习的榜样。

另外,家庭是孩子的第一所学校,家校之间的良好合作对道德教育至关重要。学校要与家长建立起有效的沟通机制,引导家长正确参与到孩子的道德教育中来,从而形成家校共育的良好氛围。学校在新时代公民道德建设中的作用是多方面的,需系统考虑并实施上述措施,从而为培养符合时代要求的公民打下坚实的道德基础。通过这些努力,学校教育必将在新时代公民道德建设中发挥更加积极和有效的作用。

2. 国家进行系统规划

为了加强学校教育在新时代公民道德建设的作用,国家层面可以从以下几个方面进行系统化的规划和推进:

(1)制定明确的政策指导。应当在国家层面制定明确和具体的教育政策,强调学校教育在公民道德建设中的重要性。这些政策需要涵盖课程设置、教育内容、评价机制和师资建设等方面,确保道德教育在学校所有活动中得到重视。

(2)优化课程与教学改革。课程内容应当不断根据社会发展和时代需求进行调整和优化。比如,纳入更多与现实社会相关的道德议题,教授学生在现代社会中面临的道德抉择和挑战。同时,应采用多元化教学方法,强化实践教学,提倡情景模拟、案例分析和社会实践,使道德教育更加生动,更易于学生理解和吸收。

(3)加强师德建设。国家需要通过制定标准及考核机制,强化教师的师德建设,以老师为榜样推动学生的道德成长。同时,设立专门的师德培训和发展计划,定期对教师进行师德教育和职业道德培训,确保教师能够凭借自身的道德素养影响和引导学生。

(4)多方协调合作。将家庭教育、学校教育以及社会教育形成合力,构建公民道德建设的立体网络。推动家校合作和社区参与,构建支持性的学习环境,并为学生提供更多实际体验道德行为的机会。

(5)创新道德教育内容和手段。借助现代信息技术,如互联网、虚拟现实(VR)等技术手段创新道德教育内容和形式。国家可以支持开发相应的教育软件和平台,充分利用数字资源和网络空间进行教育工作,以吸引青少年的兴趣并提升教育效果。

(6)增强教育公平。确保各地区、各层次的教育资源均衡配置,特别是对于边远地区和弱势群体的学生。国家可以考虑额外的支持和优惠政策,保障所有学生都能接受优质的道德教育。

(7)推广道德模范和典型。鼓励和表彰在道德行为上有突出表现的个人和集体,通过媒体和学校教育活动,让这些正面典型成为公民学习的榜样。这种方式能够提升道德行为的社会认同感,加强公民对道德行为的追求和模仿。

(8)定期评估和反馈。建立和完善道德教育的监测和评估系统,对学校的道德教育活动进行定期评估,并将评估结果反馈给学校和教师。通过改进和调整教育方法和内容,确保道德教育工作与时俱进。

总之,国家层面要加强对学校道德教育的重视,确保其在新时代公民道德建设中发挥出应有的作用。这不仅需要详尽的规划和严格的政策执行,还需要全社会的关注和支持,共同为培育具有良好道德素质的新时代公民而努力。

三、社会教育

社会教育,作为学校教育之外另一重要的人才培养途径,对加强新时代公民道德建设具有极其重要的意义。

(一)社会教育是道德培养的重要途径

新时代的公民道德建设不仅要求个体对传统美德的继承与发扬,还需要适应社会发展的新趋势,比如对科技进步的伦理思考、环境保护的道德自觉、网络空间的文明行为等方面。在这一背景下,社会教育的重要性体现在以下几个方面:

1. 补充和延伸学校教育

社会教育可以弥补学校教育在道德建设方面的不足,为学生和成人提供学校课堂之外的道德教育资源。它能够涵盖学校教育难以涉及的范围,如职业道德教育、终身教育等,帮助个体在不同的生活阶段和社会角色中继续学习和提升道德素质。

2. 体现社会价值观和文化传承

社会教育是价值观念和文化传承的重要渠道。通过各种非正式教育途径,如博物馆、展览、公益活动、传媒等,社会教育将社会主流价值观和优秀文化传统传递给公众,对于培育和加强公民的道德观念起到了重要作用。

3. 增强公众的道德意识

社会教育能够通过不断的道德宣传和普及,增强公众的道德意识,使人们对什么是道德行为、为什么要坚持道德行为有更深地理解。这种形式多样、内容丰富的教育方式更容易被公众接受,并在日常生活中得以实践。

4. 促进道德规范的社会化

随着社会分工的日益精细,各种社会角色和职业的道德规范也更为复杂多样。社会教育可以通过职业培训、行业协会等形式,提高公民对各自职业道德规范的认识和遵循,促进整个社会的道德规范化。

5. 应对社会变迁所带来的道德挑战

社会变迁往往带来新的道德问题和挑战,学校教育很难及时做出应对。相比之下,社会教育能够更快速地反映和解决这些新出现的道德问题,如对虚拟现实中的道德问题、生物伦理问题的探讨和教育。

6. 实现终身学习和全民教育

社会教育是实现终身学习和全民教育的关键途径。随着社会的发展和个人生涯的延伸,道德教育也需要随着时代的变迁而不断更新。社会教育能为所有年龄层提供学习机会,确保公民道德素养得到持续提升。

7. 营造良好的社会环境

社会教育有助于营造一个积极向上、健康文明的社会环境,对道德行为的认可和不良行为的惩戒能够激励个人和群体遵守社会道德标准。通过社区活动、媒体宣传等方式,不断影响和提升公民的道德品质。

总之,社会教育在新时代公民道德建设中发挥着至关重要的作用,它不仅补充和延伸了学校教育的内容,还能及时应对新的社会道德挑战,促进公民个体的全面发展和社会的持续进步。通过社会教育的不懈努力,可以培育出具有高尚道德品质和良好道德行为习惯的公民,为构建和谐社会奠定坚实的基础。

(二)加强社会教育的道德规范作用

社会教育在弘扬和实践道德规范中担当着举足轻重的角色。与正规教育相比,社会教育更加多样化、实践性强,并且渗透到公民生活的方方面面,发挥着塑造良好道德风气的作用。以下便是社会教育在道德规范方面的几个主要作用的详细论述。

1. 普及道德知识,提升道德认知

社会教育通过各种非正式学习方式,如公开课、讲座、展览和社区活动,让公民了解并认识到社会主义核心价值观及其他道德规范的内容和重要性。普及道德知识有助于提升社会成员的道德认知水平,为其提供行为判断的基准。

2. 塑造良好道德品质,增强行动力

社会教育不仅可以传授道德知识,还注重道德实践。通过志愿服务、慈善活动、社会实践等形式,让人们将所学的道德规范落实到具体行动中,从而逐步塑造出诚实守信、尊老爱幼、助人为乐等良好的社会道德品质,并通过实践活动的反馈来增强个体贯彻执行道德规范的行动力。

3. 倡导公民责任感,实现自我约束

社会教育强调个人的社会责任感,通过培训、媒体广播、社会舆论等手段,倡导每个人了解并履行自己的社会责任。当个人具有强烈的责任感时,他们更可能内化社会规范,并表现出自我约束的行为,为社会的和谐做出积极贡献。

4. 构建社会支持系统,整合道德资源

社会教育通过建立多样化的支持系统,如设立道德教育基金、开展公益广告、成立社区教育中心等,整合社会各方面的道德教育资源。这种支持机制能够使道德教育内容更加丰富,形式多样,进而增加公民接受和参与的机会。

5. 强化正面榜样的示范效应,促进道德规范内化

正面榜样的事迹和品质往往具有强烈的示范效应,通过媒体报道、案例研究等方式弘扬榜样的道德行为,激励公民模仿和学习,提升整个社会的道德

水平。

6. 反映社会现状,改善道德短板

社会教育可以通过调研、论坛等形式反映当前社会在道德方面存在的问题。这既是社会教育的反馈过程,也是教育改进的契机。通过及时识别并解决道德教育中的短板和不足,社会教育能够不断优化教育内容和方法,提升其在道德规范方面的有效性。

7. 应对社会变迁,更新道德规范

社会不断进步和变迁,伴随新的社会问题和挑战,社会教育在不断传授传统道德规范的同时,更需要对现有的道德规范进行审视和更新。面向未来,社会教育需要与时俱进,不断调整道德教育的内容以适应新时代的要求。

(三) 社会教育的自我塑造

加强社会教育在新时代公民道德建设中的作用,是建设社会主义精神文明的重要途径。社会是个复杂的大课堂,涉及文化、媒体、企业、社区以及个人等众多元素,所有这些要素都能通过各自的方式对公民道德进行教育和塑造。以下是一些加强这一作用的策略:

1. 文化引领

文化是道德教育的沃土。社会各类文化活动,如图书馆、博物馆、展览、演出、文艺创作等,均能传递道德价值观。加强这些活动中的道德教育元素,如强调历史人物的道德情操,展现社会主义核心价值观的艺术作品,能够在不知不觉中提升公民的道德认识。

2. 媒体责任

媒体是塑造社会道德观念的重要力量。网络平台、电视、广播、报纸等,应积极承担起社会责任,加强对正能量的宣传。通过正面典型的报道,引导公众关注身边的好人好事,同时应对负面信息进行管控,防止不良道德观念的传播。

3. 企业的参与

企业社会责任(CSR)是企业对社会道德建设的贡献。鼓励企业投身公益事业,强化企业文化建设,培育员工的职业道德,不仅能提升企业形象,还能加强社会的整体道德氛围。

4. 社区动力

社区是连接个人与社会的桥梁,是道德教育的前沿阵地。通过居民委员

会、志愿者组织、社区学校等渠道,可以组织道德讲座、座谈会,实施邻里互助计划,进行各类道德实践活动,增强居民的道德意识和社区归属感。

5. 教育机构的作用

除了正规的学校教育之外,成人教育、职业培训机构等也发挥着重要作用。通过这些机构开设道德教育课程或讲座,可以不断提升在职成人的道德水平,引导其在职业角色上贯彻良好的道德准则。

6. 法律规范

法律既是社会行为的底线,也是道德的最低标准。通过法律教育,使公民意识到遵法守纪的重要性,将法律规范转化为公民的自觉行为,使之成为社会成员共同遵循的道德底线。

7. 网络空间管理

随着信息技术的发展,网络已成为影响公民道德的重要空间。加强网络空间的管理,培育网络文明,通过建立准确的网络导向和清朗的网络环境,对提升公民的网络道德水平至关重要。

8. 道德模范和风尚引领

将道德模范的事迹通过各种渠道广泛宣传,如设立道德模范评选、讲述身边的好人好事等,弘扬社会新风尚,这样的实际行动能极大地促进社会道德建设。公共服务领域,包括医疗、公共交通、公共设施等,都需要体现出道德考量。加强从业人员的道德培训、提高服务人性化和公平性,有助于提升公民的道德体验和满意度。公民道德建设不是少数人的责任,而是全民共同参与的过程。倡导每个人都能从自我做起,以身作则,影响周围人,形成良好的道德风尚传播链。

（四）社会教育的具体路径

通过上述策略的实施,可以使社会每个角落都散发出道德教育的光芒,共同营造出弘扬诚信、和谐、友善、负责任的社会氛围。这样的社会教育能为新时代公民道德建设提供稳定而持续的动力,推动道德水平与社会文明同步提高,具体路径如下:

1. 国家着手强化

随着社会的飞速发展,传统的道德观念与现代公民生活发生错位,这就要求新时代的社会教育对公民道德建设发挥更加积极的作用。从国家角度加强社会教育在公民道德建设中的作用,制定并实施综合道德教育规划。国家应制定全面的道德教育规划,明确教育内容、目标群体、实施路径和效果评估等。通过法律法规和政策引导,将道德教育纳入国家教育系统的整体框架中,确保每个公民都能接受到连续且统一的道德教育。

2. 强化社会教育与正规教育的衔接

社会教育不应与正规教育割裂,而应作为正规教育的补充和延伸。国家可以推动构建学校教育、家庭教育和社会教育三位一体的道德教育体系,形成一个相互支持、共同促进的道德教育网络。

3. 加大资金和资源的投入

国家可以设立专项基金,支持道德教育的资源开发和课程建设。同时,可通过公共财政的投入,激励和引导社会组织、企业参与到公民道德建设中来,扩大社会教育的资源和渠道。

4. 推进媒体和网络道德宣传

借助新闻媒体和网络平台,开展形式多样、内容丰富的道德教育和宣传活动。国家应监督媒体和网络内容提供者,鼓励他们制作并播放积极向上、富于教育意义的节目和信息,营造良好的网络环境。

5. 利用现代技术手段创新道德教育

国家可以鼓励利用现代信息技术,如网络课程、虚拟现实、游戏化教学等新型手段,提升社会教育的吸引力和覆盖面。互动性和趣味性的教育模式能更容易吸引公民的兴趣,从而提高道德教育的参与度和效果。

6. 组织开展面向全民的实践活动

国家可以组织或支持各种社会实践活动,如志愿服务、文明城市创建、邻里互助等,让公民参与到实际的道德实践中。通过实践活动,加深公民对道德规范的理解和认同,将学到的道德知识转化为实际的行动。

7. 强化社会主义核心价值观教育

深入推进社会主义核心价值观教育,使其渗透到社会教育的各个层面,成为道德教育的核心内容。国家应该将社会主义核心价值观与中华优秀传统文化相结合,以国家意志形式推进此项教育。

8. 充分发挥社区在道德教育中的作用

加强对社区道德教育功能的建设和运用,让社区成为道德规范的传播和实践基地。通过社区组织开展的各种文化活动、讲座、主题教育等,来加强社会成员的道德建设。国家层面的政策、法律,社会组织的自发行动,媒体和公众的参与以及企业的社会责任,都应当协同配合,共同为新时代公民道德建设提供有力支持。通过各方共同努力,形成一个良性的社会教育生态系统,促进公民道德素质的提高。

综上所述,新时代的公民道德建设需要国家层面的统筹规划和系统实施,同时要在社会教育资源投入、技术手段应用、实践活动组织、核心价值观教育等方面加以创新和强化,以确保社会教育在促进公民道德建设中发挥更加重要的作用。

第二节　操守养成:价值引领与行动养成

一、重视价值引领

在新时代公民道德建设中,价值觉醒和认同是基石,它涉及人们对公认价值的理解、接受与内化过程。

(一) 价值觉醒和认同

加强价值觉醒和认同对公民道德建设的作用具有至关重要的意义。价值觉醒是指唤起个体对一套价值系统的关注和兴趣,通常是通过教育、媒体宣传等方式实现。在新时代的背景下,社会变革、科技发展和文化多样性要求公民不断更新和丰富自己的价值认知。国家应促进社会主义核心价值观在全社会的广泛传播,通过各种渠道和途径,激发公民对这些价值的关注,并引导他们对这些价值产生兴趣。价值认同则是比价值觉醒更深一层的过程,它要求公民不仅认识到某些价值观的重要性,还要在心理上将这些价值观和规范接纳为自身行为的导向标准,这是道德建设的核心环节。加强公民的价值觉醒和认同,是新时代公民道德建设的首要之义。

1. 强化教育的引领作用

必须将价值教育贯穿于人的一生,尤其是儿童和青少年时期,通过学校教育将社会主义核心价值观融入课程设计和课堂教学之中。此外,终身教育体系的建立也是必不可少的,公民应当在不同的生活阶段和社会角色中,不断接触和吸收新的价值观念。

2. 利用媒体提升价值观的影响力

媒体是价值传播的重要工具。无论是传统媒体还是新媒体,都应发挥其在传播社会主义核心价值观中的作用。通过新闻报道、专题节目、电视剧、电影等形式以及网络平台上各类互动性内容,可以渗透价值观教育及其重要性,强化公民对这些价值的认同感。

3. 倡导社区和家庭教育的重要性

社区和家庭是价值觉醒和认同的重要场所。通过家庭教育的传承和社区文化的熏陶,可以增强公民对社会主义核心价值观的认同。国家和地方政府应该激励和支持家庭和社区开展形式多样的价值观教育活动,如社区讲座、家庭节日庆典等。

4. 表彰道德榜样,营造优秀价值观的社会氛围

通过表彰在道德建设方面有突出贡献的个人和集体,可以有效地提升公民对积极价值观的认同。这种激励措施不仅可以鼓励更多的人关注和实践社会主义核心价值观,还可以在整个社会范围内形成学习榜样、崇尚道德的氛围。

5. 强化法律法规在价值觉醒和认同中的作用

法律法规是对价值观的规范和保障,通过将价值观转化成具体的法律条文,可以在公民中形成对价值观的普遍认同。同时,法律也提供了价值冲突时的判断标准,帮助公民更好地认识和实践正确的价值观。

6. 注重国际视野中价值认同的培养

在全球化的背景下,培养具有国际视野的公民尤为重要。这需要在保持民族文化自信的同时,吸收人类社会的优秀文化成果,树立全球责任感,并在此基础上提升民族文化的内涵。

总之,加强价值觉醒和认同在新时代公民道德建设中的作用,需要政府、社会和个人共同努力。通过教育、媒体、法律等多方面的工作,不断提升公民对社会主义核心价值观的认识和认同,从而促进社会整体道德水平的提升和社会文明程度的进步。

(二)知识教育和道德灌输

在新时代背景下,随着社会经济的快速发展,公民道德建设显得尤为重要。知识教育和道德灌输是建设公民道德的两个基本支柱,针对这两个方面的有效

强化,对培育新时代公民的道德素质和社会责任感具有积极作用。以下是加强知识教育和道德灌输对新时代公民道德建设作用的具体观点:

1. 强化知识教育的全面性

新时代的知识教育应当不仅仅局限于传授科技、文化和专业技能上的知识,还应涵盖公民道德、法律规范、社会规则等多个方面。全面的知识教育有助于提高公民的综合素养,使之更好地理解社会运行的机制,从而在实际行动中更自觉地遵循社会道德标准。

2. 提升道德教育的实践性

道德灌输不应仅停留在讲授抽象的道德规范与理念上,还应与日常生活实际相结合,在具体的社会实践中体现。可通过社区服务、志愿活动、模拟法庭等形式,使公民在参与过程中体验道德行为的重要性和必要性,实现道德知识从"知"到"行"的转化。

3. 注重情感教育与价值认同的结合

在知识和道德的教育中融入情感教育,通过故事、案例、电影等方式引发公民的情感共鸣,从而增强对道德价值的认同。情感的共鸣让道德规范不再是外在的强制,而是成为个体的内在追求。

4. 建立科学的道德评估系统

建立完善的道德评价和激励机制,公平公正地评价公民的道德行为,并给予相应的社会认可和奖励。这样的评估系统应当具有多元化的评价体系和透明的操作流程,使得道德评价可以成为推动社会公平、正义的工具,而激励机制则能够有效激发公民的道德行为动力。

5. 利用媒体平台加强道德宣传

媒体是信息传播的重要工具,其在道德教育中扮演着不可或缺的角色。通过新闻媒体、网络平台的宣传,可以扩大道德教育的覆盖面,传播正面的道德观念,并鼓励大众参与道德讨论,增强社会整体的道德意识。

6. 提高道德教育的针对性和有效性

道德教育需要根据不同的受众特点有针对性地实施。比如,针对青少年的道德教育需要更加贴近他们的实际生活和心理特点,而对成年人的道德教育则应更多地结合他们的社会角色和职责。教育内容的设计既要全面又要具体,以便于公民理解和接受。

7.强调道德教育与法制教育的结合

在新时代背景下,法律知识的普及对于公民的道德行为规范同样重要。法律是道德的底线,因此在道德教育过程中,需要将法制教育融合进来,使得公民在严格遵守法律的同时,也遵循更高层次的道德规范。

8.推进道德实践与国家治理体系深度融合

在提高道德教育实践性的同时,也应推动道德实践与国家治理体系的深度融合。通过政策引导,将道德建设作为国家和社会治理的重要内容,使道德建设与国家法律制度同步推进,提高公民遵循社会规范的自觉性。

总之,在新时代背景下,知识教育和道德灌输应当更加密切地结合社会实际,做到理论与实践的有机结合。通过多渠道、多方式的综合施教,强化公民对新时代道德价值的认同和践行,为构建和谐社会打下坚实的道德基础。

(三)情感同化和价值感受

情感同化和价值感受是新时代公民道德建设的重要组成部分。情感同化指的是个体在社会互动过程中产生与他人相似的情绪反应,进而促进群体内部的情感共鸣与和谐;价值感受则是指个体对于价值观念的理解与内心体验。加强这两方面,对于形塑公民的道德行为、提高道德修养以及构建积极向上的社会道德风尚具有至关重要的意义。

1.重视传统文化的教育,培养民族情感同化

新时代的公民道德建设要紧紧围绕民族传统文化展开,利用传统节日、纪念日等时机,通过举行各种文化活动,让公民深刻体会到民族文化的魅力,从而内化为一种民族自豪感和认同感。这种情感同化有助于增强整个社会对于传统美德的尊重和传承。

2.通过教育和媒体增强公民的价值感受

教育和媒体是培养公民价值感受的两大重要途径。教育机构应该通过课程设置、教学活动等多种形式,让学生亲身感受到诚信、尊重、责任等道德价值的重要性。媒体则应负起社会责任,广泛传播正面的价值观,通过情感化的报道和真实案例,使公众有更深刻的价值体验。

3.创建情感共鸣与价值感受相结合的社会实践活动

组织多种社会实践活动,如志愿服务、慈善捐赠、邻里互助等,让公民在实际行动中体验情感的共鸣和价值的实践。在亲身参与解决社会问题、帮助他人

的过程中,个体不仅能体验到合作与分享的快乐,也能加深对社会责任和道德义务的感受。

4. 构建和谐的社会环境,促进情感同化与价值认同

建立和谐的社区环境,鼓励公民在日常生活中互帮互助,关心他人。在和谐的互动中,公民能感受到团结协作的力量,加深对相互尊重、积极向上价值观的认同。和谐的社会氛围是推动情感同化和价值认同转化为日常行为的重要条件。

5. 加大对道德榜样的宣传力度,引导公民情感共鸣

通过各类媒体及公共活动对社会楷模、时代楷模等道德榜样进行宣传,让广大公民通过他们的事迹感受道德力量,激发内心的情感共鸣。同时,也应鼓励公民在平凡的工作和生活中践行类似的道德行为,形成学习榜样、争做先锋的社会风尚。

6. 利用互联网平台促进价值观念的广泛传播与接受

在互联网时代,应充分利用网络平台的广泛覆盖和便捷互动,推动正面价值观的传播。社交网络、在线教育平台等可以为公民提供更加便捷的价值观学习和讨论的空间,加强他们对正面价值观的认知和感受力度。

7. 完善道德教育体系,整合情感同化与价值教育

完善的道德教育体系应将情感同化和价值教育有机结合起来,通过校园课程、社会实践、家庭教育等多方面来培养青少年的情感和价值观。在各个阶段都应关注情感和价值观的培育,使其相互支撑,形成互动。

8. 推动法治与德治相结合,强化道德观念

在强调法治的同时,也要注重德治的作用,通过法律的约束和道德的引领,形成相辅相成的社会治理模式。在这样的环境中,公民更容易形成对法律和道德的双重自觉,实现情感共鸣和价值认同的深度同化。

总之,新时代公民道德建设应当强化人文关怀,注重道德情感的培养和价值体验,通过多元化的教育途径和社会实践活动,深化公民的情感同化和价值感受,从而促进公民内心的道德自觉和行为的道德自律,共同构建和谐、文明的社会环境。

二、强化行动养成

在新时代公民道德建设中,实践培养和行动习惯化是关键环节,它们有助

于将公民个体的道德观念转化为具体的行为标准和日常生活习惯。

(一) 实践培养和行动习惯化

以下将从实践培养和行动习惯化的角度出发,对其在公民道德建设中的作用进行论述。

1. 结合社会实际,进行道德实践培养

公民道德建设不应停留在理论层面,而应结合社会实际,将道德教育与日常生活实践紧密结合。通过志愿服务、社区互帮、慈善募捐等活动,让公民在实践中认识和感悟道德的力量和美德行为的价值。这样的实践机会能够使道德理念落地生根,更易被公民内化为自身的行动准则。

2. 倡导道德示范,营造良好行动典范

要有效加强实践培养和行动习惯化对公民道德建设的作用,需要有一定的道德示范作用。倡导各行各业的杰出代表担任道德模范,通过其公开的道德行为,对广大群众产生示范效应,引导公民形成积极向上的行动习惯。

3. 深化教育实训,增强道德行为认知

通过在学校和职场中设置道德教育课程和实训环节,使得公民从小就能在模拟环境中学会正确的道德行为。在实训中培养公民面对各种道德难题时的决策能力和行为准则,这样能够在基础上巩固和强化其道德行为认知。

4. 重视情景教育,加强行动自觉

结合情景教育,创建模拟的社会环境,让公民在不同的社会情境中反复实践道德决策和行为,加深对道德准则的理解。通过角色扮演、模拟决策等方式,使得公民在模拟的练习中培养道德行动的自觉。

5. 推广道德习惯,构建持久行动模式

要加强公民的道德实践和行动习惯化,还需要在社会层面推广道德习惯的形成。通过媒体宣传、教育引导以及法律规范等措施,促进良好道德行为习惯的社会化,帮助公民将道德行为固定为长期习惯。

6. 实施动态反馈机制,及时调整行动方向

在公民道德建设过程中,动态反馈机制是提高行为习惯化效率的重要工具。通过建立评价、反馈、调整的机制,使公民能够及时了解自己的道德行为,从而及时调整和规范未来的行为。

7. 提供多元参与平台,激发道德实践动力

构建多元化的参与平台,如社会服务、环保行动、公共艺术项目等,提供广泛的道德实践舞台,激发公民参与道德实践的兴趣和动力。让公民能够在多样化的实践活动中找到适合自己的道德行动方式,进而促进行动习惯化的形成。

8. 强化监督和激励,巩固道德行动习惯

加强对公民道德行为的监督,同时结合激励机制,如表彰、颁奖等方式,表扬道德典型,激发公民的道德行动力。通过持续的监督和及时的奖励,巩固公民良好的道德行动习惯。

总之,实践培养和行动习惯化对于新时代公民道德建设具有不可忽视的作用。通过在多个层面进行策略性的推动和优化,可以使道德建设工作落到实处,帮助公民树立正确的道德观念,并将之转化为实际的道德行为,最终促进社会道德风气的不断改善和提升。

(二)反思评估和自我提高

新时代公民道德建设中,反思评估和自我提高是个体持续发展的内在动力。反思评估是指个体对自身行为和道德准则的自省与审视,而自我提高则是在反思的基础上,不断改善和提升自身的道德实践。在公民道德的培育过程中,着力加强这两方面,可以有效推动公民的道德素质提升和社会整体道德风尚的优化。

1. 加强道德教育,培养公民的自我反思意识

道德教育不仅要教会公民知道什么是对的,更要使其具备自我反思的能力,能够识别和评判自己行为的道德意义。通过案例分析、角色扮演、讨论辩论等多种教学手段,激发公民的道德感知,鼓励其在日常生活中主动思考自己的行为是否符合社会的道德标准。

2. 建立公开透明的道德评估机制

社会各界可以共同创建一个公开透明的道德评估机制,通过自评、互评、公评等多维度评价方式,使公民能够从不同角度审视和评估自身的道德行为,促进自我认识的深化。

3. 鼓励日常行为的自我监督与反馈

通过建立个人道德日记、道德行为记录表等工具,鼓励公民对自己的道德行为进行记录和自我监督。同时,社会应鼓励建立互助反馈机制,允许公民之

间相互提醒、相互勉励,共同进步。

4.促进以案说法,强化道德事件的反思教育

社会媒体和教育单位应积极报道道德模范和反面案例,让公民通过具体事件感悟道德规范。通过分析这些案例背后的道德逻辑和社会影响,增强公民的道德判断力,驱使其在类似情况下进行自我调整和提升。

5.提供持续学习的平台,推动公民不断自我提高

政府和社会组织应提供道德学习的资源和平台,如在线课程、公共讲座、社区研讨会等,供公民不断学习新的道德理念和道德行为模式。这种持续的学习环境有助于个体实现从认知到行动的转变,并在自我提高的过程中形成良好的道德习惯。

6.注重道德实践与个人发展的结合

鼓励公民将道德实践融入个人发展计划中,将提升个人道德品质作为自我成长和职业发展的一部分。通过自我设定目标、计划和反思,公民可以将道德修养视为一种终生学习的过程,持续推进个人品德的完善。

7.倡导建立正向激励机制,鼓励道德行为的改进

社会应当建立正向的激励机制,对于在自我反思和评估中表现优异,或在道德提升方面取得显著进步的个人或组织,给予表彰和奖励。这种肯定和鼓励可以激发公民的积极性,使其更愿意在自我反思中找到成长点,不断实现自我超越。

8.强化社会支持体系,协助个体在困境中坚守道德底线

建立健全的社会支持体系,为公民在道德认知和行为实践中遇到困难时提供咨询、指导和帮助。通过心理辅导、道德讲座、社区互助等方式,帮助公民在面临挑战时保持道德敏感性与反思能力,避免产生道德观念的滑坡。

通过上述措施,不断加强反思评估和自我提高在公民道德建设中的作用,就能有效地促进新时代公民在道德修养上不断自我完善,在道德实践中体现自我提升。如此,社会整体的道德风尚将得到提升,形成健康稳定发展的社会氛围。

(三)社会交往和文化参与

新时代公民道德建设是一项系统性工程,在这一过程中,社会交往和文化参与扮演了重要角色。它们不仅能够促进个体之间的相互理解和尊重,还能通

过共享文化价值观和社交规范来强化社会的道德凝聚力。

1. 建立沟通桥梁,促进价值理念的交流与传播

在多元化的社会中,促进不同群体间的交流与对话至关重要。通过文化活动、社区论坛、在线交流平台等渠道,搭建沟通桥梁,让各种社会价值观和道德理念互相碰撞和融合。这种交流不仅有助于减少误解和冲突,还能通过共识的形成加强社会的整体道德建设。

2. 推广道德教育,将社会交往作为道德实践的场所

通过公共教育和媒体宣传,把社会交往的场合作为践行公民道德规范的重要平台。教导公民在与他人交往时展现诚信、友善、尊重等道德品质,如此可以在日常行为中对公民道德进行教育和熏陶,促进道德习惯的养成。

3. 积极促进文化参与,激发道德情感和认同

通过组织丰富多彩的文化活动,如艺术展览、音乐会、戏剧演出等,使公民有更多机会接触、理解和尊重传统文化与现代文明。艺术和文化的参与能够唤起公民的道德情感,增强对共同价值和道德规范的认同。

4. 强化道德榜样作用,用文化符号塑造正面形象

在社会交往和文化活动中塑造和宣传道德榜样,通过故事、歌曲、电影等形式,将具备优秀道德品质的个体或故事传播给广大民众。这种正面形象的建立有助于培育并加强公众的道德观念和行为导向。

5. 推动多样化文化活动,培养公民的道德判断和批判性思维

通过鼓励公民参与各种文化活动,培养他们在欣赏不同文化现象时的批判性思维。培训公民从道德的角度去评价文化作品和社会现象,提升公众的道德判断力,从而指导他们在复杂多变的社会环境中做出道德选择。

6. 利用社交媒介平台,加大良好道德实践的宣传力度

在社交媒介平台上分享和传播正面的社会交往经验和文化活动,以及其对道德建设的积极影响。利用网络的力量将正面信息扩散,鼓励更多的公民参与到道德实践中来,形成良性的公共讨论和道德实践氛围。

7. 开展文化教育项目,强化公民的历史责任感和道德责任感

结合文化教育项目,比如纪念馆参观、历史纪录片观看等,提高公民对历史和文化传承的认识。这些活动让公民在深入了解历史文化的同时,思考个人在社会发展中应当承担的道德责任。

8.创建互助合作的社会环境,发展社会交往中的共同责任感

通过建立和发展社区互助团体、志愿者组织等,促使公民在社会交往过程中建立互助合作关系。这些形式的社交互动有助于建立更紧密的社区关系,让公民在实际行动中体会到团结合作的重要性,从而增强道德意识和共同责任感。

总之,在新时代公民道德建设中,社会交往和文化参与的加强能够有效促进社会成员间的相互理解与合作,激活公民的道德自觉,构造富有活力和正向导向的社会文化环境。借助这样的环境,公民的道德素养可在实践中得到提升,共同推动社会道德风尚向更高层次发展。

第三节　维序促善:法律规范与公意守望

新时代公民道德建设的法律规范与公意守望是社会文明进步的重要保障和衡量标准。

一、法律规范的制定与执行

法律规范是道德规范的基础,它通过具有约束力的法律条文,来规范公民的行为,确保社会秩序和公平正义。新时代公民道德建设在法律层面上的体现包括但不限于:

(一)民法规范

民法规范作为调整公民之间平等主体私权关系的法律标准,对于新时代公民道德建设具有至关重要的作用。民法不仅仅是一种强制规范,它也反映和引导着社会成员的道德观念和行为模式。

首先,民法规范确立了社会交往的基本原则,如诚实信用原则、公平原则、自愿原则等,这些原则是现代市场经济中最基本的道德要求。通过民法的执行与遵循,可以培养公民在日常生活中的诚实信用和相互尊重的良好道德,促进社会关系的和谐。

其次,民法的人格权保护了公民的名誉权、肖像权等人格权益,提升了社会对个人尊严的重视。强化民法规范在人格权保护方面的作用,有助于引导公民

在网络时代仍能维护他人的名誉和隐私,树立正确的网络道德观念,避免道德失范。

再者,民法以法律的形式明晰了财产权利与义务,使其具有确定性和可预测性。民法规范要求在财产关系处理中遵守法律规定与合同承诺,进而可以培育公民遵纪守法的道德习惯和合同精神。它不仅能够维护经济交往的正常秩序,也能促进公民对于财产权利的正确理解和尊重。此外,当代社会家庭关系复杂多样,民法规范通过对家庭成员之间权利与义务的规定,强化了家庭共同体的道德纽带。通过民法指导公民正确处理家庭关系,形成促进家庭和谐、提倡孝老爱亲的社会风尚。

最后,民法规范通过法律责任制度,对违反道德准则的行为进行制裁。比如赔偿责任制度,可以让侵权行为者承担相应的法律后果,从而具有一定程度的警戒和教育功能,使公民在行为时更加重视自身的道德责任。在新时代背景下,加强民法规范对公民道德建设的作用,应当从强化民法宣传教育、完善民事法律救济机制、提升法律服务水平等方面着手,使得民法规范成为促进公民良好道德习惯养成与社会道德风尚形成的有力工具,为构建和谐社会提供坚实的法律和道德基础。

(二)行政法律规范

在新时代背景下,行政法律规范是调整公民与政府机关之间关系的法律标准,它在公民道德建设中起着框架性的导向作用。为了加强行政法规范对新时代公民道德建设的作用,以下几个方面的措施是必要的。

首先,重视行政法律规范在塑造公民行为标准上的引领作用。行政法律规定的各项规章制度均应体现公民基本的道德要求,如公序良俗、公共秩序和社会责任感等。通过这种规定,法律不再仅仅是一系列惩罚性措施的总和,也是一种行为标准的传播者,它通过具体规则去影响和塑造公民的行为习惯,让公民在遵守法律的同时,自然形成良好的道德行为。

其次,强化行政执法的透明度和公正性。民众对于行政法律规范的信仰取决于行政机关执行法规的方式和效果。当执法过程公开透明、执法结果公平合理时,公民更易于接受法规设立的道德标准,并据此调整自己的行为。相关行政机构应该通过合法、合理的执法行为,赢得公民的信任和尊敬,以身作则地展现和提升道德水平。同时,提供行政法律规范的教育与培训。对公民进行行政法律规范教育,可以提高他们对法规的了解,并意识到遵守法律是每个公民的责任和义务。借助媒体、网络平台和各种公共讲座,普及法律知识,培养公民按规范行动的意识,强化法规在个人道德建设中的基础性作用。进一步,提倡以行政法律规范为基础的社会责任感。通过强化环保法、卫生法等公共利益相关的行政法律规范的执行,增强民众对于环保、公共卫生等问题的责任感。在执行过程中注重引导而非简单粗暴的强制,鼓励公民主动遵守规定,养成自觉自律的良好习惯。

最后,完善行政法律规范的反馈与评估机制。通过听取民意和不断调整规范,使行政法规更加符合实际需要和民众期待,进而提升公民遵循法规的积极性。加强监督和评估,确保法规执行的效果可以反馈给制定者,及时修订不合时宜的规定,让法律与时俱进,更好地服务于公民道德建设。

综上所述,行政法律规范对新时代公民道德建设的作用不容小觑。应通过规范的完善与实施,教育与培训相结合,强化公民遵循法规的意识,并通过积极的行政执法及合理的反馈评估,将行政法律规范的引导功能最大化,促进社会公德不断进步。

(三) 刑法规范

在新时代的法制建设中,刑法规范作为规定犯罪和刑罚的基本法律,对于公民道德建设发挥着重要的支撑与引导作用。刑法通过对违法行为设定刑罚,确立了法律底线,也体现了社会普遍接受的价值观念和道德标准。以下是如何加强刑法规范在新时代公民道德建设中作用的论述。

首先,刑法规范是体现社会正义和伦理道德的基本法律。刑法明确了哪些行为是社会所不能容忍的,如杀人、盗窃、贪污等,这些行为的禁止不仅保护了受害者的合法权益,也维护了社会秩序和道德准则。通过刑法的惩处,可以震慑潜在的违法者,引导公民遵守法律,培养良好的社会道德。

其次,刑法规范通过针对具体犯罪行为的立法与修订,反映了不断变化的社会道德价值。随着时代的发展,一些新出现的行为模式,如网络诈骗、侵犯个人信息等,其对应的法律规制也在不断完善。通过新的立法工作,刑法规范化对这些新型犯罪行为的处罚,可以促进公民意识到这些行为的非法性和不道德行,增强公民道德自觉。

再者,加强刑法教育和普及工作。通过学校教育、社会宣传等手段普及刑法知识,让公民了解法律规定的犯罪行为及其严重后果。增强公民的法律意识,从道德角度提升大众对违法犯罪行为的警觉性和排斥性,从而在社会层面上形成对法律的尊重和遵守的良好风尚。同时,加大刑法执行力度,确保法律的严肃性和权威性。严格、公正、廉洁的司法是刑法规范影响力的关键。确保每一个违法者都能得到公正的审判和适当的惩罚,可以有效地传递出遵守法律、维护道德秩序的社会导向。

最后,注意刑法与道德规范的结合。虽然刑法主要针对行为的外在表现,但在评价行为时应充分考虑行为人的主观恶意与社会危害程度,把握法律与道德的交叉点。例如,在量刑时依法考虑犯罪动机、悔罪表现等因素,既体现法律刚性又兼顾道德弹性。

总的来说,加强刑法规范对新时代公民道德建设的作用需要透过法律的强制功能外,更加注意法律与道德的互动,以法律教育、法律实施和法律修订三位一体的方法,促进公民法律意识和道德观念的同步提升,构建更为和谐正义的社会环境。

二、道德教育与倡导

通过广泛开展道德教育,传播社会主义核心价值观,增强公民的道德自我约束力,并通过法律教育让公民理解和尊重法律。

(一)公民教育

在新时代背景下,公民教育作为传播社会主义核心价值观,培育和践行社会主义思想道德的重要方式,对强化公民道德建设具有深远影响。加强公民教育,对提升公民的整体道德素质和推动社会文明进步具有不可或缺的作用。

首先,将社会主义核心价值观融入公民教育。社会主义核心价值观是新时代公民道德建设的灵魂,公民教育应当将其作为教育内容的重点,通过学校教育、社会培训和媒体宣传等途径广泛传播,使其成为公民内心的信念和行为准则。

其次,强化公民对法治意识的教育。新时代的公民应当具备遵守法律、维护法治的意识和能力。通过公民教育普及法律知识,培养公民的法律素养,使公民明白法律不仅是行为的底线,也是维护公民权利和促进公平正义的重要工具,从而在道德层面上自觉抵制非法行为,遵循法律规范。加强传统文化在公民教育中的运用。中国优秀的传统文化蕴含了深厚的道德智慧,新时代的公民教育应当借鉴和发扬传统文化的道德教育资源,教育公民学习和实践诚信、仁爱、礼义等道德品质,以传统文化的道德力量来涵养新时代公民的道德素质。同时,注重道德实践在公民教育中的作用。道德教育不仅仅是理论上的灌输,更重要的是在日常生活中的实践和体验。通过志愿服务活动、社区互助、慈善捐助等实际行动,使公民将道德知识转化为行动,实现从"知善"到"行善"的转变。

最后,创新公民教育方式方法。新时代的公民教育应当跟上时代发展的步伐,利用网络平台、社交媒体等现代信息技术,创新教育手段,吸引公众特别是青少年参与到公民教育中来,使道德教育更加符合新时代公民的学习习惯和接受方式。

通过以上措施,可以有效提高公民教育在新时代公民道德建设中的作用,构建一个全面发展的、道德素质高尚的公民体系,为促进社会主义道德文明的发展和提升国家文化软实力奠定基础。

(二)媒体传播

在信息时代,媒体对于形塑公民道德具有巨大影响力。新时代媒体不仅可以传播信息,更是传递价值观念、塑造道德规范的重要平台。加强媒体传播在新时代公民道德建设中的作用,需要采取多元化的策略和手段,旨在促进积极健康的公民道德风貌。

首先,媒体应承担起传播社会主义核心价值观的责任。通过各种形式的节目内容和新闻报道,将社会主义核心价值观融入公民日常的生活,引导公民自觉实践和践行这些价值观。媒体可以通过讲述正能量的故事、报道模范人物、弘扬主旋律,以及展现社会正面事迹,激发公民道德感和社会责任感。

其次,媒体应通过监督和批评功能,公正报道事实,揭露那些违背社会道德底线的行为,对社会不良风气给予揭露和抨击。这种舆论监督不仅有助于遏制不道德行为,还能鼓励公民反思并强化个人的道德标准。加强媒体素质建设,提高媒体从业人员的道德责任感。要求媒体工作者诚实守信,遵守职业道德和行业规范,建立起良好的职业榜样,保证报道内容的真实性和客观性,以自身的道德修养影响和带动公众道德建设。同时,媒体还应当利用现代技术手段,创新宣传教育模式。随着互联网和移动通信技术的发展,传统媒体与新媒体融合趋势日益加强,媒体可以通过网络平台、社交媒体、移动应用等渠道,进行多样化和互动性强的道德教育,增强信息的吸引力和感染力。

最后,注重媒体内容的质量与深度,避免传播低俗、暴力或是负能量的内容,而是应加强审美教育和理性讨论,培育积极向上的道德情感,促使公众能够在接触信息时进行批判性思考,选择性地接受那些有益于个人道德成长和社会道德进步的内容。

综上所述,通过媒体的正面引导、问题监督、职业榜样塑造、技术手段创新和内容质量把控,可以极大地加强其在新时代公民道德建设中的作用,进而有助于营造一个健康、文明、温馨的社会氛围。

三、公意守望与社会监督

公意守望指的是公众对道德行为的观察、监督与反馈,社会监督则强调公众通过多种途径参与到对违法违规行为的监察之中。

(一)公民参与

新时代公民道德建设是构建社会主义和谐社会的重要基石,而公民参与则是推动道德建设的核心动力。公民的广泛参与可以提升道德建设的实效性,使道德规范转化为社会成员的自觉行为。

首先,激发公民的参与热情。为了促使公民更加主动地参与到道德建设中来,需要通过教育培训、媒体宣传等途径加强道德意识的普及,提升公民的自我道德修养和社会责任感。让公民意识到,个体的道德行为不仅关乎自我成长,也直接影响社会风尚和国家形象。

其次,创造条件,便利公民参与。政府和社会应提供多样化的平台和渠道,促进公民在社区服务、慈善活动、环保行动等方面的积极参与。例如,建立志愿服务体系、举办公益活动、鼓励慈善捐赠等,使公民在参与中感受到道德建设的意义和价值,从而激发道德行为的内在动力。

再者,强化公民参与的示范效应。通过表彰道德模范、宣传身边好人好事,以点带面,形成强大的正面激励机制。让身边的正面案例成为推动他人道德行为的榜样,促进社会风尚的良好循环。同时,拓展公民道德参与的渠道和形式。在传统的参与方式之外,利用互联网、社交媒体等技术,开展网络志愿活动、在线道德讲堂等新形式的道德参与,使参与更加便捷、形式多样,拓宽公民参与的途径。

最后,保障公民参与的权利和途径。确保每位公民都有平等参与社会道德建设的机会和条件,无论是社会团体还是政府机构,均应提供必要的支持和保障机制。同时,也应加强道德教育和法治建设,保护公民在道德参与中的合法权益,防止道德绑架和道德滑坡现象。

综上所述,加强公民参与对于新时代公民道德建设的作用不可忽视。只有不断深化公民的积极参与,通过教育引导、条件创造、示范激励、渠道拓宽及权益保障等措施,才能真正将公民道德建设落到实处,促进社会道德文明的高质量发展。

(二)社会舆论

在新时代背景下,社会舆论对公民道德建设具有重要的导向和监督作用。社会舆论可以塑造道德规范,推动社会意识的进步,还能形成对不良行为强大的压力。

首先,社会舆论应发挥正面引导作用。媒体作为舆论的重要渠道之一,应当积极宣传社会主义核心价值观和优秀的传统文化,塑造好的道德风尚,并以此来影响和调整公众的行为。这样的舆论宣传可以引导公民自觉遵守社会公德、职业道德和家庭美德,促进公民的整体道德素养提升。

其次,加强社会舆论的正义监督功能。公共媒体和社会监督机构应当积极揭露社会不正之风和违反公民道德的行为,催生和强化公众对于社会公平正义的共识。这样的监督既能够抑制不道德的行为,也能够让公众明白维护社会公德的重要性,形成全社会共治共管的良好局面。

再者,社会舆论要发挥批评和自我净化的功能。社会舆论对道德失范行为的批评不仅能够有助于纠正个人行为,也能促进整个社会道德环境的净化与更新。通过批评与自我反思,公民个体和整个社会能够不断提高道德标准,形成良好的社会风气。同时,舆论场也需创造多元开放的讨论环境,鼓励民众积极参与到道德议题讨论中来。通过举行公共论坛、道德讲堂等形式,促使民众深入探讨道德问题,也为公民道德建设提供思想支撑和实践方向。

最后,社会舆论需要强化教化和示范的功用。通过报道道德模范和正面故事,展现新时代的精神风貌,鼓励和树立正确的道德行为模式,使之成为广大群众学习的典范。激发社会成员的模仿和内化,从而使道德规范得以传承和发展。

通过上述措施,社会舆论可以对新时代公民道德建设产生积极影响,不仅可以塑造健康的道德环境,还能引导社会风气和公众意识走向积极的方向,从而为构建和谐社会提供强有力的精神支撑。

(三)社会舆论平台的自律

社会舆论平台在新时代公民道德建设中扮演了极为关键的角色。随着互联网和社交媒体的快速发展,社会舆论平台成为信息传播的主要渠道之一。这些平台不仅能迅速扩散信息,还能影响和塑造公众的道德观念。要加强社会舆论平台自律,优化其在新时代公民道德建设中的作用,需要采取以下策略:

首先,平台需要建立和完善内容审核制度。社会舆论平台应自觉按照法律法规和社会伦理道德设置内容审核标准,严格屏蔽违法和违背社会公序良俗的信息。通过技术手段和人工审核的方式,确保传播内容的真实性、合法性和正面导向性,从而维护网络空间的清朗环境。

其次,社会舆论平台应主动承担社会责任。平台不仅是信息传播的载体,更是道德宣传和教育的场所。平台应主动参与或发起道德教育活动,如公益广告的推广、正面故事的分享等,推动社会主义核心价值观的广泛传播,并引导用户形成正确的道德评价和行为习惯。营造公开透明的讨论环境。社会舆论平台要加强自身的公信力建设,创造一个公正、开放、包容的讨论空间,鼓励用户基于事实和理性进行讨论。同时,平台应积极引导用户参与到道德议题的探讨中来,促进民主监督与道德反思,提升社会公德意识。同时,强化线上言行的道德自律和法制约束。舆论平台要明确用户行为准则,对于违反道德规范和法律法规的行为采取必要的制裁措施。加强用户隐私保护和个人信息安全,防止网络暴力和人身攻击,倡导文明上网,为健康的网络道德建设贡献力量。

最后,加强平台自身的道德建设。社会舆论平台企业和机构应该内部强化员工的道德教育和职业操守,让从业人员率先垂范,以企业和机构的良好形象带动社会道德风尚的形成。

综上所述,社会舆论平台在新时代公民道德建设中的作用无可替代。通过完善自律机制、承担社会责任、营造理性讨论氛围、加强法律约束、强化平台自身建设等措施,可以有效促进公民道德素质的提升,为推动新时代道德建设做出更大的贡献。

四、激励与惩处机制

建立相应的激励与惩处机制,对于遵守公民道德和法律的行为给予奖励,对违法乱纪的行为给予惩处。

(一)道德奖励

在新时代背景下,道德奖励机制是公民道德建设的重要手段之一。它通过表彰道德典范和优秀行为,弘扬正义,传递社会正能量,进而在全社会范围内推动道德规范的树立和践行。加强道德奖励机制在公民道德建设中的作用,需要从以下几个方面着手:

首先,建立健全道德奖励制度。政府和有关部门应完善道德模范的评选机制,通过严格的候选人推荐、审查和公众投票程序,确保每一位道德模范都是社会公认的、值得学习的典范。同时,奖励制度要多层次、多形式,不仅有精神奖励,还可以有适当的物质激励,并得到媒体的广泛报道和社会的普遍认同。

其次,促进道德奖励与社会生活的紧密结合。道德奖励应与日常生活息息相关,比如在教育、就业、升职、贷款等社会活动中为道德模范提供一定的便利或优惠,使得道德奖励转化为实实在在的社会资本和个人荣耀。激发社区和基层组织的参与热情。在道德奖励过程中,社区和基层组织应发挥桥梁作用,组织道德讲堂、慈善活动、志愿服务等,挖掘身边的道德模范,推动他们的先进事迹在本地区乃至更广泛范围内得到宣传和推广,鼓励更多人学习榜样的力量。同时,注重道德奖励的时效性和连续性。道德奖励不应只是一时的宣传热潮,而应成为一种持续性的社会实践。道德模范的挖掘与表彰要常态化,确保优秀道德行为能够在社会中得到持续地关注和肯定。

最后,强化公众参与和反馈机制。通过社会舆论平台、社区会议、网络投票等方式,真正让公众参与到道德奖励的全过程中来,使道德奖励更加民主、公开和透明。同时,通过反馈机制,让公众对奖励制度和效果提出意见和建议,不断优化改进奖励机制。

通过上述措施,可以有效激发社会成员向道德典范学习,进而不断提升公民个体和集体的道德素质,促使整个社会向着更加文明、和谐的方向发展,为新时代公民道德建设贡献力量。

(二) 法律惩处

新时代公民道德建设是一个复杂的社会工程,其通过道德教育、法律规范、社会监督等维度来确保公民行为规范化。法律惩罚对于新时代公民道德建设具有不可或缺的重要作用,它通过对违法行为的惩处,起到震慑和预防的作用,促进法治精神内化为公民道德规范。

首先,完善法律法规,保障法律惩罚的正当性和合理性。立法要公正合理,针对道德败坏和损害社会利益的行为设定清晰的法律界定和相应的法律后果。只有法律明确、公平、得到公众广泛认可,法律惩罚才能有效地维护社会秩序和公民道德标准。

其次,加强法律实施以及司法公正。法无不严,民无不治。法律的严格执行能够确保任何违法行为都能得到应有的惩处,这对于树立权威、维护法制和道德秩序是至关重要的。同时,司法部门应保持高度的公正性,确保每一次的法律适用都是平等、公平的,避免出现"法律面前人人不平等"的现象,以赢得公众的信任和尊重。强化法律惩罚的教育作用。惩罚不仅仅要达到制止违法行为的目的,更要有助于违法者的思想道德建设和社会重新接纳。这就需要在司法程序中融入更多的教育和矫正元素,比如开展法制教育、职业培训和心理辅导,帮助违法者认识错误,改正行为,从而实现个人的道德自我修复和社会功能的恢复。促进法律惩罚与社会道德建设的协同发展。法律惩罚应与社会道德建设相互配合,相互支撑。通过法律宣传教育活动、道德讲堂等方式,将法律规范和道德规范相结合,提升公众对法律规定背后道德层面的理解和尊重,强化法制与道德的内在联系。

最后,倡导法治精神与良好道德风尚。加强对法治精神的宣传和推崇,使之成为社会生活的基本准则,同时树立和弘扬社会主义核心价值观和良好道德风尚,使公民意识到尊法守法就是遵守道德规范,形成法律与道德相辅相成的良好社会氛围。

通过法律惩罚与道德奖励相结合、法律与道德两手抓,共同促进新时代公民道德建设,为实现全面依法治国和全面提升国民素质提供有力支撑。

五、道德和法律的相互作用

在新时代公民道德建设过程中,法律规范不能完全取代道德规范,两者之间存在着相互促进和补充的关系。法律提供了道德行为的最低标准和保障,而道德则提升了人们对于法律精神的理解和践行。公民道德建设是培养高尚道德情操、促进社会和谐稳定的重要工作。道德和法律是维护社会秩序和促进社会进步的两种重要社会调节手段,它们在新时代公民道德建设中发挥着至关重要的作用。加强道德和法律的相互作用,是推进新时代公民道德建设的一个关键环节。

明确道德与法律的关系。道德是社会文化的内在要求,体现了人们对善良和正义的追求。法律是国家意志的体现,是社会基本行为规范的具体化。道德作为软约束力量,侧重于内心自觉和精神感召;法律作为硬约束力量,其依靠国家强制力保证实施。道德与法律相辅相成,法律为道德建设提供了基础保障,而道德又是法律制定和执行的社会土壤。

在加强二者相互作用方面,应采取以下几项措施:

合理制定法律,体现道德原则。立法机关在制定法律时要充分考虑道德价值观,使法律规范不仅仅是公权力的体现,更是社会公认的道德标准的载体。将道德原则融入法律制定过程中,可避免法律与公众道德直觉相抵触,促使法律执行更具有公正性和普遍性。推广法治与道德教育,营造良好的法治环境和道德风尚。通过社会主义核心价值观教育、道德讲堂、法治教育课程等形式,共同弘扬法律精神和道德理念,使公民深刻认识到法治与德治的一致目标,提高遵守法律和追求道德的自觉性。强化法律教育与道德实践的结合。在学校、社区、企业等不同领域,加大法律普及力度,与此同时,实际开展道德教育、志愿服务等活动,将法律与道德的宣传转化为每个人的实践行动,形成人人参与的良好氛围。

完善法律责任与道德责任的衔接。法律对某些行为规定了明确的惩处方式,但对于更多细致和隐蔽的不道德行为,则很难做出具体的法律规定。这就要求加强道德谴责和社会监督的意识,使那些法律难以触及的领域也能得到管控。协调法律制裁与道德激励相结合。通过奖励道德典范和表彰先进个体来激发人们的道德行为,同时,通过法律对严重违反道德行为的惩处,震慑潜在的违法犯罪行为。这种双管齐下的方式可以更好地调动人们遵守道德和法律的积极性。增强社会公正感以及法律和道德的信任度。确保法律制度的公正性,以及道德评价的公平性。公正公平是法律和道德共同的价值追求,只有让每个人都能感受到法律的正义和道德的公正,才能增加人们对法律和道德的信仰。

通过以上措施,可以实现法律和道德的有机结合,增强道德教育的实效性,提高法律的生命力,全面提升公民道德素质和法治意识。在新时代,加强道德和法律的相互作用对于促进全社会道德水平和法治建设至关重要,这不仅能够帮助构建和谐社会,也是推动国家长治久安的重要保障。

参 考 文 献

[1] 邓小平. 邓小平文选:第 3 卷[M]. 北京:人民出版社,2001.

[2] 江泽民. 江泽民文选:第 3 卷[M]. 北京:人民出版社,2006.

[3] 中共中央文献研究室. 毛泽东文集:第 8 卷[M]. 北京:人民出版社,1999.

[4] 习近平总书记在中央政治局第十三次集体学习时强调,把培育和弘扬社会主义核心价值观作为凝魂聚气、强基固本的基础工程[N]. 人民日报,2014-02-26(1).

[5] 马克思,恩格斯. 马克思恩格斯全集:第 18 卷[M]. 中共中央马克思恩格斯列宁斯大林著作编译局,译. 北京:人民出版社,1964.

[6] 普列汉诺夫. 普列汉诺夫哲学著作选集:第 2 卷[M]. 北京:生活·读书·新知三联书店,1961.

[7] 马克思,恩格斯. 马克思恩格斯全集:第 20 卷[M]. 中共中央马克思恩格斯列宁斯大林著作编译局,译. 北京:人民出版社,1971.

[8] 马克思,恩格斯. 马克思恩格斯全集:第 37 卷[M]. 中共中央马克思恩格斯列宁斯大林著作编译局,译. 北京:人民出版社,2020.

[9] 霍布斯. 利维坦[M]. 北京:商务印书馆,1975.

[10] 周辅成. 西方伦理学名著选辑:上卷[M]. 北京:商务印书馆,1996.

[11] 毛泽东. 毛泽东选集:第 3 卷[M]. 北京:人民出版社,1991.

[12] 罗素. 西方哲学史[M]. 何兆武,李约瑟,译. 北京:商务印书馆,1963.

[13] 费尔巴哈. 费尔巴哈哲学著作选集:上卷[M]. 荣震华,李金山,译. 北京:商务印书馆,1984.

[14] 马克思,恩格斯. 马克思恩格斯全集:第 1 卷[M]. 中共中央马克思恩格斯列宁斯大林著作编译局,译. 北京:人民出版社,2001.

[15] 马克思,恩格斯. 马克思恩格斯全集:第 6 卷[M]. 中共中央马克思恩格斯列宁斯大林著作编译局,译. 北京:人民出版社,2009.

[16] 黑格尔. 小逻辑[M]. 贺麟,译. 北京:商务印书馆,1997.

［17］陈淳.北溪字义［M］.北京:中华书局,1983.

［18］波果斯洛夫斯基.普通心理学［M］.北京:人民教育出版社,1979.

［19］托夫勒.第三次浪潮［M］.朱志焱,潘琪,译.北京:生活·读书·新知三联书店,1983.

［20］英格尔斯.人的现代化［M］.殷陆君,译.成都:四川人民出版社,1985.

［21］修昔底德.伯罗奔尼撒战争史［M］.谢德风,译.北京:商务印书馆,1960.

［22］李兰芬.论网络时代的伦理问题［J］.自然辩证法研究,2000(7):39-43.

［23］李河.得乐园 失乐园:网络与文明的传说［M］.北京:中国人民大学出版社,1997.

［24］陈曙.信息生态的失调与平衡［J］.情报资料工作,1995(4):11-14.

［25］中共中央,国务院.新时代公民道德建设实施纲要［M］.北京:人民出版社,2019.

［26］习近平.习近平谈治国理政:第一卷［M］.2版.北京:外文出版社,2018.

［27］中共中央文献研究室.习近平关于社会主义文化建设论述摘编［M］.北京:中央文献出版社,2017.

［28］中共中央文献研究室.十四大以来重要文献选编:中［M］.北京:人民出版社,1997.

［29］唐凯麟,龙兴海.个体道德论［M］.北京:中国青年出版社,1993.

［30］江泽民.江泽民论中国特色社会主义［M］.北京:中央文献出版社,2002.

［31］吴奕新.当代中国道德建设研究［M］.北京:中国社会科学出版社,2003.

［32］李德顺,孙伟平.道德价值论［M］.昆明:云南人民出版社,2005.

［33］周向军,高奇.核心价值体系:铸造当代中国文化建设的灵魂［M］.济南:济南出版社,2013.

［34］徐东升,费聿辉.社会主义核心价值体系研究［M］.徐州:中国矿业大学出版社,2012.

［35］朱贻庭.当代中国道德价值导向［M］.上海:华东师范大学出版社,1994.

［36］罗国杰.道德建设论［M］.长沙:湖南人民出版社,1997.

［37］高兆明.道德生活论［M］.南京:河海大学出版社,1993.

［38］唐凯麟,王泽应.20世纪中国伦理思潮［M］.北京:高等教育出版社,2003.

［39］章海山,陈泽勤.伦理学引论［M］.2版.北京:高等教育出版社,2016.

［40］唐凯麟.伦理学［M］.合肥:安徽文艺出版社,2017.

［41］江畅.德行论［M］.北京:人民出版社,2011.

［42］李春秋.公民道德建设通论［M］.青岛:青岛出版社,2002.

［43］张宜海.论公民德行［M］.郑州:郑州大学出版社,2011.

［44］李德顺,孙伟平.道德价值论［M］.昆明:云南人民出版社,2005.

［45］吴奕新.当代中国道德建设研究［M］.北京:中国社会科学出版社,2003.

［46］郭广银,陈延斌.伦理新论:中国市场经济体制下的道德建设［M］.北京:
人民出版社,2004.

［47］周中之.伦理学［M］.北京:人民出版社,2004.

［48］杨礼富.网络社会的伦理问题探究［M］.长春:吉林人民出版社,2008.

［49］唐凯麟.伦理学［M］.北京:高等教育出版社,2001.

［50］樊志辉,王秋.中国当代伦理变迁［M］.北京:中国社会科学出版社,2012.

［51］章越松.社会转型下的耻感伦理研究［M］.北京:中国社会科学出版
社,2016.

［52］徐继超.公民道德教育与公民法制教育［M］.北京:中国社会出版
社,2003.

［53］李兰芬.当代中国德治研究［M］.北京:人民出版社,2008.

［54］罗国杰,夏伟东.以德治国论［M］.北京:中国人民大学出版社,2004.

［55］李志红.公民思想道德素质研究［M］.郑州:郑州大学出版社,2005.

［56］中共中央宣传部宣传教育局.《公民道德建设实施纲要》学习读本［M］.北
京:学习出版社,2001.

［57］焦国成.公民道德论［M］.北京:人民出版社,2004.

［58］钱广荣.中国道德建设通论［M］.合肥:安徽大学出版社,2004.

［59］徐继超.公民道德教育与公民法制教育［M］.北京:中国社会出版
社,2003.

附录

《新时代公民道德建设实施纲要》

中华文明源远流长,孕育了中华民族的宝贵精神品格,培育了中国人民的崇高价值追求。中国共产党领导人民在革命、建设和改革历史进程中,坚持马克思主义对人类美好社会的理想,继承发扬中华传统美德,创造形成了引领中国社会发展进步的社会主义道德体系。坚持和发展中国特色社会主义,需要物质文明和精神文明全面发展、人民物质生活和精神生活水平全面提升。中国特色社会主义进入新时代,加强公民道德建设、提高全社会道德水平,是全面建成小康社会、全面建设社会主义现代化强国的战略任务,是适应社会主要矛盾变化、满足人民对美好生活向往的迫切需要,是促进社会全面进步、人的全面发展的必然要求。

2001年,党中央颁布的《公民道德建设实施纲要》,对在社会主义市场经济条件下加强公民道德建设提供了重要指导,有力促进了社会主义精神文明建设。党的十八大以来,以习近平同志为核心的党中央高度重视公民道德建设,立根塑魂、正本清源,做出一系列重要部署,推动思想道德建设取得显著成效。中国特色社会主义和中国梦深入人心,践行社会主义核心价值观、传承中华优秀传统文化的自觉性不断提升,爱国主义、集体主义、社会主义思想广为弘扬,崇尚英雄、尊重模范、学习先进成为风尚,民族自信心、自豪感极大增强,人民思想觉悟、道德水准、文明素养不断提高,道德领域呈现积极健康向上的良好态势。

同时也要看到,在国际国内形势深刻变化、我国经济社会深刻变革的大背景下,由于市场经济规则、政策法规、社会治理还不够健全,受不良思想文化侵蚀和网络有害信息影响,道德领域依然存在不少问题。一些地方、一些领域不同程度存在道德失范现象,拜金主义、享乐主义、极端个人主义仍然比较突出;一些社会成员道德观念模糊甚至缺失,是非、善恶、美丑不分,见利忘义、唯利是图,损人利己、损公肥私;造假欺诈、不讲信用的现象久治不绝,突破公序良俗底线、妨害人民幸福生活、伤害国家尊严和民族感情的事件时有发生。这些问题必须引起全党全社会高度重视,采取有力措施切实加以解决。

加强公民道德建设是一项长期而紧迫、艰巨而复杂的任务,要适应新时代新要求,坚持目标导向和问题导向相统一,进一步加大工作力度,把握规律、积极创新、持之以恒、久久为功,推动全民道德素质和社会文明程度达到一个新高度。

一、总体要求

要以习近平新时代中国特色社会主义思想为指导,紧紧围绕进行伟大斗争、建设伟大工程、推进伟大事业、实现伟大梦想,着眼构筑中国精神、中国价值、中国力量,促进全体人民在理想信念、价值理念、道德观念上紧密团结在一起,在全民族牢固树立中国特色社会主义共同理想,在全社会大力弘扬社会主义核心价值观,积极倡导富强民主文明和谐、自由平等公正法治、爱国敬业诚信友善,全面推进社会公德、职业道德、家庭美德、个人品德建设,持续强化教育引导、实践养成、制度保障,不断提升公民道德素质,促进个人的全面发展,培养和造就担当民族复兴大任的时代新人。

——坚持马克思主义道德观、社会主义道德观,倡导共产主义道德,以为人民服务为核心,以集体主义为原则,以爱祖国、爱人民、爱劳动、爱科学、爱社会主义为基本要求,始终保持公民道德建设的社会主义方向。

——坚持以社会主义核心价值观为引领,将国家、社会、个人层面的价值要求贯穿到道德建设各方面,以主流价值构建道德规范、强化道德认同、指引道德实践,引导人们明大德、守公德、严私德。

——坚持在继承传统中创新发展,自觉传承中华传统美德,继承我们党领导人民在长期实践中形成的优良传统和革命道德,适应新时代改革开放和社会主义市场经济发展要求,积极推动创造性转化、创新性发展,不断增强道德建设的时代性、实效性。

——坚持提升道德认知与推动道德实践相结合,尊重人民群众的主体地位,激发人们形成善良的道德意愿、道德情感,培育正确的道德判断和道德责任,提高道德实践能力尤其是自觉实践能力,引导人们向往和追求讲道德、尊道德、守道德的生活。

——坚持发挥社会主义法治的促进和保障作用,以法治承载道德理念、鲜明道德导向、弘扬美德义行,把社会主义道德要求体现到立法、执法、司法、守法之中,以法治的力量引导人们向上向善。

——坚持积极倡导与有效治理并举,遵循道德建设规律,把先进性要求与广泛性要求结合起来,坚持重在建设、立破并举,发挥榜样示范引领作用,加大突出问题整治力度,树立新风正气、祛除歪风邪气。

要把社会公德、职业道德、家庭美德、个人品德建设作为着力点。推动践行以文明礼貌、助人为乐、爱护公物、保护环境、遵纪守法为主要内容的社会公德,鼓励人们在社会上做一个好公民;推动践行以爱岗敬业、诚实守信、办事公道、热情服务、奉献社会为主要内容的职业道德,鼓励人们在工作中做一个好建设者;推动践行以尊老爱幼、男女平等、夫妻和睦、勤俭持家、邻里互助为主要内容的家庭美德,鼓励人们在家庭里做一个好成员;推动践行以爱国奉献、明礼遵规、勤劳善良、宽厚正直、自强自律为主要内容的个人品德,鼓励人们在日常生活中养成好品行。

二、重点任务

1.筑牢理想信念之基

人民有信仰,国家有力量,民族有希望。信仰信念指引人生方向,引领道德追求。要坚持不懈用习近平新时代中国特色社会主义思想武装全党、教育人民,引导人们把握丰富内涵、精神实质、实践要求,打牢信仰信念的思想理论根基。在全社会广泛开展理想信念教育,深化社会主义和共产主义宣传教育,深化中国特色社会主义和中国梦宣传教育,引导人们不断增强道路自信、理论自信、制度自信、文化自信,把共产主义远大理想与中国特色社会主义共同理想统一起来,把实现个人理想融入实现国家富强、民族振兴、人民幸福的伟大梦想之中。

2.培育和践行社会主义核心价值观

社会主义核心价值观是当代中国精神的集中体现,是凝聚中国力量的思想道德基础。要持续深化社会主义核心价值观宣传教育,增进认知认同、树立鲜明导向、强化示范带动,引导人们把社会主义核心价值观作为明德修身、立德树人的根本遵循。坚持贯穿结合融入、落细落小落实,把社会主义核心价值观要求融入日常生活,使之成为人们日用而不觉的道德规范和行为准则。坚持德法兼治,以道德滋养法治精神,以法治体现道德理念,全面贯彻实施宪法,推动社会主义核心价值观融入法治建设,将社会主义核心价值观要求全面体现到中国特色社会主义法律体系中,体现到法律法规立改废释、公共政策制定修订、社会治理改进完善中,为弘扬主流价值提供良好社会环境和制度保障。

3. 传承中华传统美德

中华传统美德是中华文化精髓,是道德建设的不竭源泉。要以礼敬自豪的态度对待中华优秀传统文化,充分发掘文化经典、历史遗存、文物古迹承载的丰厚道德资源,弘扬古圣先贤、民族英雄、志士仁人的嘉言懿行,让中华文化基因更好植根于人们的思想意识和道德观念。深入阐发中华优秀传统文化蕴含的讲仁爱、重民本、守诚信、崇正义、尚和合、求大同等思想理念,深入挖掘自强不息、敬业乐群、扶正扬善、扶危济困、见义勇为、孝老爱亲等传统美德,并结合新的时代条件和实践要求继承创新,充分彰显其时代价值和永恒魅力,使之与现代文化、现实生活相融相通,成为全体人民精神生活、道德实践的鲜明标识。

4. 弘扬民族精神和时代精神

以爱国主义为核心的民族精神和以改革创新为核心的时代精神,是中华民族生生不息、发展壮大的坚实精神支撑和强大道德力量。要深化改革开放史、新中国历史、中国共产党历史、中华民族近代史、中华文明史教育,弘扬中国人民伟大创造精神、伟大奋斗精神、伟大团结精神、伟大梦想精神,倡导一切有利于团结统一、爱好和平、勤劳勇敢、自强不息的思想和观念,构筑中华民族共有精神家园。要继承和发扬党领导人民创造的优良传统,传承红色基因,赓续精神谱系。要紧紧围绕全面深化改革开放、深入推进社会主义现代化建设,大力倡导解放思想、实事求是、与时俱进、求真务实的理念,倡导"幸福源自奋斗""成功在于奉献""平凡孕育伟大"的理念,弘扬改革开放精神、劳动精神、劳模精神、工匠精神、优秀企业家精神、科学家精神,使全体人民保持昂扬向上、奋发有为的精神状态。

三、深化道德教育引导

1. 把立德树人贯穿学校教育全过程

学校是公民道德建设的重要阵地。要全面贯彻党的教育方针,坚持社会主义办学方向,坚持育人为本、德育为先,把思想品德作为学生核心素养、纳入学业质量标准,构建德智体美劳全面培养的教育体系。加强思想品德教育,遵循不同年龄阶段的道德认知规律,结合基础教育、职业教育、高等教育的不同特点,把社会主义核心价值观和道德规范有效传授给学生。注重融入贯穿,把公民道德建设的内容和要求体现到各学科教育中,体现到学科体系、教学体系、教材体系、管理体系建设中,使传授知识过程成为道德教化过程。开展社会实践活动,强化劳动精神、劳动观念教育,引导学生热爱劳动、尊重劳动,懂得劳动最光荣、劳动最崇高、劳动最伟大、劳动最美丽的道理,从而更好地认识社会、了解国情,增强社会责任感。加强师德师风建设,引导教师以德立身、以德立学、以德施教、以德育德,做有理想信念、有道德情操、有扎实学识、有仁爱之心的好老师。建设优良校风,用校训励志,丰富校园文化生活,营造有利于学生修德立身的良好氛围。

2. 用良好家教家风涵育道德品行

家庭是社会的基本细胞,是道德养成的起点。要弘扬中华民族传统家庭美德,倡导现代家庭文明观念,推动形成爱国爱家、相亲相爱、向上向善、共建共享的社会主义家庭文明新风尚,让美德在家庭中生根、在亲情中升华。通过多种方式,引导广大家庭重言传、重身教、教知识、育品德,以身作则、耳濡目染,用正确道德观念塑造孩子美好心灵;自觉传承中华孝道,感念父母养育之恩、感念长辈关爱之情,养成孝敬父母、尊敬长辈的良好品质;倡导忠诚、责任、亲情、学习、公益的理念,让家庭成员相互影响、共同提高,在为家庭谋幸福、为他人送温暖、为社会做贡献过程中提高精神境界、培育文明风尚。

3. 以先进模范引领道德风尚

伟大时代呼唤伟大精神,崇高事业需要榜样引领。要精心选树时代楷模、道德模范等先进典型,综合运用宣讲报告、事迹报道、专题节目、文艺作品、公益广告等形式,广泛宣传他们的先进事迹和突出贡献,树立鲜明时代价值取向,彰显社会道德高度。持续推出各行各业先进人物,广泛推荐宣传最美人物、身边好人,让不同行业、不同群体都能学有榜样、行有示范,形成见贤思齐、争当先进的生动局面。尊崇褒扬、关心关爱先进人物和英雄模范,建立健全关爱关怀机制,维护先进人物和英雄模范的荣誉和形象,形成德者有得、好人好报的价值导向。

4. 以正确舆论营造良好道德环境

舆论具有成风化人、敦风化俗的重要作用。要坚持以正确的舆论引导人,把正确的价值导向和道德要求体现到经济、社会、文化等各领域的新闻报道中,体现到娱乐、体育、广告等各类节目栏目中。加强对道德领域热点问题的引导,以事说理、以案明德,着力增强人们的法治意识、公共意识、规则意识、责任意识。发挥舆论监督作用,对违反社会道德、背离公序良俗的言行和现象,及时进行批评、驳斥,激浊扬清、弘扬正气。传媒和相关业务从业人员要加强道德修养、强化道德自律,自觉履行社会责任。

5.以优秀文艺作品陶冶道德情操

文以载道,文以传情,文以植德。要把培育和弘扬社会主义核心价值观作为根本任务,坚持以人民为中心的创作导向,推出更多讴歌党、讴歌祖国、讴歌人民、讴歌英雄、讴歌劳动、讴歌奉献的精品力作,润物无声传播真善美,弘扬崇高的道德理想和道德追求。坚持把社会效益放在首位,倡导讲品位、讲格调、讲责任,抵制低俗、庸俗、媚俗,用健康向上的文艺作品温润心灵、启迪心智、引领风尚。要把社会主义道德作为文艺评论、评介、评奖的重要标准,更好地引导文艺创作生产传播坚守正道、弘扬正气。文艺工作者要把崇德尚艺作为一生的功课,把为人、做事、从艺统一起来,加强思想积累、知识储备、艺术训练,提高学养、涵养、修养,努力追求真才学、好德行、高品位,做到德艺双馨。

6.发挥各类阵地道德教育作用

各类阵地是面向广大群众开展道德教育的基本依托。要加强新时代文明实践中心建设,大力推进媒体融合发展,抓好县级融媒体中心建设,推动基层广泛开展中国特色社会主义文化、社会主义思想道德学习教育实践,引导人们提高思想觉悟、道德水准、文明素养。加强爱国主义教育基地和革命纪念设施建设保护利用,充实展陈内容,丰富思想内涵,提升教育功能。民族团结、科普、国防等教育基地,图书馆、文化馆、博物馆、纪念馆、科技馆、青少年活动中心等公共文化设施,都要结合各自功能特点有针对性地开展道德教育。用好宣传栏、显示屏、广告牌等户外媒介,营造明德守礼的浓厚氛围。

7.抓好重点群体的教育引导

公民道德建设既要面向全体社会成员开展,也要聚焦重点、抓住关键。党员干部的道德操守直接影响着全社会道德风尚,要落实全面从严治党要求,加强理想信念教育,补足精神之钙;要加强政德修养,坚持法律红线不可逾越、道德底线不可触碰,在严肃规范的党内政治生活中锤炼党性、改进作风、砥砺品质,践行忠诚老实、公道正派、艰苦奋斗、清正廉洁等品格,正心修身、慎独慎微,严以律己、廉洁齐家,在道德建设中为全社会做出表率。青少年是国家的希望、民族的未来,要坚持从娃娃抓起,引导青少年把正确的道德认知、自觉的道德养成、积极的道德实践紧密结合起来,善于从中华民族传统美德中汲取道德滋养,从英雄人物和时代楷模身上感受道德风范,从自身内省中提升道德修为,不断修身立德,打牢道德根基。全社会都要关心帮助支持青少年成长发展,完善家庭、学校、政府、社会相结合的思想道德教育体系,引导青少年树立远大志向,热爱党、热爱祖国、热爱人民,形成好思想、好品行、好习惯,扣好人生第一粒扣子。社会公众人物知名度高、影响力大,要加强思想政治引领,引导他们承担社会责任,加强道德修养,注重道德自律,自觉接受社会和舆论监督,树立良好社会形象。

四、推动道德实践养成

1.广泛开展弘扬时代新风行动

良好社会风尚是社会文明程度的重要标志,涵育着公民美德善行,推动着社会和谐有序运转。要紧密结合社会发展实际,广泛开展文明出行、文明交通、文明旅游、文明就餐、文明观赛等活动,引导人们自觉遵守社会交往、公共场所中的文明规范。着眼完善社会治理、规范社会秩序,推动街道社区、交通设施、医疗场所、景区景点、文体场馆等的精细管理、规范运营,优化公共空间、提升服务水平,为人们增强公共意识、规则意识创造良好环境。

2.深化群众性创建活动

各类群众性创建活动是人民群众自我教育、自我提高的生动实践。群众性精神文明创建活动要突出道德要求,充实道德内容,将社会公德、职业道德、家庭美德、个人品德建设贯穿创建全过程。文明城市、文明村镇创建要坚持为民利民惠民,突出文明和谐、宜居宜业,不断提升基层社会治理水平和群众文明素质。文明单位创建要立足行业特色、职业特点,突出涵养职业操守、培育职业精神、树立行业新风,引导从业者精益求精、追求卓越,为社会提供优质产品和服务。文明家庭创建要聚焦涵育家庭美德,弘扬优良家风。文明校园创建要聚焦立德树人,培养德智体美劳全面发展的社会主义建设者和接班人。各级党政机关、各行业各系统开展的创建活动,要把公民道德建设摆在更加重要的位置,以扎实有效的创建工作推动全民道德素质提升。

3.持续推进诚信建设

诚信是社会和谐的基石和重要特征。要继承发扬中华民族重信守诺的传统美德,弘扬与社会主义市场经济相适应的诚信理念、诚信文化、契约精神,推动各行业各领域制定诚信公约,加快个人诚信、政务诚信、商务诚信、社会诚信和司法公信建设,构建覆盖全社会的征信体系,健全守信联合激励和失信联合惩戒机制,开展诚信缺失突出问题专项治理,提高全社会诚信水平。重视学术、科研诚信建设,严肃查处违背学术科研诚信要求的行为。深入开展"诚信建设万里行""诚信兴商宣传月"等活动,评选发布"诚信之星",宣传推介诚信先进集体,激励人们更好地讲诚实、守信用。

4.深入推进学雷锋志愿服务

学雷锋和志愿服务是践行社会主义道德的重要途径。要弘扬雷锋精神和奉献、友爱、互助、进步的志愿精神,围绕重大活动、扶贫救灾、敬老救孤、恤病助残、法律援助、文化支教、环境保护、健康指导等,广泛开展学雷锋和志愿服务活动,引导人们把学雷锋和志愿服务作为生活方式、生活习惯。推动志愿服务组织发展,完善激励褒奖制度,推进学雷锋志愿服务制度化常态化,使"我为人人、人人为我"蔚然成风。

5.广泛开展移风易俗行动

摒弃陈规陋习、倡导文明新风是道德建设的重要任务。要围绕实施乡村振兴战略,培育文明乡风、淳朴民风,倡导科学文明生活方式,挖掘创新乡土文化,不断焕发乡村文明新气象。充分发挥村规民约、道德评议会、红白理事会等作用,破除铺张浪费、薄养厚葬、人情攀比等不良习俗。要提倡科学精神,普及科学知识,抵制迷信和腐朽落后文化,防范宗教极端思想和非法宗教势力渗透。

6.充分发挥礼仪礼节的教化作用

礼仪礼节是道德素养的体现,也是道德实践的载体。要制定国家礼仪规程,完善党和国家功勋荣誉表彰制度,规范开展升国旗、奏唱国歌、入党入团入队等仪式,强化仪式感、参与感、现代感,增强人们对党和国家、对组织集体的认同感和归属感。充分利用重要传统节日、重大节庆和纪念日,组织开展群众性主题实践活动,丰富道德体验、增进道德情感。研究制定继承中华优秀传统、适应现代文明要求的社会礼仪、服装服饰、文明用语规范,引导人们重礼节、讲礼貌。

7.积极践行绿色生产生活方式

绿色发展、生态道德是现代文明的重要标志,是美好生活的基础、人民群众的期盼。要推动全社会共建美丽中国,围绕世界地球日、世界环境日、世界森林日、世界水日、世界海洋日和全国节能宣传周等,广泛开展多种形式的主题宣传实践活动,坚持人与自然和谐共生,引导人们树立尊重自然、顺应自然、保护自然的理念,树立绿水青山就是金山银山的理念,增强节约意识、环保意识和生态意识。开展创建节约型机关、绿色家庭、绿色学校、绿色社区、绿色出行和垃圾分类等行动,倡导简约适度、绿色低碳的生活方式,拒绝奢华和浪费,引导人们做生态环境的保护者、建设者。

8. 在对外交流交往中展示文明素养

公民道德风貌关系国家形象。实施中国公民旅游文明素质行动计划,推动出入境管理机构、海关、驻外机构、旅行社、网络旅游平台等,加强文明宣传教育,引导中国公民在境外旅游、求学、经商、探亲中,尊重当地法律法规和文化习俗,展现中华美德,维护国家荣誉和利益。培育健康理性的国民心态,引导人们在各种国际场合、涉外活动和交流交往中,树立自尊自信、开放包容、积极向上的良好形象。

五、抓好网络空间道德建设

1. 加强网络内容建设

网络信息内容广泛影响着人们的思想观念和道德行为。要深入实施网络内容建设工程,弘扬主旋律,激发正能量,让科学理论、正确舆论、优秀文化充盈网络空间。发展积极向上的网络文化,引导互联网企业和网民创作生产传播格调健康的网络文学、网络音乐、网络表演、网络电影、网络剧、网络音视频、网络动漫、网络游戏等。加强网上热点话题和突发事件的正确引导、有效引导,明辨是非、分清善恶,让正确道德取向成为网络空间的主流。

2. 培养文明自律网络行为

网上行为主体的文明自律是网络空间道德建设的基础。要建立和完善网络行为规范,明确网络是非观念,培育符合互联网发展规律、体现社会主义精神文明建设要求的网络伦理、网络道德。倡导文明办网,推动互联网企业自觉履行主体责任、主动承担社会责任,依法依规经营,加强网络从业人员教育培训,坚决打击网上有害信息传播行为,依法规范管理传播渠道。倡导文明上网,广泛开展争做中国好网民活动,推进网民网络素养教育,引导广大网民尊德守法、文明互动、理性表达,远离不良网站,防止网络沉迷,自觉维护良好网络秩序。

3. 丰富网上道德实践

互联网为道德实践提供了新的空间、新的载体。要积极培育和引导互联网公益力量,壮大网络公益队伍,形成线上线下踊跃参与公益事业的生动局面。

加强网络公益宣传,引导人们随时、随地、随手做公益,推动形成关爱他人、奉献社会的良好风尚。拓展"互联网+公益""互联网+慈善"模式,广泛开展形式多样的网络公益、网络慈善活动,激发全社会热心公益、参与慈善的热情。加强网络公益规范化运行和管理,完善相关法规制度,促进网络公益健康有序发展。

4.营造良好网络道德环境

加强互联网管理,正能量是总要求,管得住是硬道理,用得好是真本事。要严格依法管网治网,加强互联网领域立法执法,强化网络综合治理,加强网络社交平台、各类公众账号等管理,重视个人信息安全,建立完善新技术新应用道德评估制度,维护网络道德秩序。开展网络治理专项行动,加大对网上突出问题的整治力度,清理网络欺诈、造谣、诽谤、谩骂、歧视、色情、低俗等内容,反对网络暴力行为,依法惩治网络违法犯罪,促进网络空间日益清朗。

六、发挥制度保障作用

1.强化法律法规保障

法律是成文的道德,道德是内心的法律。要发挥法治对道德建设的保障和促进作用,把道德导向贯穿法治建设全过程,立法、执法、司法、守法各环节都要体现社会主义道德要求。及时把实践中广泛认同、较为成熟、操作性强的道德要求转化为法律规范,推动社会诚信、见义勇为、志愿服务、勤劳节俭、孝老爱亲、保护生态等方面的立法工作。坚持严格执法,加大关系群众切身利益重点领域的执法力度,以法治的力量维护道德、凝聚人心。坚持公正司法,发挥司法裁判定分止争、惩恶扬善功能,定期发布道德领域典型指导性司法案例,让人们从中感受到公平正义。推进全民守法普法,加强社会主义法治文化建设,营造全社会讲法治、重道德的良好环境,引导人们增强法治意识、坚守道德底线。

2.彰显公共政策价值导向

公共政策与人们生产生活和现实利益密切相关,直接影响着人们的价值取向和道德判断。各项公共政策制度从设计制定到实施执行,都要充分体现道德要求,符合人们道德期待,实现政策目标和道德导向有机统一。科学制定经济社会政策和改革举措,在涉及就业、就学、住房、医疗、收入分配、社会保障等重大民生问题上,妥善处理各方面利益关系,充分体现维护社会公平正义的要求。加强对公共政策的道德风险和道德效果评估,及时纠正与社会主义道德相背离的突出问题,促进公共政策与道德建设良性互动。

3.发挥社会规范的引导约束作用

各类社会规范有效调节着人们在共同生产生活中的关系和行为。要按照社会主义核心价值观的基本要求,健全各行各业规章制度,修订完善市民公约、乡规民约、学生守则等行为准则,突出体现自身特点的道德规范,更好发挥规范、调节、评价人们言行举止的作用。要发挥各类群众性组织的自我教育、自我管理、自我服务功能,推动落实各项社会规范,共建共享与新时代相匹配的社会文明。

4.深化道德领域突出问题治理

道德建设既要靠教育倡导,也要靠有效治理。要综合施策、标本兼治,运用经济、法律、技术、行政和社会管理、舆论监督等各种手段,有力惩治失德败德、突破道德底线的行为。要组织开展道德领域突出问题专项治理,不断净化社会文化环境。针对污蔑诋毁英雄、伤害民族感情的恶劣言行,特别是对于损害国家尊严、出卖国家利益的媚外分子,要依法依规严肃惩戒,发挥警示教育作用。针对食品药品安全、产品质量安全、生态环境、社会服务、公共秩序等领域群众反映强烈的突出问题,要逐一进行整治,让败德违法者受到惩治、付出代价。建立惩戒失德行为常态化机制,形成扶正祛邪、惩恶扬善的社会风气。

七、加强组织领导

加强新时代公民道德建设,是推进中国特色社会主义事业的一项基础性、战略性工程。要坚持和加强党的领导,增强"四个意识",坚定"四个自信",做到"两个维护",确保公民道德建设的正确方向。各级党委和政府要担负起公民道德建设的领导责任,将其摆上重要议事日程,纳入全局工作谋划推进,有机融入经济社会发展各方面。纪检监察机关和组织、统战、政法、网信、经济、外交、教育、科技、卫生健康、交通运输、民政、文化和旅游、民族宗教、农业农村、自然资源、生态环境等党政部门,要紧密结合工作职能,积极履行公民道德建设责任。发挥基层党组织和党员在新时代公民道德建设中的战斗堡垒作用和先锋模范作用。工会、共青团、妇联等群团组织,各民主党派和工商联,要积极发挥自身优势,共同推动公民道德建设。

各级文明委和党委宣传部要切实履行指导、协调、组织职能,统筹力量、精心实施、加强督查,抓好工作任务落实。注重分析评估公民道德建设的进展和成效,及时总结推广成功经验和创新做法,加强道德领域重大理论和实践问题研究,推动形成公民道德建设蓬勃开展、深入发展的良好局面。

后　　记

经过数年的探索与思考,本书撰写工作圆满落下帷幕,这不仅仅意味着一段文字创作的结束,更代表着对新时代公民道德建设的深度思考与总结再次开启了一个阶段性的历程。在本书的撰写过程中,我深刻认识到,公民道德建设在新时代的重要性和紧迫性。随着科技的飞速发展,人们在享受便捷生活的同时,也面临着前所未有的道德挑战。因此,我们必须以理性、客观的态度,重新审视并构建符合新时代特征的公民道德体系,以应对这些挑战,为社会的和谐稳定与持续进步贡献我们的力量。

在本书的编撰过程中,我深刻体会到学术研究与道德实践之间的紧密联系,每一个观点的提出,每一个分析的展开,都源自对现实生活的细致观察与深刻理解。期望通过此书能够将理论与实践相结合,为新时代公民道德建设提供切实可行的参考与启示,助力社会道德风尚的提升。

在此,我要向参与本书编写和审阅的各位专家和学者表示衷心的感谢,他们的专业意见和建议为本书的完善与丰富做出了重要贡献。同时,我也要向家人和朋友们表示由衷的感激,他们的支持和鼓励是我写作的最大的动力来源。本书在撰写的过程中,得到了诸多师生的支持和帮助,在此特别感谢临沂大学马克思主义学院的徐东升、赵长芬、李纪岩、刘涛、刘洪慧,曲阜师范大学的孔亭、马健永,济宁政德教育学院的胡亚军、张玉宝;研究生刘铭、李志慧、张敬畏等。本书的出版还得到了哈尔滨工程大学出版社夏飞洋编辑的帮助,在此一并感谢。

当然,这本书只是对新时代公民道德建设思考的阶段性总结,而新时代公民道德建设任重而道远。我希望通过这本书的出版,能够引起更多人对新时代公民道德建设的关注和思考。让我们一起努力,为构建更加和谐、文明的社会贡献自己的力量。

最后,我要感谢这个时代,在习近平总书记新时代中国特色社会主义思想指导下,我能够更深入地思考,并得到各个方面的支持去完成本书的撰写工作。希望我们携手共进,共同致力于新时代公民道德建设,从我做起,携手创造更加美好的未来。

费聿辉

2024 年 1 月 20 日